旅游生态效率原理与应用

姚治国 著

南开大学出版社
天 津

图书在版编目(CIP)数据

旅游生态效率原理与应用 / 姚治国著. —天津 ：
南开大学出版社，2018.2
(天外“求索”文库)
ISBN 978-7-310-05550-0

Ⅰ. ①旅… Ⅱ. ①姚… Ⅲ. ①旅游业—生态经济—研究—海南 Ⅳ. ①F592.766

中国版本图书馆 CIP 数据核字(2018)第 024947 号

南开大学出版社出版发行
出版人:刘运峰
地址:天津市南开区卫津路 94 号　　邮政编码:300071
营销部电话:(022)23508339　23500755
营销部传真:(022)23508542　　邮购部电话:(022)23502200

北京建宏印刷有限公司印刷
全国各地新华书店经销

2018 年 2 月第 1 版　　2018 年 2 月第 1 次印刷
230×155 毫米　16 开本　18.625 印张　2 插页　259 千字
定价:56.00 元

如遇图书印装质量问题,请与本社营销部联系调换,电话:(022)23507125

本研究受教育部人文社会科学研究青年基金项目《基于超效率 DEA 模型的旅游生态效率时空差异及影响因素》（课题号：17YJC630200）资助。

天外“求索”文库

序

全球性气候变化及环境保护问题是人类面临的巨大挑战。2017年是联合国大会确定的“国际可持续旅游发展年”，如何在理论和实践发展过程中提升旅游产业的投入产出效率，实现旅游业的可持续发展，成为旅游学术界和产业界共同关注的课题，旅游生态效率及其相关研究也逐渐成为旅游科学研究中的热点问题。旅游生态效率难于精确计算，虽然生态效率的应用领域十分广泛，但是学术界并不存在统一的旅游生态效率模型。在旅游节能减排的前提下，旅游生态效率模型研究更显重要。本书构建了旅游生态效率模型，从区域旅游生态效率的角度分析旅游业的可持续发展能力，具有较强的理论创新性和实践指导意义。

旅游节能减排是旅游可持续发展的重要路径。因为旅游行业的碳足迹、能源消耗是一个综合性的系统问题，包含的影响因素和运行机制十分复杂，所以难以在一个统一的理论框架下获得精确结论。本书从问题缘起出发，基于旅游者的选择构建了系列相关模型，采用实证的研究方法，对海南省旅游碳足迹、旅游能源消耗、旅游生态效率等进行了定量研究，探索了旅游生态效率的区域差异及其形成机制，研究结论对旅游生态效率优化提升具有较高的理论和实践意义。本书重视旅游者选择在旅游消费决策中的决定性作用，认为旅游者消费决策是一个复杂的心理过程，旅游消费的差异深刻影响了旅游交通、旅游住宿、旅游娱乐、旅游活动、旅游购物、旅游观光等过程的经济效益和环境影响，进而决定了旅游生态效率水平。从旅游生态效率研究的视角看，该研究思路是一个创新，为相关生态效率研究提供了一个新的路径方法。

从篇章结构看，本书在国内外低碳旅游、旅游生态效率研究综述的基础上，总结了国内相关研究的特点和不足，特别是借鉴了国际上流行的生命周期评价（LCA）方法，对案例地旅游生态效率进行了实证分析。全书既有一定的理论创新，也有实地调研和对策建议，研究过程中博采众长，吸收了诸多先进有效的方法和理念，不仅构思严谨、设计科学，而且数据资料翔实，论证充分，结论可靠。因此，本书不仅是一本适合高等院校的教科书，也可以作为旅游行业和政府管理人员的参考书，具有较高的实用价值。希望本书的出版对我国旅游生态效率研究的深化和我国区域旅游的可持续发展起到促进作用。

赵黎明
（作者为天津大学管理与
经济学部教授、博士生导师）
2017 年 3 月 5 日

致 谢

俗话说，“脚下沾满多少泥土，心中就沉淀多少真情”。本书完稿之际，抚卷追昔，感慨良多。撰写学术专著假若算是学术生涯的一次蜕变，那么其间的焦虑痛楚、可怜憔悴、灵感突发、偶有所得、欣喜异常等等感受，想必是终身难忘的。但是此刻，各种情绪之中，“感谢”二字充盈心田。

感谢天大。作为中国第一所现代大学，历史悠久的母校以博大的胸怀接纳了我，以深厚的文化感染了我，浸润其中，无形地增添了几分风雅与文气。天大永远是我的精神家园，无论走到哪里，我身上都铭刻着“天大烙印”，流动着“天大血脉”，充满着“天大情结”。

感谢知识。当我在浩瀚的知识海洋任意遨游之际，偶然发现了本研究的兴趣点，从此狠命咬定了“低碳旅游生态效率”这个字眼，没有放松。就如同一个四处漂泊的农民有了一片土地，我这样一个学术的流浪汉，思想上终于有了一个可以安身立命的场所，踏实而安稳。

感谢导师。导师赵黎明教授从生活、工作、学习各个方面给予了我诸多帮助，让我的研究工作有条不紊地展开。与导师每一次的交流，都获益匪浅。老师睿智而健谈，在千头万绪的知识点中总是能找到问题要害，一击而中，轻言细语恰似一盏盏明灯，跳跃着真理的火焰，指引我不断前行。同时，也深深感谢天大管理与经济学部的老师们，他们的辛勤付出培育和帮助了我。

感谢同窗。读博期间结识了许多良师益友，各位同窗各有所长、才华横溢、青春勃发、思维活跃。情同手足的同学其实是最好的老师，从他们身上我学习了非常多的优秀品质，也充分认识到了自己的不足。

感谢女儿。天真聪颖的女儿是命运对我的馈赠，她总是在不经意间显示与生俱来的天赋，玩闹邀人宠，调皮透机灵。与她嬉戏让我忘忧，见她成长让我欣慰，宝贝的一笑一语，举手投足，都无声地告诉我什么是生活的美好，这正是我每天行进中不竭的动力源泉。

感谢爱妻。不施朱粉、美丽善良的妻子用她特有的坚韧，诠释了什么是真情和担当。读博期间，我的大部分时间在学校，经常出差在外，家中事务由妻子独自打理，难为她的不仅是操劳家务的琐碎和繁重，更是面对艰难时的茫然。

感谢亲人。亲人就是一湾湖水，平和而安静。岳母与小妹帮我带宝宝，不辞辛劳。多位长辈都上了年纪，但还是很惦记我们。不管多久没有和亲人们联系，只要有了最新信息，总是能很快拨动那根亲情的弦，让我再困难也不觉得孤单。家和亲人就是心中最温暖的符号，给我最多的感动。

片纸太短，难叙衷情，韶华易逝，来日方长。时刻谨记“实事求是”的校训，踏实做事、认真为人就是对所有感谢的最好回报。

前 言

旅游业是“能源密集”型产业，在国家节能减排硬性指标的约束下，旅游行业需要做出积极响应，降低旅游业的能源消耗和碳排放强度，低碳模式成为旅游可持续发展的理想选择。然而，低碳旅游和旅游消费增长的反向运行，形成一个理论与现实中的“两难困境”：减排指标过高，旅游消费可能步入“低碳陷阱”，钳制旅游经济发展活力；减排指标过低，旅游发展可能带来“增长过剩”，旅游环境影响难以控制。生态效率作为平衡旅游经济效益和环境影响的分析工具，从单位环境影响的经济产出的视角出发，以最优态效率值作为评价旅游发展可持续性的标尺，为旅游可持续发展评价确立了一个全新的理论分析框架。

对可持续发展的一个重要威胁是能源需求飙升导致自然资源耗尽枯竭，以及伴随温室气体排放产生的全球气候变化。因此，本书从低碳旅游和旅游生态效率两个核心概念出发，将旅游过程节能减排作为研究目标，以海南省为例，应用生命周期评价（LCA）理论，通过旅游碳足迹模型、能源消耗模型、生态效率模型的定量计算，系统分析了不同属性条件下旅游碳足迹、能源消耗、旅游生态效率等指标变量的差异、特征及其影响机制，探讨了旅游者、经营者的感知和态度对生态效率的影响，并结合国内外低碳旅游相关政策现状，提出了适合我国实际的低碳旅游政策与对策体系，保障旅游生态效率的提升规划能落到实处，促进区域旅游可持续发展。总体而言，本书的主要创新性结论有：

1. 在低碳旅游、气候变化、旅游生态效率逐渐成为学术热点的背景下，国外定量化的模型研究方法、深入调查的案例研究实践、多学科渗透的研究理论对国内研究具有重要启示和借鉴意义。

2. 低碳旅游的本质内涵在于旅游温室气体（GHG）排放减量化、旅游能源消耗节约化、旅游经济收益增值化、旅游生态效率最优化，形成旅游发展低排放、低污染、低能源消耗、高效率的“三低一高”格局。旅游生态效率理论根植于生态效率概念，其核心特征在于取得经济效益最大化的同时，实现旅游环境影响最小化的目标。作为一个旅游可持续发展的评价方法，旅游生态效率整合了环境影响与经济收益两大变量，成为解决低碳旅游发展“两难困境”的一个有效工具。

3. 海南省属于长距离客源主导型市场结构，旅游者的平均出行距离较大，外部交通乘坐飞机比例较高，旅游者平均停留时间和人均消费水平较低，旅游交通碳足迹、旅游交通能源消耗占据最大比例，致使海南省旅游生态效率相比较而言略次于部分旅游目的地。

4. 提高旅游目的地生态效率水平的主要方向在于减排、节能、增收，具体措施有：提高低碳行动意识、实施生态效率规划战略、优化旅游交通结构、改变旅游消费习惯、创新低碳技术、扩大旅游消费能力、加强旅游活动管理、完善低碳旅游政策体系等。一般地，旅游者平均停留时间越长、平均出行距离越短、平均消费越高，旅游生态效率越接近最优值。旅游“能源消耗账单”与旅游碳足迹是一个多重选择和决策的结果，相关利益主体对生态效率、低碳旅游的感知、态度和行为深刻影响了目的地生态效率水平。

目 录

第一章 绪 论

1.1 研究背景

1.1.1 国家大力提倡低碳旅游模式

2017 年是联合国大会确定的“国际可持续旅游发展年”，着力促进旅游部门为经济、社会和环境可持续性发展三大目标做出贡献。《国务院关于加快发展旅游业的意见》（国发［2009］41 号）将旅游业定位为战略性支柱产业和人民群众满意的现代服务业，认为旅游业具有资源消耗低、带动系数大、就业机会多、综合效益好的特点；明确提出“在全社会大力倡导健康旅游、文明旅游、绿色旅游，使城乡居民在旅游活动中增长知识、开阔视野、陶冶情操”；强调“推进节能环保，实施旅游节能节水减排工程。支持宾馆饭店、景区景点、乡村旅游经营户和其他旅游经营单位积极利用新能源新材料，广泛运用节能节水减排技术，实行合同能源管理，实施高效照明改造，减少温室气体排放，积极发展循环经济，创建绿色环保企业。五年内将星级饭店、A 级景区用水用电量降低 20%。合理确定景区游客容量，严格执行旅游项目环境影响评价制度，加强水资源保护和水土保持。倡导低碳旅游方式”。2010 年全国旅游工作会议提出：“从今年起要大力推进旅游节能减排工作，国家旅游局将召开旅游节能减排现场会，制定旅游饭店和景区节能减排工作指南，开展低碳旅游示范城市试点和绿色环保旅游企业创建活动，年内将推出首批旅游环保企业。各地要按照‘五年内将星级饭店、A 级景区用水用电量降低 20%的要求，制定实施旅游节能减排工程五年工作计划，分解落实年度任务，建立旅游节能减排工作领导机构和工作机制，落实节能减排责任，抓好监督检查’。”

旅游能源消耗不仅关系温室气体（GHG）的稳定排放，也是对旅游可持续发展能力产生巨大影响的要素，旅游交通方式、旅游住宿接待、旅游活动、旅游餐饮等环节能源使用差异很大，旅游能源消费因人而异，这也意味着未来旅游节能减排的空间很大，低碳模式成为旅游发展的理想选择，有利于形成旅游产业低排放、低污染、低能源消耗、高效益的“三低一高”格局。

绿色低碳发展，不仅是经济社会发展方式的深刻变革，而且是人类发展模式的深刻变革。当前，绿色低碳发展既面临严峻挑战，也存在难得机遇。气候变化影响下，旅游目的地的生存和发展受到严重威胁，特别是岛屿型旅游地在海平面上升的情况下将面临灭顶之灾，倡导低碳模式、绿色旅游方式也是大势所趋，世界上国际性旅游组织均提倡低碳旅游方式，促进旅游发展方式转型，增强区域旅游可持续发展能力。

1.1.2 旅游消费成为拉动经济动力

旅游业属于综合性产业，是拉动经济发展的重要动力，是人民生活水平提高的一个重要指标，在区域经济发展中扮演越来越重要的角色。改革开放以来，我国旅游业快速发展，产业规模不断扩大，产业体系日趋完善。当前我国正处于工业化、城镇化、农业现代化快速发展时期，日益增长的大众化、多样化消费需求为旅游业发展提供了新机遇。稳定发展的社会与经济环境，将促使人们的旅游需求保持持续旺盛的势头，旅游需求结构也随之出现了一些新的趋势。2011年，国家旅游局为适应国民休闲度假快速发展趋势，完成了《国民旅游休闲纲要》（草案），预示着未来休闲度假旅游市场将迎来前所未有的发展潜能。旅游消费日益成为经济发展重大推动力，对于扩大内需、优化产业结构具有重要作用。

1.1.3 旅游经济增长方式急需转型

加快发展旅游业是经济结构调整和转变经济增长方式的重要推动力量，是满足人民群众不断增长的精神文化需求的重要方面和体现。旅游产业是重要的能源消耗行业，根据世界旅游组织（WTO）的预测，旅游业担负全球温室气体排放 5%的责任，部分地区旅游经济增长付出了巨大的环境代价，旅游碳排放和旅游能源消耗的数量长期处于高位水平，旅游经济和行业发展的节能减排任务艰巨、任重道远。在国家大力发展低碳旅游、低碳经济的背景下，旅游发展模式的转型也成为必然趋势。

旅游经济增长方式转型需要降低企业能源消耗。作为发展中国家，中国既要发展，也要节能减排，只能走绿色低碳发展的转型之路，旅游业更是如此。我国旅游交通行业、旅游酒店行业、旅游餐饮行业等推行绿色低碳模式起步较晚，旅游节能空间较大，通过技术进步和管理创新促进旅游节能减排事业的进步，也能推动旅游经济增长方式的转型。“十二五”期间旅游业发展规划，要基于“碳源、碳汇、碳流”的属性及其可测性量度构建考核旅游业绩效的技术经济指标，做出“十二五”期间中国旅游业“碳排现状”的科学评估，并与国家确立的 2005 年基础年挂钩，建设一批高等级低碳旅游示范区，引领中国旅游发展方式转型。

1.1.4 节能减排上升为国家级战略

日益严重的全球气候变化问题给社会经济的各个方面提出了相当大的挑战。欧盟提出到 2020 年二氧化碳排放减少 20%的目标，挪威政府承诺到 2030 年经济各部门的碳减排目标是实现碳中和（carbon neutrality）。在中国，近百年的气温呈显著上升趋势，从 1986/1987 年冬季开始，中国已经连续经历了 21 个暖冬。我国一直高度重视适应气候变化工作。中国应对全球变暖，将采取系列政策措施，包括转变经济增长模式、调节经济结构和能源结构以及控制人口增长等，中国将努力“开发新能源与可再生能源以及节能新技术”，并积极“推进碳汇技术和其他适应技术”。

中国政府在哥本哈根国际气候会议前首次提出具体温室气体减排目标，到2020年单位国内生产总值（GDP）二氧化碳排放比2005年下降40%～45%，到2030年，单位GDP二氧化碳排放量比2005年下降60%～65%，作为约束性指标纳入国民经济和社会发展中长期规划，并制定了相应的国内统计、监测、考核办法。

旅游业响应国家节能减排战略，也需要做出相应的规划措施。特别是为了应对全球气候变化问题，我国政府将“节能减排”上升为国家战略，并且积极采取了系列措施（表1-1）。

表1-1 中国节能减排行动

时间	内容
2006年12月	科技部、中国气象局、发改委、国家环保总局等六部委联合发布了我国第一部《气候变化国家评估报告》
2007年6月	中国正式发布了《中国应对气候变化国家方案》
2007年6月	国务院发布了《节能减排综合性工作方案》
2007年7月	温家宝主持召开国家应对气候变化及节能减排工作领导小组第一次会议和国务院会议，研究部署应对气候变化工作，组织落实节能减排工作
2007年12月26日	国务院新闻办发表《中国的能源状况与政策》白皮书，着重提出能源多元化发展，并将可再生能源发展正式列为国家能源发展战略的重要组成部分
2008年1月	清华大学在国内率先成立低碳经济研究院，重点围绕低碳经济、政策及战略开展系统和深入的研究，为中国及全球经济和社会可持续发展出谋划策
2008年1月	世界自然基金会（WWF）在京启动中国低碳城市发展项目，上海、保定入选首批试点城市
2009年3月	中国科学院发布的《2009中国可持续发展战略报告》中提出了我国发展低碳经济的战略目标，即到2020年，单位GDP的二氧化碳排放降低50%左右
2009年9月	胡锦涛在联合国气候变化峰会大会上承诺，我国将进一步应对气候变化纳入经济社会发展规划，并继续采取强有力的措施，加强节能，大力发展可再生能源和碳汇，大力发展绿色经济、低碳经济和循环经济，研发和推广气候友好技术

资料来源：作者整理

1.1.5　气候变化成为国际热点话题

气候变化是一个全球性问题，需要全球性的解决方案。近百年以来，全球气候正经历以变暖为主要特征的显著变化。气候变化问题已经上升为全球性政治、经济、社会问题，成为影响世界经济秩序、政治格局和国际关系的一个重要因素。最新科学研究表明，未来100年全球变暖的趋势还会进一步加剧，而且会对自然系统和社会经济产生更为显著的负面影响。因此，适应气候变化已经变得十分重要和紧迫。气候问题、气候变化已经成为国际上的热点话题。气候变化对人类活动会有什么影响的问题首次出现在国际议题是在1979 年的世界气候大会（WCC）上，此次大会呼吁各国政府预见和阻止人为影响的对人类活动造成负面效应的气候变化（UNEP and UNFCCC, 2002）。《联合国气候变化框架公约》（UNFCCC）于 1994 年 3 月 21 日正式生效，是世界上第一个全面控制二氧化碳等温室气体排放的国际公约，是国际社会联合应对气候变化的一个基本框架。目前加入该公约的缔约国已有 192 个。1988 年联合国环境计划（UNEP）和气候组织（WMO）设立了政府间气候变化小组（Intergovernmental Panel on Climate Change，IPCC），这是一个由2500 名科学家组成的机构，采用科学方法重点研究人类对气候变化的影响风险及其适应和减缓措施。政府间气候变化专门委员会专责研究由人类活动所造成的气候变迁，协助各国于 1997 年在日本京都草拟了《京都议定书》。国际气候谈判是世界性大事，在气候变暖的争议声中，一次次关于气候变化的国际会议牵动了世界人民的神经（表 1-2）。

表 1–2　国际间气候谈判进程

时间	会议内容和成果
1992 年 6 月	在巴西里约热内卢召开的联合国环境与发展大会上，包括中国在内的 153 个国家和欧洲共同体代表签署了《联合国气候变化框架公约》（UNFCCC）

续表

时间	会议内容和成果
1994 年 3 月 21 日	《联合国气候变化框架公约》正式生效
1995 年 4 月 7 日	在柏林举行了 UNFCCC 缔约方第一次大会（COP1）
1995 年 12 月 11～15 日	IPCC 正式推出它的第二次评估报告，报告中强调采取强有力的政治行动的必要性
1996 年 7 月 8 日	COP2 在日内瓦举行，并发布《日内瓦宣言》，《联合国气候变化框架公约》将正式进入议定书谈判阶段
1997 年 12 月 11 日	在日本京都举行的第三次缔约方大会上，各缔约方代表签署了具有里程碑意义的《京都议定书》（KP），作为实施 UNFCCC 的具体机制
1998 年 5 月 29 日	中国签署《京都议定书》，成为其第 37 个签约国
1998 年 11 月 2 日	于阿根廷首都布宜诺斯艾利斯举行 COP4，会议通过第一号决议案《布宜诺斯艾利斯行动方案》
1999 年 10 月	在德国波恩召开 COP5，会议决定履行《布宜诺斯艾利斯行动方案》，促进《京都议定书》早日生效
2000 年 11 月	COP6 在荷兰海牙举行，大会主席所提出的一些建议案未受到欧美两大主要阵营的认同
2001 年 4 月 4～6 日	IPCC 第三次评估报告完成，对于气候变暖问题给出了更多的证据加以证明
2001 年 7 月	COP6 第二次会议在波恩举行。美国政府拒绝批准《京都议定书》，引发了世界各国对《京都议定书》是否生效的担忧。经过各国部长马拉松式的非正式协商，达成并通过了执行《布宜诺斯艾利斯行动方案》的决议草案——《波恩协议》
2001 年 10 月 29 日	COP7 于北非国家摩洛哥的古城马拉喀什举办，会议最终通过了减缓全球变暖的《马拉喀什协定》，并发表部长级的《马拉喀什宣言》
2002 年 10 月	COP8 在印度新德里举行，此次涉及《京都议定书》的会议议程更多集中于技术与操作层面的问题，会议最终通过了《德里宣言》

续表

时间	会议内容和成果
2003 年 12 月 1 日	COP9 在意大利北部城市米兰举行，然而由于参会各方都过分强调本国利益，各国又缺乏在此领域建立新的国际秩序的决心与领导才能，此次会议未能形成任何纲领性文件
2004 年 12 月 6 日	COP10 在阿根廷布宜诺斯艾利斯举行，俄罗斯总统于 2004 年 11 月 4 日正式签署《京都议定书》，中国在会上提交了《中华人民共和国国家信息通报》
2005 年 2 月 16 日	《京都议定书》正式生效
2005 年 11 月 28 日	COP11 在加拿大蒙特利尔举行，这也是《京都议定书》生效后的第一次缔约方大会（MOP1）。MOP1 还通过启动《京都议定书》2012 年之后第二承诺期谈判等诸多重要议题
2006 年 11 月 6 日	COP12 在肯尼亚首都内罗毕举行，大会的主要议题是“后京都”问题，即 2012 年之后如何进一步降低温室气体的排放
2007 年 2 月	第四次 IPCC 报告发布
2007 年 12 月 15 日	COP13 在印尼巴厘岛举行，第 13 次缔约方会议最为重要的一项议题就是要达成所谓的“巴厘路线图”
2008 年 7 月 8 日	八国集团首脑会议上就温室气体长期减排目标达成一致。八国寻求与《联合国气候变化框架公约》其他缔约国共同实现到 2050 年将全球温室气体排放量减少至少一半的长期目标，并在公约相关谈判中讨论并通过这一目标
2008 年 12 月 1 日	COP14 及其他相关会议在波兰小城波兹南召开，这是朝向 2009 年哥本哈根气候变化大会的一个转折点，是落实巴厘行动计划谈判进程的中间站
2009 年 12 月 19 日	第 15 次缔约方会议暨《京都议定书》第 5 次缔约方会议在丹麦哥本哈根举行，达成不具法律约束力的《哥本哈根协议》
2010 年 11 月 29 日至 12 月 11 日	第 16 次缔约方会议暨《京都议定书》第 6 次缔约方会议在墨西哥坎昆举行，会议通过两项应对气候变化决议，《坎昆协议》推动气候变化谈判进程

续表

时间	会议内容和成果
2011 年 4 月 3～9 日	在泰国曼谷举行联合国气候变化谈判首轮会议的专题讨论，未能打破僵局
2011 年 6 月 6～16 日	联合国新一轮气候谈判在德国波恩举行，为德班会议做准备，但是没有取得实质性进展
2011 年 11 月 28 日至 12 月 9 日	联合国气候变化大会在南非德班闭幕，大会通过四份决议，体现了发展中国家的两个根本诉求：发达国家在《京都议定书》第二承诺期进一步减排；启动绿色气候基金

资料来源：作者整理

国际间气候谈判中形成的最重要协议是《京都议定书》和《哥本哈根协议》。《京都议定书》制定了 2008～2012 年五年间各国二氧化碳排放均值限定目标：发达国家对二氧化碳等六种温室气体排放量将在 1990 年水平上总体平均减少 5.2%，其中欧盟 8%、美国 7%、日本 6%；按照“共同承担但有区别责任”的原则，发展中国家一时不参与量化减排义务，但也要求积极地行动起来，做好减排工作。2005 年 2 月 16 日，《京都议定书》正式生效。这是人类历史上首次以法规的形式限制温室气体排放。为了促进各国完成温室气体减排目标，这份里程碑式的文件同时提供了三种灵活的减排机制：“国际排放贸易”“联合履行”和“清洁发展机制（Clean Development Mechanism，CDM）”。议定书允许采取以下四种减排方式：①两个发达国家之间可以进行排放额度买卖的“排放权交易”，即难以完成削减任务的国家，可以花钱从超额完成任务的国家买进超出的额度；②以“净排放量”计算温室气体排放量，即从本国实际排放量中扣除森林所吸收的二氧化碳的数量；③可以采用绿色开发机制，促使发达国家和发展中国家共同减排温室气体；④可以采用“集团方式”，即欧盟内部的许多国家可视为一个整体，采取有的国家削减、有的国家增加的方法，在总体上完成减排任务。《哥本哈根协议》中形成的共识是：控制温度升高，上限设为 1.5 或 2 摄氏度；实行双轨制，共同承担但有区别责任。主要的分歧有：可测量、可报告、可核查的三可方案；检测、报告和核查（MRV—monitoring, reporting and verification）机制；资金和技术支持；中美共治。

根据 IPCC 的预测，全球气候系统将持续变暖，全球平均温度将上升 1.1～6.4℃，因而导致冰川消退，极地海冰融化，永冻带削减；地球热浪、暴风雨、干旱、热带气候及海啸会更频繁；由此造成水资源短缺、饥荒、洪水、瘟疫暴发、物种灭绝，全球海平面可能提高 0.18～0.59 米，部分国家和地区将被海水淹没，不得不进行举岛（国）的搬迁，气候变化将严重影响到全球经济的发展和人民生活安全和安定。中国低海拔的沿海地区，居住着近 8 亿人口，天津、大连、青岛、上海、苏州、杭州、广州等城市，都面临着被淹没的威胁。

作为受气候变化影响最大的行业之一，旅游业与气候变化的关系十分紧密。一方面，气候变化直接导致全球旅游目的地的转变，气候变暖导致的海平面上升使得部分海岛型和低洼地区的旅游目的地受到被海水淹没的危险，气候灾难影响旅游目的地的发展和形象；另一方面，旅游过程中化石能源的消耗产生的温室气体，影响了全球和区域的气候变化，对环境产生了一定的负担。总之，在气候变化日益受到国际社会关注的今天，旅游业作为与气候休戚相关的领域，推行低碳旅游模式、探讨旅游可持续发展成为当务之急。

1.2 问题的提出

在国家大力推行节能减排战略、大兴低碳旅游模式之际，区域旅游发展面临一个现实的“两难困境”，也即旅游消费增长在促进区域经济发展的同时，也给环境带来一定的压力和挑战，因为伴随旅游收入增加的往往是旅游碳足迹和旅游能源消耗的大幅度扩张。面对这样一个理论和现实的矛盾，低碳旅游开发模式是一剂良方，其核心目标是寻找到旅游经济增长与旅游碳足迹、能源消耗下降的理想均衡点。

在处理低碳旅游与旅游消费之间的动态演化关系过程中，为了通过理论和实证研究，化解旅游发展中经济效应与环境影响“不能两全”的矛盾冲突，获得旅游经济的可持续增长，促进区域旅游又好又快发展，不断优化区域旅游生态效率水平，需要着重解决四个核心问题：

（1）从国家和地方利益博弈的角度看，如何在转变旅游经济增长方式的同时实现区域旅游可持续发展；

（2）从旅游节能减排的理论和实践看，如何将旅游生态效率模型的理论应用于区域旅游可持续发展的评价与实践之中；

（3）从旅游节能减排的影响看，如何在采用低碳旅游模式的情境下旅游者获得最佳的满意度和支持度；

（4）从管理和技术可行性的操作角度看，如何通过科学合理的政策对策框架促进低碳技术和管理模式创新。

1.2.1 探讨低碳旅游发展模式的实现路径

基于旅游业环境影响的现实挑战，人们意识到旅游消费带动地方经济发展的同时，必然对环境造成一定的负面影响，特别是气候变化日益受到关注的今天，人们越来越需要采用低碳旅游开发模式，在实现旅游消费拉动经济增长的同时，降低单位经济产出的碳足迹和能源消耗。但是，对于国家和地方两级政府而言，存在一个不可回避的矛盾，那就是：一方面，国家需要旅游经营主体转变旅游经济增长方式，从传统的粗放型旅游开发模式向集约型低碳旅游模式转型，促进旅游碳足迹和能源消耗强度的降低；另一方面，地方政府和旅游企业需要旅游消费收益的总量上升，维持旅游经营者的利润。那么，国家和地方、政府和企业之间必然因为发展路径之间的差异，存在发展方向上的对立冲突。如何化解这对矛盾，采用什么指标和模型进行评价、审核、监管，低碳旅游模式如何实现，是本研究的第一个出发点。

1.2.2 分析低碳旅游与消费扩张演化机制

低碳旅游与旅游消费扩张既可以并行不悖，也可能在理论与实践操作层面上存在隐性冲突。一方面，低碳旅游要求节能减排；另一方面，旅游经济增长需要消费总量的扩张，低碳旅游与旅游消费存在相互影响、相互制约的动态演化机制。具体而言，低碳旅游强调碳足迹强度与总量的下降，旅游消费扩张强调旅游经济效应增大，但是可能带来碳足迹强度与总量的上升；低碳旅游为经济增长制定约束性指标，旅游消费扩张驱动经济增长；低碳旅游模式需要付出一定的经济成本，具有长期性的增长预期，旅游消费扩张对节能减排可能产生负向压力；低碳旅游强化基于环境伦理的社会公平正义，旅游消费扩张凸显旅游的社会意义，促进区域旅游无差异增长（图1-1）。

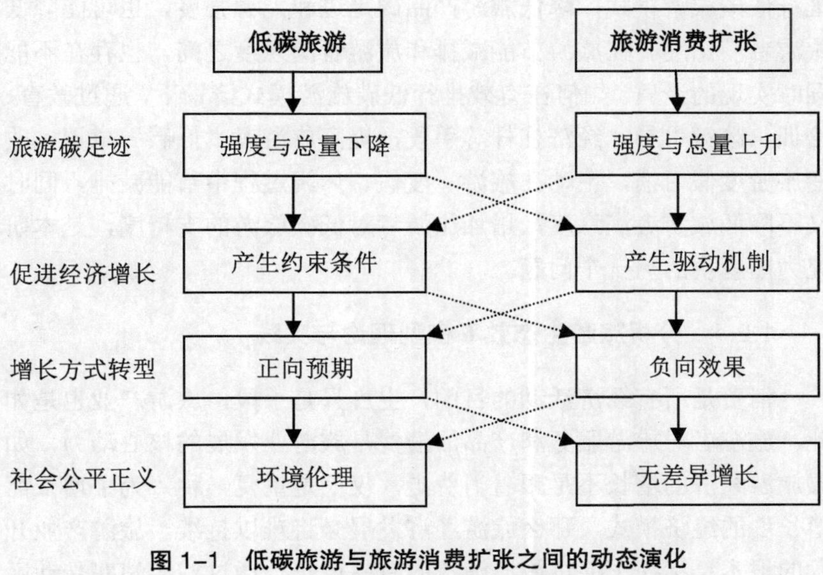

图 1–1 低碳旅游与旅游消费扩张之间的动态演化

发展低碳产业是应对气候变化的关键所在，低碳旅游模式就是面对旅游消费扩张响应节能减排战略的选择，但是低碳旅游模式的实施可能带来一个两难困境，那就是一方面现实中“高碳困锁”局面难以改变，另一方面碳减排履约可能走向“低碳陷阱”。

1.2.3 研究提升低碳旅游者支持度的方法

从旅游主体看，参与旅游活动的是旅游者。旅游者进行休闲、观光、娱乐、购物、体验、学习、商务等活动的过程，必须是在一定的旅游动机驱使下进行。而这些旅游动机的本质在于，旅游产品需要满足旅游者的需求，这种需求有不同的类型、层次、偏好和属性。旅游者的心理因素、旅游者的决策和体验，直接影响旅游者的满意度和对待低碳旅游的支持度。

旅游产品和服务是由一系列要素和环节组成，旅游者消费旅游产品和服务的过程，也是消费有形物质和无形服务的过程，产品的质量和等级直接与物质、资源、能源的消耗紧密相连。一般而言，旅游产品等级越高，旅游碳足迹和能源消耗的强度也越大。因此，推行低碳旅游模式，降低旅游产品碳足迹和能源强度，也可能降低旅游者满意度。在旅游节能减排和旅游者满意度之间，也存在不能同时实现的矛盾。如何在有效推行低碳旅游模式情景下，通过教育、培训、政策引导、经济杠杆等手段，提高旅游者“低碳”意识，改变旅游度假习惯，主动在旅游、度假、休闲过程中节能减排，同时又不降低旅游者满意度，增加旅游者对低碳旅游的支持度，是本研究力图解决的另一个问题。

1.2.4 分析旅游生态效率模型理论与实践

消费是所有经济活动的目的，生产只是手段，旅游产业也是如此。旅游者对旅游服务和产品的消费是旅游业发展的核心动力，如果旅游经济的增长不是跟着消费走，仅仅是重复一种“为了增长而增长”的经济模式，那么旅游经济发展必将难以持续。旅游产业开发的根本目标在于促进旅游消费的有序增长，通过旅游消费带动区域经济的全面进步。

方法和工具是有效实现研究目标的前提。从技术角度看，构建科学、合理、可操作性强的分析框架，对于理论研究和实践应用都十分关键。旅游生态效率理论提供了一种科学的手段，在促进旅游经济增长的同时，尽量降低环境影响。从指标选取、模型构建、模型应用等方面看，建立切实可行的生态效率研究体系，并准确进行定义和机制分析，是整个研究的关键点。与此同时，低碳旅游模式的系统性应用，有赖于国家低碳旅游政策的保障和管理模式创新。如何在分析国内外低碳旅游生态效率政策的基础上，完善相关政策体系，应用于区域旅游目的地的管理实践，是本研究的另一个中心课题。

1.3 案例地的选择

1.3.1 案例地选择的标准

旅游学的研究具有强烈的实践性质，案例研究是最为重要的研究方法之一。典型案例地的研究结论对于国家旅游发展政策制定和类似旅游目的地发展具有示范效应，因此科学化选择案例地对于提高旅游研究成果的学术价值十分重要，本书案例地选择主要考虑以下几点：

（1）低碳旅游生态效率研究缘起于气候变化问题，对于旅游目的地发展而言，岛屿型旅游目的地对全球气候变化十分敏感，是受气候变化影响最大的旅游地类型，因为气候变化可以导致岛屿型目的地根本性的变化，例如极端事件、海平面上升、交通和通信系统扰乱等。选择中国第二大岛屿海南岛作为案例地，研究结果的代表意义较大。

（2）案例地具有国际化知名度与影响力，国家给予特殊的旅游发展政策，低碳旅游是重要的发展方向。实证研究的案例地需要在数据收集整理、旅游发展政策定位、旅游开发模式等方面具有较强的知名度和影响力，成为旅游行业相关研究的示范性区域。

（3）生态环境是案例地最重要的旅游资源，旅游核心吸引力与气候变化紧密相关，气候资源是最大的资源优势，关于旅游碳足迹、旅游能源消耗的研究对于案例地可持续发展至关重要。

（4）案例地的研究与国家重大研究课题和开发重点方向相关，研究成果具有一定的理论和实践价值，本书的主要市场调研数据来自国家软科学面上项目“低碳旅游与旅游消费拉动经济的一般均衡研究”，便于研究的开展和深化。

总之，本书选取海南国际旅游岛作为研究的案例地，一方面基于旅游研究的一般性案例地选取标准，另一方面海南省独特的区位、资源、市场、政策等优势是最大的原因。低碳旅游研究的兴起源于气候变化问题，对于旅游业而言，受气候变化影响最大的目的地是海岛型旅游目的地，海南国际旅游岛作为我国最大的经济特区和旅游试验区，在发展低碳旅游、旅游免税购物、旅游金融、旅游度假、旅游特色项目等方面具有先行先试的权力，综合多方面考虑，选取海南岛作为本书研究案例地适宜性较强。

1.3.2 案例地的基本情况

（1）基本情况介绍

海南省位于中国最南端，由 19 个市县组成（其中三沙市设立于 2012 年 6 月 21 日，下辖西沙群岛、南沙群岛、中沙群岛的岛礁及其海域）。海南省陆地国土面积 3.54 万平方千米，授权管辖海洋面积 200 万平方千米，至 2012 年末，海南省常住人口 886.5 万人。海南岛面积 3.4 万平方千米，为我国第二大岛屿。

早在几千年前，海南岛就有人类活动。秦代时设立行政区，西汉时设立儋耳、珠崖两郡。居民民族成分主要有黎族、苗族、回族、汉族等。千百年来，海南岛形成了丰富多彩的民族风情、地方文化和社会风貌。自 1950 年海南岛解放以来，海南逐步改变了经济封闭落后、人民生活贫困、社会事业凋弊的局面，走上了健康发展的道路。改革开放之后，特别是 1988 年建立省办经济特区以来，海南经济社会取得长足进步，城乡面貌发生深刻变化，人民生活水平显著提高，进入新的快速发展阶段。

（2）主要旅游景区（点）

2009年12月，《国务院关于推进海南国际旅游岛建设发展的若干意见》（简称《意见》）正式印发，标志着海南国际旅游岛建设上升为国家战略，海南发展面临新的历史机遇。随着国际国内旅游形势积极向上发展，在海南省特色产业结构的支撑下，热带特色农业、新型工业、服务业迅速发展，旅游产品日益丰富，旅游服务设施不断完善，旅游综合接待能力不断提升，一批高质量的度假区、景区景点相继建成，2009年全省旅游饭店达到400多家，4A级以上旅游景区12家，2009年接待游客过夜人数2250.3万人天次。海南岛重点景区特色各异，旅游产品能够满足不同市场类型的需求，差异化的开发方向增加了海南国际旅游岛的综合竞争力与发展潜力（表1-3）。

表1–3 海南国际旅游岛重点旅游景区和度假区

序号	名称	开发方向
1	海口国家地质公园	建设为融知识性、娱乐性、参与性、互动性于一体的旅游观光游乐景区
2	海口国家湿地公园	规划建设集红树林沼泽、滨海湿地于一体的国家级湿地公园
3	文昌航天科技主题公园	建设成为以航天科技体验为主题的大型景区
4	文昌木兰头国际体育休闲公园	依托现代化的体育休闲设施和旅游功能，打造具有国际影响力的体育休闲型专项旅游目的地
5	安定南丽湖/白玉蟾风景区	以湖泊为主题、以生态为基础、以文化为核心、以休闲为载体的融合居住、旅游、商务、养老、疗养多功能的休闲度假区
6	琼海博鳌国际会展及文化产业园	依托博鳌论坛的品牌，大力发展国际会展和文化创意产业，打造国际会展和文化产业品牌
7	万宁石梅湾/神州半岛休闲度假区	建设集旅游度假、休闲疗养、现代服务、运动体验等功能于一体的国际旅游度假区
8	万宁兴隆旅游度假区	进一步提升改造，发展成为集温泉/休闲度假疗养、归侨文化、农业科普、演艺娱乐于一体的旅游综合型度假区

续表

序号	名称	开发方向
9	陵水黎安港旅游区	突出资源和区位优势，开发建设以体育、动漫、演艺等产业为主题的特色旅游项目群
10	三亚海棠湾国家海岸休闲度假区	建设成为世界级的集滨海度假、休闲娱乐、疗养休闲等功能于一体的滨海休闲旅游区
11	三亚亚龙湾国家旅游度假区	完善旅游度假配套设施，提高管理服务水平，建设成为国际知名的旅游度假区
12	乐东莺歌海度假旅游区	建设为集滨海度假、国际会议、运动休闲、购物美食、高档地产、旅游小镇、低碳经济示范区于一体的旅游城镇
13	昌江棋子湾度假养生区	发挥资源优势，通过项目和服务水平提升，将棋子湾建设成为国家级滨海旅游度假养生区
14	昌江霸王岭旅游区	利用丰富的旅游资源优势，建设成为集生态旅游、休闲度假和科普教育于一体的旅游区
15	儋州东坡文化园	利用文化资源的影响力和知名度，依托东坡书院等景点，深入挖掘、保护和提升“东坡”文化
16	五指山民族风情园	发挥民族文化特色，深入挖掘、保护、提升黎族、苗族文化，打造具有民族特色的文化旅游景区
17	保亭七仙岭温泉/休闲度假旅游度假区	继续完善旅游服务配套设施，建设以温泉/休闲度假疗养、森林旅游、休闲度假、文化体验为特色的旅游区

资料来源：根据《海南国际旅游岛建设发展规划纲要（2010-2020）》整理

（3）旅游发展优势

作为全国唯一的热带海岛省份，海南的生态环境独特珍稀。依托得天独厚的生态环境，海南旅游业发展迅速，成为最具潜力和竞争力的支柱产业。2011 年海南省旅游业增加值占全省生产总值比重达 6.9%，远高于全国 4%的平均水平。旅游业作为现代服务业的龙头产业，市场驱动力强，带动力足，是建设“美丽中国，幸福海南”

的重要推手。旅游业是海南最具潜力和竞争优势的先导产业。当前，海南正在建设我国旅游业改革创新的试验区、世界一流的海岛休闲度假旅游目的地、全国生态文明建设示范区和全国人民的四季花园。《国民旅游休闲纲要（2013-2020）》的出台，为推动旅游休闲产业发展、改善国民旅游休闲环境、提升国民生活质量奠定了坚实基础。

海南于1999年开始建设“生态省”，自2012年起，海南省委、省政府决定开展“绿化宝岛”大行动，在海南省第六次党代会上，海南再次确立了以人为本、环境友好、集约高效、开放包容、协调可持续发展的“绿色崛起”战略。

海南国际旅游岛发展旅游业具有不可比拟的优势，具体包括区位优势、资源优势、体制优势、生态优势、产业优势。

首先，海南岛位于东亚和东南亚的中心位置，靠近国际海运主航道，地处热带，拥有沿海、沿边、岛屿等地缘优势，地理位置和气候条件具备发展旅游业和现代服务业的良好条件。

其次，海南富集海、岛、山、河等资源类型，旅游资源丰富多样、组合度好，在相对较小的范围内集中了滨海沙滩、热带雨林、珍稀动植物、火山与溶洞、地热温泉/休闲度假、宜人气候、洁净空气、民族风情等丰富的自然资源和人文资源（表 1-4）。

表 1-4 海南岛旅游资源概况

旅游资源类型	旅游资源内容
气候资源	年降雨量961～2439毫米，年平均气温22.8～25.8℃，年日照时数1832～2558小时。温暖湿润的海洋性气候、独特的地位位置、适合全年开展休闲度假活动等条件，是海南省旅游产业发展的核心资源，也是公共性资源。
海洋资源	海南岛海岸线1528千米，自然海湾68个。海南省授权管辖海域岛屿众多，海洋油气资源储备丰富，海洋生物资源多样丰富。
地热资源	温泉/休闲度假资源遍布海南岛，水质类型多样，水温高，水质佳，医疗保健价值较高。

续表

旅游资源类型	旅游资源内容
森林资源	森林面积 2948.36 万亩，森林覆盖率 59.2%，现有 5 大热带原始森林区、各类自然保护区 52 个、国家森林公园 8 个，野生动植物资源丰富独特。
热带作物资源	热带特有的生物资源 500 多种，橡胶、胡椒和咖啡、椰子和腰果的产量分别占全国总量的 60%、50%和 99%，热带水果资源丰富。
文化旅游资源	海南省具有丰富的文化类型和文化特色，能够充分吸引世界性旅游者，海南省的文化旅游资源包含海洋文化、少数民族文化、热带农业文化、海南地域民俗文化等。

资料来源：《海南国际旅游岛建设发展规划纲要（2010-2020）》

再次，海南岛是我国最大的经济特区，海南全省实行省直管市县的行政管理体制，中央赋予了特区立法权，尤其在国际旅游岛建设方面给予了系列先行先试的政策支持；另外，海南省森林覆盖率达到 59.2%，天然草原面积 142.5 万亩，空气质量总体优良，基本保持国家一级水平，82.8%的河流和 88.9%的湖库水质达到或者优于国家地表水Ⅲ类标准，86.7%的近岸海域海水水质符合国家一、二类标准；从海南省的产业结构看，热带特色农业优势明显，依托本地优势资源的新型工业初具规模，海洋经济发展前景广阔，以旅游业为龙头的现代服务业已经成为海南经济的重要支柱产业[①]。

（4）海南省旅游低碳试点情况

低碳发展是一种以能源的清洁与高效利用为基础，以低排放为基本经济特征，顺应可持续发展理念和控制温室气体排放要求的社会发展模式。低碳发展与海南国际旅游岛建设相辅相成、互为促进，是海南推进产业结构调整、实现跨越式发展的积极探索；有助于保护海南的生态环境，改善人们的生活质量，促进人与环境的和谐；有利于节约能源，提高能源效率，优化能源结构。海南省在全国低

① 引自《海南国际旅游岛建设发展规划纲要（2010-2020）》。

碳旅游建设和立法工作上处于领先地位，2010年海南省政府在《海南省人民政府关于低碳发展的若干意见［琼府（2010）82 号］》的文件中明确提出建设低碳景区的目标和规划，选择保亭黎族苗族自治县呀诺达热带雨林景区为试点景区，重点开展低碳景区评价机制、相关标准及统计监测体系探索，推动景区开发和运营低碳化操作，特别是景区内建筑和交通系统的低碳化，努力营造低碳旅游文化环境。

（5）旅游产品开发情况

根据《海南国际旅游岛建设发展规划纲要（2010-2020）》的规划，海南省以旅游六要素为核心，以国际旅游岛建设为目标，加快创新旅游产品设计，推进旅游业与相关产业的高度融合，全面提升旅游管理水平和服务质量，全力构建现代化旅游产业体系。海南省积极加大对现有休闲度假旅游产品的升级改造，充分发挥旅游创新创业的促进作用，在保持原有旅游市场优势的同时，进一步扩大规模、提升质量，加大力度开发适合最新市场需求的旅游产品，不断挖掘和丰富旅游产品的文化内涵，海南省逐步形成以滨海度假旅游为主导、观光旅游和度假旅游融合发展、专项旅游产品为补充的旅游产品结构。在规划期内，海南省重点旅游产品类型有：

1）度假旅游产品：海南省将高起点规划、高水平建设、高质量管理、高标准管理具有海南特色的度假旅游产品项目，着力打造一批滨海、温泉、森林等特色鲜明的度假基地。

2)运动休闲产品:基于海南国际旅游岛的先行先试的条件优势，大力规范高尔夫球场建设，创新旅游市场营销渠道和方式，引进国内外重大赛事，加大高尔夫休闲旅游产品的开发力度，同时促进其他旅游休闲形式的蓬勃开展。

3）海洋旅游产品：重点开发滨海观光、海南环岛游、海南探奇、海上运动、潜水、垂钓、休闲渔业、海底观光、远洋旅游、海洋渔家乐等旅游产品形式，丰富滨海旅游的形式和内涵，建设成为世界知名的海洋旅游目的地。

4）疗养休闲产品：海南省着力发展温泉疗养、中医保健、医疗旅游、康体养生、整形美容等旅游产品，重点建设一批具有海南特色的康体养生基地，满足不同旅游者的需求。

5）商务会展旅游产品：依托海南省良好的旅游发展条件，建设完善会展和商务设施，培育一批会议和展览品牌，通过商务会展等旅游形式，增加海南省旅游产品的类别，优化海南省旅游产业结构。

6）民族风情和文化旅游产品：海南省是我国著名的多民族省份，黎族、苗族等少数民族具有丰富多彩的文化形式，可以开发成为独具魅力的旅游产品。海南省通过挖掘、提升本土文化节庆活动，打造黎族文化、苗族文化、历史文化、海洋文化、侨乡文化等系列产品，凸显海南省的旅游文化内涵和吸引力。

7）红色旅游产品：海南省地处我国最南端，有着特殊的革命历史，从旅游产品开发的角度看，海南省重点弘扬琼崖纵队和红色娘子军的革命传统，打造红色旅游景区，开发红色文化体验产品，增加海南省红色旅游的教育功能，开拓青少年教育等专项旅游市场。

8）休闲农业与乡村旅游产品：海南省计划建设一批旅游小镇和休闲农业示范点，发展农家乐、渔家乐、农业生活体验等旅游产品，通过休闲农业与旅游业的结合，增加乡村地区、农村地区旅游与其他产业的融合程度。

9）热带森林等特色旅游公园：海南省需要不断加强自然保护区和森林公园建设，在保护生物多样性的同时适度开展生态旅游，逐步规划建设航天公园、海洋公园、野生动物园、影视动漫基地、火山地质公园、湿地公园等，在保护生态环境的同时，增加全省旅游公园的建设，凸显旅游产业的公益性质。充分利用海南省热带雨林资源优势，打造具有核心竞争力的自然景观区，实现自然资源保护与旅游可持续发展的双赢。依据《海南国际旅游岛建设发展规划纲要》，海南省将“统一规划、分布实施”，通过生态廊道建设和生态型交通网建设，使海南省中南部热带雨林聚集区的 10 个自然保护区和 11 个森林公园贯通连片，形成整体优势。适度开发住宿、餐饮、宿营地、自驾车营地、文化娱乐、休闲运动等旅游服务设施，建设特色旅游小镇，发展民族工艺品，展示民族风情，实施生态移民，实现生态保护和旅游开发、旅游扶贫、山区发展的有机结合。

10）自助旅游产品：海南省规划建设一批房车、自驾车、自行车以及徒步探险等示范项目，完善此类项目的服务体系，按照国际标准，提供相应的基础设施支持，发展自在游、自由行等产品类型。

11）乡村旅游：海南省积极促进特色农业与旅游业相结合，重点发展现代农业展示、田园观光、农业生产体验、瓜果采摘、农家旅馆、特色餐饮、垂钓捕捞等休闲农业和乡村旅游产品。结合生态文明村和旅游小镇建设，打造一批古村古镇型、民族村寨型、生态观光型等乡村旅游示范项目。依托旅游城市、旅游度假区，积极发展乡村旅游游憩带。

（6）精品旅游线路

海南省根据旅游市场需求的发展，在大力推进旅游景区、度假区和特色旅游项目建设的同时，重点策划设计了六条精品旅游线路，塑造海南自然环境和旅游资源优势相匹配的旅游品牌形象，逐步形成海南旅游核心竞争力，这些精品旅游线路有：

环海南岛热带滨海观光体验游：依托沿海陆地和海上交通网络，将城镇、度假区、景区、乡村旅游景点等节点连接成线，开发观光游、自助游、自驾游等，形成环岛观光特色旅游线路。

海南岛东线滨海度假休闲游：这个区域旅游线路重点工作在于完善度假设施和配套服务，增加旅游核心竞争力，突出滨海度假、运动休闲、康体养生、商务会展、航天科普等优势产品。

海南岛中线民俗风情文化体验游：海南省中部地区民俗风情绚丽多姿，主要以民族村寨、旅游小镇、民族文化博物馆等为载体，突出民族风情、民俗体验、开展民族民俗游，增加海南旅游的文化体验深度。

海南岛西线特色探奇体验游：海南省西部旅游资源丰富，旅游项目类型不一，这个片区重点以西部特有的自然风光、历史遗迹、溶洞、库湖、矿山等资源为依托，开展观光游、自助游，增强游客的体验性。

热带原始雨林生态游：海南省拥有大面积的原始森林资源，开发生态旅游项目的条件得天独厚，重点建设以热带雨林为特征的国家森林公园和国家级自然保护区，开发热带雨林科学考察、热带动植物研究、生态观光、雨林科普教育旅游等项目，增加旅游的科普教育功能。

海洋探奇休闲游：依托海南省独特的地理区位优势，打造海南省海洋国家公园品牌，开展海岛观光、海上休闲运动、游轮游艇等旅游方式。

1.4 研究目标

1.4.1 论证旅游生态效率研究的必要性

通过分析低碳旅游与旅游消费扩张在理论和实践上存在矛盾性的表现、原因、机制、特征，揭示非理性节能减排约束与旅游消费扩张反向运行的潜在风险，论证进行低碳旅游与旅游消费扩张均衡研究的必要性。旅游生态效率作为分析旅游经济效益与环境影响的变量，可以定量化进行计算与评估，在理论的可靠性和应用的可操作性上优势明显。研究结论有利于实施目的地生态效率规划战略，促进区域旅游经济与环境的可持续发展。

1.4.2 构建旅游生态效率研究理论框架

在旅游碳足迹模型、旅游能源消耗模型的基础上，构建适合我国区域旅游实际的生态效率模型，并以海南省为案例进行实证分析，通过最优化生态效率值，求解旅游可持续发展的合理化节能减排区间，为节能减排理念在旅游领域推广提供一个理论分析工具，促进低碳旅游与旅游消费扩张双重目标的实现，化解低碳旅游与旅游消费增长的冲突和矛盾。

1.4.3 分析旅游生态效率优化运行机制

通过低碳旅游与旅游生态效率模型的实证研究，应用低碳旅游与旅游经济影响理论，分析旅游生态效率的影响机制，提出旅游生态效率的最优化策略。同时，基于低碳旅游生态效率的理论基础和实践，通过旅游生态效率规律分析，将旅游生态效率优化的运行机制加以总结，发挥海南国际旅游岛先行先试的优势，为国家旅游战略实验区的改革创新提供示范性经验。

1.4.4 建立区域低碳旅游政策分析体系

通过比较分析国内外关于低碳旅游的相关政策和措施，结合旅游生态效率的影响机制，考虑到旅游者对低碳旅游、生态效率的感知、态度和行为规律，建立一种适合于我国低碳旅游发展的政策模拟分析框架，为制定科学合理的旅游节能减排与消费刺激政策提供理论依据，增强低碳旅游与旅游生态效率政策与制度的契合性，避免低碳旅游模式步入“低碳陷阱”和“增长过剩”的困境。

1.5 研究意义

1.5.1 理论意义

（1）填补了定量研究旅游环境影响与旅游经济影响均衡发展的空白

旅游影响研究一直是旅游界的研究热点领域，其中环境影响研究和经济影响研究是重点，但是将两者联系起来进行相关分析的成果鲜见。本书以同时实现旅游发展的经济影响和环境影响最优为目标，通过旅游生态效率模型的理论和实证研究，定量分析了案例地的旅游生态效率值及其分布特征，力争寻找旅游环境影响和经济影响的均衡点，填补了旅游影响研究的一项空白。在全球气候变化与旅游可持续发展存在必然联系的背景下，减少旅游业碳足迹成为主流趋势。同时，旅游消费和 GDP、第三产业增加值之间具有一定的“协整”关系。研究我国旅游经济增长需要旅游消费拉动效应的促进，系统分析低碳旅游与旅游消费拉动的运行规律具有理论和实践上的意义，可以填补相关研究领域的空白。

（2）为低碳旅游生态效率模型研究构建了一套完整的分析流程

低碳旅游的理论出发点实际是以旅游碳排放和能源消耗最小化代价获取最大旅游经济效应，本质是一种全新的旅游发展理念。在低碳理念日益兴起的今天，低碳旅游模式的发展成为大势所趋，相应地，低碳旅游相关的旅游碳足迹模型、旅游能源消耗模型、旅游生态效率模型等成为这类研究的核心。本书通过旅游生态效率相关模型的构建和修正，提炼归纳出适合区域旅游可持续发展的生态效率体系，构建一套完整的分析流程。

（3）为旅游可持续发展提供了一个新的研究思路和方法体系

可持续发展是 21 世纪最深入人心的旅游发展理念。既要减少旅游增长带来的环境负面影响，又要增加旅游带来的经济效应，似乎是一个“两难”的选择。本书以最优化旅游生态效率阈值为标准，将两个目标有机整合、统一起来，为旅游可持续发展开创了一个新的研究思路和方法体系。

（4）为低碳旅游和旅游消费发展构建了一个完整的政策分析框架

无论是低碳旅游政策还是旅游经济增长政策的出台，都与经济环境、旅游者行为、旅游政策等因素密切相关。本研究利用行为经济学理论、碳税理论、碳金融理论、碳汇理论、碳补偿理论、旅游选择决策行为理论等工具设计基于生态效率理论的低碳旅游发展政策体系，构建区域低碳旅游发展的政策模拟框架，指导低碳旅游管理实践的发展。

1.5.2 实践意义

中国作为世界上最大的发展中国家，既需要发展经济、改善民生、提高人们的生活水平，同时还要应对气候变化、控制温室气体排放、提高国家适应气候变化的能力，旅游业面临着既要拉动经济发展又要保护环境的双重任务。特别是，从旅游碳足迹与旅游能源消耗模型的原理看，旅游消费扩张性增长与旅游低碳化路径在现实的操作中是一对难以协调的矛盾，面对旅游经济效益增长和旅游能源消耗强度降低的双重目标，旅游决策者往往陷入“两难”境地。

本书提出的生态效率模型及其方法，不仅为旅游目的地可持续发展现状与潜力评价提供了一个理论工具，也为旅游规划者和管理者的决策开拓了一个新思路。总体上看，本书的实践意义主要有四个方面：

（1）对于旅游行业管理者而言，旅游生态效率的数值能够作为目的地可持续发展的重要风向标，通过调整旅游生态效率值，起到改善旅游运行状况的作用，在整合旅游与相关产业融合、提高旅游者满意度、促进旅游消费拉动经济等方面具有重要意义。

（2）对于旅游规划者而言，文中提到的系列旅游生态效率规划战略与措施，既可以提高目的地的生态效率水平，也是转变区域旅游经济发展方式、提高旅游者满意度的重要途径，将使低碳化旅游措施在规划方案中得以落实。

（3）对于旅游者而言，随着生态效率、低碳旅游、旅游节能减排等概念的宣传与推广，旅游者的低碳意识越来越强烈，逐渐从文化和心理上倾向于低碳化的旅游模式，并且在旅游度假、旅游活动、旅游交通、旅游住宿的选择过程中加以体现，转化为现实的行动，能有力地促进旅游生态效率的优化。

（4）对于旅游企业经营者而言，随着低碳经营模式偏好的增加，越来越认识到低碳化旅游经营模式深受市场欢迎，在激烈的市场竞争中被旅游者选择和青睐的机会更大，这种认知转变能提高经营主体对低碳技术和设备投资的积极性，从旅游产品的市场角度，有利于低碳旅游产品的供给。

1.6 理论基础

1.6.1 可持续发展理论

可持续发展（Sustainable Development）概念最初源于生态学，

指的是对于资源的一种战略管理，之后被广泛应用于经济学和社会学范畴，是一个涉及经济、社会、文化、技术和自然环境的综合的动态概念。可持续发展已经成为有关经济社会发展的全面性战略，具体而言包含经济可持续发展、生态可持续发展、社会可持续发展等内涵。可持续发展作为一种全世界公认的理念，不仅广泛应用于社会经济诸多领域，其理论自身的发展也有着独特的历程。

1962 年《寂静的春天》的出版被看成现代环境运动的开端，该书认为自然的平衡是人类生存的基础。《寂静的春天》是一本激起了全世界环境保护事业的书，书中描述人类可能将面临一个没有鸟、蜜蜂和蝴蝶的世界。该书作者是美国海洋生物学家蕾切尔·卡逊（Rachel Carson）。正是这本不寻常的书，在世界范围内引起了人们对野生动物的关注，唤起了人们的环境意识。这本书同时引发了公众对环境问题的注意，促使环境保护问题提到了各国政府面前，各种环境保护组织纷纷成立，从而促使联合国于 1972 年 6 月 12 日在斯德哥尔摩召开了“人类环境大会”，并由各国签署了《人类环境宣言》，开始了环境保护事业，强调了人类对环境的权利和义务，提出资源可持续利用的原则。

1971 年出版的《增长的极限》是罗马俱乐部关于人类发展状况研究的第一个报告。报告对经济继续增长和人类的前途做出了具体的、耸人听闻的预测。通过各界学者对人类未来发展的大讨论，人们逐渐形成了一个共识，即人类是否具有一个光明的发展前途，这取决于人类能否将经济发展、社会进步和环境保护有机结合起来。

1987 年，挪威首相布伦特夫人在她任主席的联合国世界环境与发展委员会的报告《我们共同的未来》中，把可持续发展定义为“既满足当代人的需要，又不对后代人满足其需要的能力构成危害的发展”。而在 1989 年举行的第 15 届联合国环境署理事会上，发达国家与发展中国家经反复辩论和磋商后达成共识，通过了《关于可持续发展的声明》，该声明指出：可持续发展，系指满足当前需要而又不削弱子孙后代满足其需要之能力的发展。它包括子孙后代的需要、国家主权、国家公平、发展中国家的持续经济增长、自然资源基础、生态抗压力、环保与发展相结合等重要内容。

《21 世纪议程》是 1992 年 6 月 3 日至 14 日在巴西里约热内卢召开的联合国环境与发展大会通过的重要文件之一，是“世界范围内可持续发展行动计划”，是 21 世纪全球范围内各国政府、联合国组织、发展机构、非政府组织和独立团体在人类活动对环境产生影响的各个方面的综合的行动蓝图。《21 世纪议程》共 20 章，78 个方案领域，20 万余字，大体可分为可持续发展战略、社会可持续发展、经济可持续发展、资源的合理利用与环境保护四个部分。《21 世纪议程》是一份关于政府、政府间组织和非政府组织所应采取行动的广泛计划，旨在实现朝着可持续发展的转变。《21 世纪议程》为采取措施保障我们共同的未来提供了一个全球性框架。

1996 年 5 月 4 日，出席联合国贸发会议第九届大会的非洲国家及有关各方代表，在主题为“联系非洲”的会议后发表的《约翰内斯堡宣言》中宣布，非洲面临着严峻的挑战，但同时也拥有无限的潜力。

1.6.2 清洁生产理论

清洁生产（Cleaner Production，CP）是一种谋求最小的环境影响、最少的资源能源使用、最佳的管理模式及最优的经济发展的先进生产方式。基于消除造成污染根源的思想，1979 年 4 月，欧共体理事会宣布推行清洁生产政策。1989 年 5 月，联合国环境署工业与环境规划活动中心（UNEP IE/PAC）根据 UNEP 理事会会议的决议，制定了《清洁生产计划》，在全球范围内推行清洁生产。在美国，清洁生产被称为“废物最小量化”或“污染预防”。清洁生产早期是一种企业层次上的活动，而现今已上升为区域层次及宏观经济规划和管理的层次，亦即开始仿效生态群落原理着手生态工业园的建设，以达到工业群落的优化配置、节约土地、互通物料、提高效率，最大限度地谋求三个效益的统一。

从一定意义上，旅游过程对于旅游企业和管理部门而言，既是一个管理和服务的过程，也是一个旅游行业服务性产品形成和消费的过程。旅游产品的产生属于现代服务业的范畴，它的过程十分复杂，涉及诸多的行业和人员，但是追求的目标与第一产业、第二产业是一致的，那就是经济效应最大化的同时，实现环境影响的最小化，这也验证了清洁生产的理论与生态效率有很大的共性成分。

低碳旅游的理念和生态效率规划设计与清洁生产理念具有很强的统一性，均强调旅游过程中能源消耗、温室气体、污染物等消耗最小化，通过政府管理部门、旅游者、行业协会的合作努力，将绿色饭店、绿色旅行、绿色交通、绿色游憩等行为方式整合起来，形成一个低碳化旅游产业链，也即构建旅游产业领域清洁生产的要素框架。

1.6.3 绿色经济

绿色经济（Green Economy）是指以市场为导向、以传统产业经济为基础、以经济与环境的和谐为目的而发展起来的一种新的经济形式，是产业经济为适应人类环保与健康需要而产生并表现出来的一种发展状态。英国绿色经济研究所（GRI）是目前国际上唯一以“绿色经济学”为主题的研究机构，它将绿色经济定义为：一种支持人类与自然和谐互动,并尝试同时满足双方需要的经济学方法。历史表明，绿色经济是人类社会继农业经济、工业经济、服务经济之后新的经济结构，是更有效率、和谐、持续的增长方式，也是继农业社会、工业社会和服务经济社会之后人类最高的社会形态。绿色经济、绿色新政、绿色社会是 21 世纪人类文明的全球共识和发展方向。

“绿色经济”一词源自英国环境经济学家皮尔斯于 1989 年出版的《绿色经济蓝图》一书。环境经济学家认为经济发展必须是自然环境和人类自身可以承受的，不会因盲目追求生产增长而造成社会分裂和生态危机，不会因为自然资源耗竭而使经济无法持续发展，主张从社会及其生态条件出发，建立一种“可承受的经济”。绿色经济的提出源于人们对经济与环境协调发展的思考。在发展中国家，墨西哥率先实行了绿色 GDP 核算，将石油、土地、空气、水、土壤和森林列入环境经济核算范围之内，并且通过估价将各种自然资产的实物数据转化为货币数据，从而估算出环境退化成本，实现绿色GDP 的核算。

对于区域旅游开发而言，旅游业的发展也是一种重要的经济活动，旅游经济增长方式的转型、旅游过程能源消耗和碳足迹的降低，就是为了促进旅游活动中人与自然环境的和谐发展。因此，绿色经济的发展理念和模式与低碳旅游殊途同归，具有很强的关联性。

绿色经济的理念可以应用于旅游行业，例如酒店行业《绿色旅游饭店》标准（LB/T007-2006）明确要求饭店将环境管理融入饭店经营管理中，以保护为出发点，调整饭店的发展战略、经营理念、管理模式、服务方式，实施清洁生产，提供符合人体安全、健康要求的产品，并引导社会公众的节约和环境意识，改变传统的消费观念，倡导绿色消费。绿色饭店的实质是为饭店宾客提供符合环保要求的、高质量的产品，同时，在经营过程中节约能源、资源，减少排放，预防环境污染，不断提高产品质量。绿色饭店是一种方向和目标，是一个不断发展的概念。为指导现阶段的实践，本标准把绿色旅游饭店定义为：以可持续发展为理念，坚持清洁生产，倡导绿色消费，保护生态环境的饭店。其核心就是在生产经营过程中加强对环境的永续保护和资源的合理利用。

1.6.4　生态足迹

生态足迹（Ecological Footprint, EF）在 20 世纪 90 年代初由加拿大大不列颠哥伦比亚大学规划与资源生态学教授里斯（Willian E. Rees）提出。它显示在现有技术条件下，指定的人口单位内（一个人、一个城市、一个国家或全人类）需要多少具备生物生产力的土地（biological productive land）和水域，来生产所需资源和吸纳所衍生的废物。生态足迹通过测定现今人类为了维持自身生存而利用自然的量来评估人类对生态系统的影响。

生态足迹是用于计量人类对生态系统占用的指标，就是能够持续地提供资源或消纳废物的、具有生物生产力的地域空间

（biologically productive areas），其含义就是要维持一个人、地区、国家或者全球的生存所需要的、具有生物生产力的地域面积。生态足迹估计要承载一定生活质量的人口，需要多大的可供人类使用的可再生资源或者能够消纳废物的生态系统，又称为“适当的承载力”（appropriated carrying capacity）。

旅游对环境的影响实际上是多方面的，本书重点研究的旅游碳足迹和旅游能源消耗即为其中的一部分，其出发点是基于减少旅游活动对气候变化的影响。旅游项目和附属设施建设需要大量的土地，旅游者需要消耗大量的水，这些都是旅游环境影响的重要方面。旅游生态足迹正是从旅游能源消耗、资源利用和产生废弃物的环境承载的角度分析旅游可持续发展能力，这对旅游生态效率的研究具有一定的启示作用。

1.6.5 环境伦理

环境伦理（Environmental Ethics）是一门环境哲学，以关心人类与环境之间的伦理关系问题为重点，涉及的概念包括法律、社会、哲学、经济、生态及地理等。环境伦理学是研究人类在生存发展过程中，人类个体与自然环境系统和社会环境（人类群体）系统，及社会环境系统与自然环境系统之间的伦理道德行为关系的科学。环境伦理不仅关心人与自然的关系，也关心人与环境和谐共生的策略。环境保护中权利和义务的不对等引起的“环境不公”问题越来越引人注目；环境的自然价值，对人的有用性只是自然价值“最小化”的表达，生态危机的出现暴露了以“主客二分”为特点的西方文化的缺陷，而以“天人合一”为特点的中国文化则成为解决生态危机的一剂良药。

从旅游的碳足迹、旅游能源消耗、旅游环境影响等视角看，旅游过程产生的温室气体和其他的废弃物，有的是局域性分布，有的是大空间尺度甚至全球性分布。旅游者的流动性决定了碳足迹产生空间转移，这就涉及环境伦理和社会公平的问题，例如人数很少的一群长距离旅游者占到能源消耗的很大比例。换句话说，旅游休闲度假中，少部分人享受造成的环境影响由社会全体成员共同买单，这就是一个社会公平和环境伦理的问题。例如在德国，14%的出国度假者消耗了55%的能源。类似地，虽然乘坐飞机只占三分之一的出行比例，但是却消耗了80%的远距离旅游度假所耗能源。

环境伦理的研究视角，也为本书的研究增加了一个维度。因为环境影响的代价由谁承担、如何承担是一个技术问题，更是一个社会问题，这个问题的本质、原因及其解决归根结底是一个环境伦理学问题。如何在技术提升旅游生态效率水平的同时，通过制度设计和管理模式创新，促进环境影响和经济福利的公平，是有待深入研究的课题。

1.6.6 生命周期评价（LCA）

生命周期评价（Life Cycle Assessment, LCA）也称生命周期分析，最早出现于20世纪60年代末70年代初，起源于当时美国开展的对包装品的分析、评价，即资源与环境状况分析（REPA）。虽然生命周期评价的理论和方法不尽成熟，但是也取得了显著的成就，例如ISO14040（标准环境管理—生命周期评价的原则与框架）已于1997年颁布，有利于生命周期评价概念和技术的应用与推广。

随着环境保护意识的提高和对产品生产与消费中可能伴随的影响的进一步了解，人们希望建立一些方法，来更好地认识和减少这些影响。生命周期评价（LCA）就是出于这一目的而发展起来的一门技术。LCA是一种用于评估与产品有关的环境因素及其潜在影响的技术，其作法为：1）编制产品系统中有关输入与输出的清单；2）评价与这些输入输出相关的潜在环境影响；3）解释与研究目的相关的清单分析和影响评价结果。LCA研究贯穿产品生命全过程（即从摇篮到坟墓），从获取原材料、生产、使用直至最终处置的环境因素和潜在影响。须要考虑的环境影响类型包括资源利用、人体健康和生态后果。LCA研究的范围、边界和详细程度取决于研究的对象和应用意图，研究的深度和广度很大程度上取决于具体的研究目的[①]。

旅游研究中也大量引进了生命周期评价的理论与方法，特别是在旅游碳足迹和能源消耗的核算中，将旅游者出行的整个完整过程看成一个产品的生命周期，对这个过程进行深入的分析，计算出旅游碳足迹与能源消耗的强度及其均值，这个过程中将旅游服务产品看成一个整体的方法，渗透了旅游生命周期的思想。例如，Nae-Wen Kuo, Pei-Hun Chen（2009）利用生命周期评价（LCA）的方法研究了岛屿型旅游目的地的能源消耗问题，计算了每个旅游者每次旅行产生的碳足迹和能源消耗均值。其中，旅游生命周期被定义为旅游产品或旅游服务的消费过程系统，系统的边界是整个旅行的过程，功能单位是每人每次旅行的环境载荷量。换句话说，旅游产品生命周期起始于去往旅游目的地之时，结束于完成整个旅程回到游客出发地。

1.6.7 旅游业环境影响

旅游作为一种综合带动性行业，给社会带来了可观的经济效益，创造了充分的就业机会，为区域文化的复兴做出了重要贡献，旅游社区和目的地也成为产业要素的汇聚之地。但旅游景点开发、基础设施建设、旅游要素生产和旅游服务过程等也给自然环境带来了极大的负面影响。总之，旅游环境影响是旅游影响研究的重要组成部分，是旅游行业研究不可忽视的内容。

Stefan Gössling（2002）认为旅游业的全球环境影响可以分为物理和心理两个层面，有直接影响，也有间接影响，最终，由旅游引发的局部、单独的变化，叠加起来后成为全球性现象。从全球尺度看，旅游对以下几个方面产生影响：土地分布和利用、能源利用、生物演替与野生物种的灭绝、疾病的传染与扩散、对环境理解和感知的变化。另外，旅游业发展过程中需要消耗大量的资源。以旅游业水资源利用为例，许多地区面临水资源短缺，而旅游发展通常被

① ISO14O40:1997 环境管理 生命周期评价 原则与框架 GB/T 24040-1999。

认为会加剧这些存在的问题，因为旅游会改变区域水资源的需求，而且旅游者一般在旅行过程中的用水量大于在家的用水量。

从本质上说，旅游碳足迹、旅游能源消耗属于旅游环境影响的组成部分。在气候变化受到世界各国关注的今天，这两个课题也就日益成为学术研究的热点。旅游环境影响中形成的理论和分析方法，在旅游节能减排以及旅游生态效率研究中，发挥了重要作用。

1.6.8 脱钩发展理论

“脱钩发展”（Delink Development）是形象的说法，也就是两个变量经过时间的演变不再具有严格的依赖关系，呈现积极的变化趋势状态。比如一直保持环保的循环经济模式中，经过一段漫长的时间以后，经济发展就不再危害环境，两者之间就实现了脱钩。要描述新兴市场的投资机会，常会引用“脱钩”理论，这种理论认为，新兴市场在经历最近几年的发展之后，区内的政治体制、经济基础以及企业质量都有了较大改善，加上在天然资源和人口因素等方面的优势，新兴经济的增长已经不再需要依赖欧美成熟市场，亦即有能力与欧美的经济走势实现“脱钩”。

当前，“脱钩”理论主要用于分析经济发展与能源消耗之间的对应关系。对经济增长与物质消耗的大量研究表明，一国或者一地区在发展初期，物质消耗总量总是随着经济总量的增加而同比增长，甚至更高；但是在某个阶段后，物质消耗的增长速度慢于经济增长速度，两者的函数曲线出现倒U型，这就是“脱钩”理论原理。

区域旅游经济发展也是同理。发展模式不科学的情况下，旅游消费呈现高排放、高耗能、低经济效益的“两高一低”状态，旅游能源消耗和碳足迹增长率高于旅游经济效益增长率；经过低碳旅游模式的应用和推广，单位经济效益的旅游碳足迹和能源消耗大为降低，其增长速率低于旅游消费经济效益的增长速率，旅游生态效率处于最优化水平，旅游碳足迹、旅游能源消耗与旅游经济增长呈现“脱钩”发展的状态。

低碳旅游发展模式下，要求尽可能减少旅游过程中能源消耗与碳足迹的数量，但是也存在一定的潜在危机，即旅游碳足迹减少的区间需要符合一定限度。旅游减碳的程度过高，可能陷入“低碳陷阱”模式，旅游发展的增长难以持续；旅游减碳的程度过低，则可能陷入“增长过度”的状态，旅游环境影响的负面效应高于旅游收益，旅游快速增长得不偿失，旅游业也成为不可持续产业。理想的状态是旅游增长的同时，旅游低碳化模式在科学合理的区间运行，旅游的发展不再成为环境保护的障碍性因素，也就是旅游发展处于“脱钩”情境。

1.7 资料来源与数据收集

1.7.1 基础统计资料

本书应用的主要基础统计数据来自《中国旅游统计年鉴》（2002-2011）、《中国旅游业统计公报》（2009-2011）、《海南省旅游统计公报》（2010）、海南省旅游发展委员会的年度统计资料（2002-2012）。关于海南省旅游总体收入、海南省分县市旅游接待数量、海南省星级宾馆与社会宾馆的开房率、海南省国际旅游者分国别数量等数据，均来自海南省旅游发展管理委员会的官方网站统计资料。采用的基础数据结构完整，信度和代表性较强，能够适应研究的需要。

1.7.2 市场调查数据

旅游生态效率研究涉及的过程和环节较多，旅游者、企业经营者、政府管理部门、行业协会都能对旅游生态效率的结果和特征产生影响，其中旅游者和企业经营者是最为重要的影响主体，也是旅游生态效率研究需要重点关注和分析的对象。应用旅游生态效率概念，基于旅游者选择决策分析旅游经济与环境影响问题，需要收集旅游过程中旅游交通、旅游住宿、旅游活动等环节的详细资料，这个过程复杂而困难，问卷调查是行之有效的一种手段。

2012 年 12 月 20 日至 26 日期间，市场问卷调查小组对海南省旅游者和企业经营者进行了随机调查。旅游者问卷主要调查的内容有：（1）旅游者人口统计学特征；（2）旅游者交通模式选择与花费情况；（3）旅游者住宿方式选择与花费情况；（4）旅游活动类型的选择与花费情况；（5）旅游者餐饮、购物等选择与消费情况。旅游者人口统计学特征包含性别、年龄、职业、收入、客源地省份等信息；旅游者交通、住宿、旅游活动、餐饮、购物等选择情况和各项目消费情况均为本次调研的变量指标。

经营者问卷主要调查的内容有：（1）企业经济的基本情况；（2）企业主的基本特征；（3）企业主对于低碳旅游各变量的支持度意愿；（4）企业的能源消耗结构情况。企业经营者对于低碳旅游的支持意愿主要采用低碳设施投资费用指标来衡量。

从样本数量上看，旅游市场共发放问卷 864 份，收回 842 份，剔除无效问卷 104 份，实际有效问卷为 738 份，问卷有效回收率为 85.4%；经营者问卷共发放 200 份，回收有效问卷为 147 份，问卷有效回收率为 73.5%，有效问卷比率能够满足研究需要。从样本数据的信度和效度看，本次问卷调查的数据能够满足研究的需求，具备统计分析中信度和效度的可靠性。

1.7.3 其他资料收集

旅游研究的资料来源呈现多元化分布，有一手资料，也有二手资料，不同的研究目的需要不同资料类型。一手资料的获取在时间、精力、费用上消耗较大，但是资料的及时性、可靠性、精准性较强，二手资料则收集整理较为方便，易于获取，费用和成本较低，但是数据资料的可靠性、精准性、时效性则较差。科学研究中往往根据研究的时间、经费、人员等因素的限制，采取适当的资料收集、整理方法，满足研究的需要。

研究中与政府负责人、旅游目的地居民、旅游者、旅游协会等利益相关群体进行面对面（face-to-face）访谈，是获取第一手信息的一个重要手段。调查问卷采用结构化访谈的形式获得所需信息，分析中将问卷信息转化成为统计软件的数据格式；访谈中直接交流有利于对主观性偏好进行修正，做出更为接近实际的判断，在模型设计与研究过程中，更容易得到真实的结论。另外，电话、电子邮件等方式也能加强信息的及时反馈。

1.8 研究方法

研究方法属于哲学术语，是指在研究中发现新现象、新事物，或提出新理论、新观点，揭示事物内在规律的工具和手段。研究方法本质上是运用智慧进行科学思维的技巧，一般包括文献调查法、观察法、思辨法、行为研究法、历史研究法、概念分析法、比较研究法等。研究方法是人们在从事科学研究过程中不断总结、提炼出来的。由于人们认识问题的角度不同、研究对象的复杂性等因素，研究方法本身处于一个在不断地相互影响、相互结合、相互转化的动态发展过程中。

旅游研究需要科学的方法论作为指导思想，科学有效的研究方法是理论分析的前提。旅游学属于经济社会学的范畴，旅游研究对象主要属于人文要素，涉及面较广，通常意义的旅游业分析思路逻辑为“格局—过程—机制”研究体系，研究对象的要素特征与分异现象即为格局，格局的形成和演化即为过程，过程的规律和原理即为机制（图 1-2）。

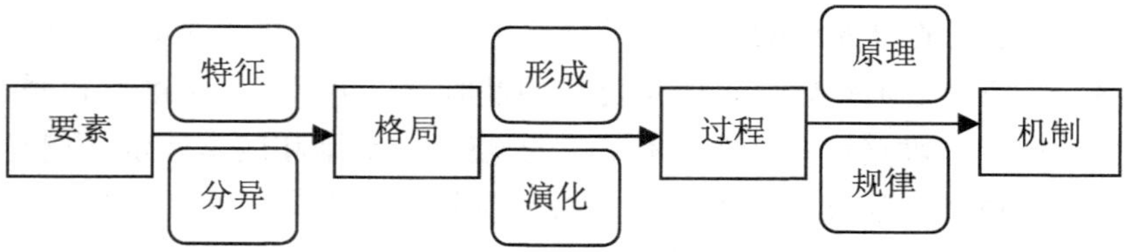

图 1-2 旅游研究思维逻辑过程

为实现研究目标，本书采用“综合集成”的方法体系进行研究。文献分析法总结了国内外相关研究的内容与特征，为研究思路的确立提供了理论基础；低碳旅游与旅游消费的涉及变量复杂多样，情景分析方法确定了不同旅游发展环境下的低碳旅游生态效率值；案例地实证研究运用定量分析方法核算了旅游碳足迹、旅游能源消耗、旅游生态效率的具体数值大小；调查统计的方法主要用于旅游市场与旅游者感知态度的分析；政策模拟方法提出了系列旅游节能减排与刺激旅游消费的政策与对策。

经济管理学科的研究过程较为复杂，需要在定量分析和定性分析的基础上进行整合，将理论的探索与现实机制的运行结合起来，提出有针对性的措施和对策，特别是在定性分析、调查统计、影响评价的基础上，通过理论模型的构建和实证研究，提出适合案例地的政策模拟框架，为旅游可持续发展营造坚实的政策环境。因此，结合研究目的、研究内容、研究任务、研究创新点等关键问题，本研究采用多样集成的研究方法（图 1-3）。

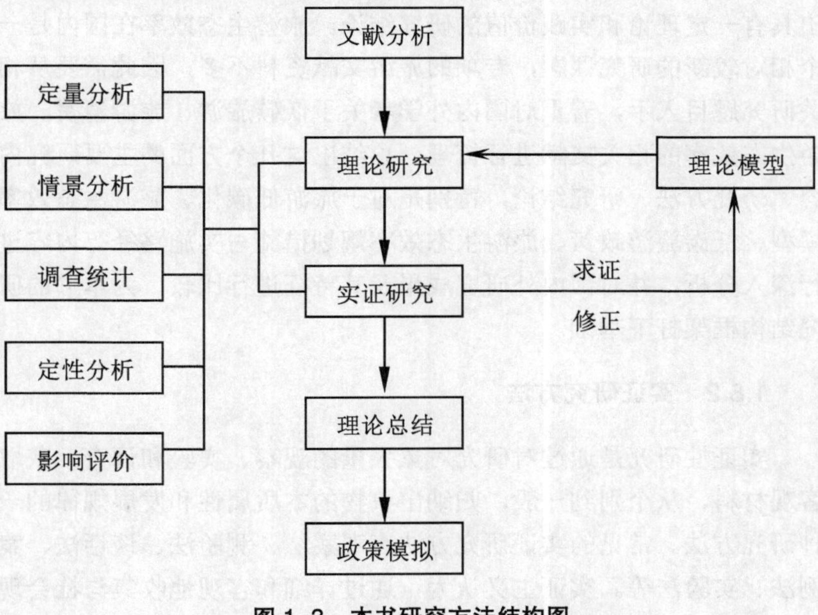

图 1–3　本书研究方法结构图

整体上说，本书研究过程中将理论分析与实证研究、定性研究与定量研究、文献分析与实地调研等方法有机整合起来，形成一个完整的研究方法体系。文献分析是现代科学研究的常见手段，针对研究对象的相关学术成果的解析有利于获得最新的研究动态，对研究方向起到重要的指导作用，能够在一定程度上保证研究不会偏离主流的轨道，也不会进行多余的重复劳动，进而在学术领域能够有所创新。

1.8.1 文献分析方法

文献研究法主要指搜集、鉴别、整理、分析、比较、归纳相关学术文献，并通过对文献的研究形成对事实的科学认识的方法。文献研究法是一种古老而又富有生命力的科学研究方法。文献分析是常见的研究手段,主要目的在于准确把握国内外相关研究领域动态，通过对研究动态的准确把握全面了解研究对象的进展、不足和有待完善的地方，以对自己的研究内容和思路产生创新性启示，从而得出具有一定理论和实践价值的研究结论。旅游生态效率在国内是一个相对较新的研究课题，专项的旅游文献资料不多，因此需要从相关研究题目入手，着重对国内外学者关于低碳旅游、旅游消费、旅游生态效率的相关文献进行梳理，总结出这几个方面的主要研究内容、研究方法、研究结论，特别是对于旅游低碳化、旅游生态效率模型、低碳旅游政策、旅游生态效率规划措施与实施路径等内容进行深入分析，并对国内外研究成果及其特征进行比较，为本书的研究结构框架打下基础。

1.8.2 实证研究方法

实证性研究是通过对研究对象大量的观察、实验和调查，获取客观材料，从个别到一般，归纳出事物的本质属性和发展规律的一种研究方法。常见的实证研究方法有观察法、测验法、谈话法、案例法、实验法等。实证主义认为，通过详细和客观地收集与社会现象有关的数据，我们能够确定一些规则来预测和解释人类行为的原因和效用。当代实证主义主要可分为两类思想：以证实为基础的逻辑实证主义和以证伪为基础的批判理性主义。本书以海南国际旅游岛为案例地，对旅游碳足迹、旅游能源消耗、旅游生态效率、旅游者的感知与态度等方面的内容进行实证研究。旅游生态效率的研究目标在于尽可能减少旅游增长情况下的环境影响，气候变化背景下岛屿型目的地受到的影响最大，以海南省作为案例地具有较强的典型性，研究结论不仅有利于国内旅游目的地的节能减排，也可以为世界上其他岛屿型旅游目的地推行低碳旅游模式提供经验。

1.8.3 调查与统计研究方法

调查与统计分析既是一种手段，也是一种技术方法，主要指按照社会统计学的要求收集数据、整理数据、分析数据、得出结论的一般过程。今天的时代是一个数据化的时代，各种信息、资料均以数据的形式予以保存，对这些数据应用统计学的方法加以深入分析，得出影响旅游生态效率特征的因素，以及这些影响因子之间的内在关系，是调查统计研究的基本目的。

对案例地进行实地调查，获取低碳旅游与旅游消费的相关数据，收集国家、区域层面的相关数据、资料，进行实证分析。同时，对于旅游者、企业主对低碳旅游生态效率的感知、态度、行为进行抽样调查，利用社会学统计方法，分析旅游者和企业主对旅游生态效率的感知度、支持度问题。

1.8.4 定量分析方法

定量分析的最大优势是结论的准确性较高，能科学地说明所需了解的问题。旅游生态效率的实证研究中，旅游地碳足迹、旅游者能源消耗、旅游地各类旅游效益值、旅游生态效率值等均需要在构建理论模型的基础上进行定量分析与比较。研究中准确选取旅游碳足迹、旅游能源消耗、旅游消费、旅游生态效率的内生变量，整合相关要素结构关系，构建旅游碳足迹模型、能源消耗模型与旅游生态效率模型，利用市场调研和统计资料分析的结果，输入相关数据，运用数理统计方法，定量计算出一定时间段内案例地的碳足迹、能源消耗、生态效率的数量值，总结出旅游碳足迹、能源消耗、生态效率值的结构化特征，并进行区域对比，分析区域旅游生态效率差异化结果的形成机制，是旅游生态效率研究的关键流程，定量分析的结果为定性结论的得出提供了依据。

1.8.5 情景分析方法

情景分析法又称脚本法或者前景描述法，是假定某种现象或某种趋势将持续到未来的前提下，对预测对象可能出现的情况或引起的后果做出预测的方法，通常用来对预测对象的未来发展做出种种设想或预计，是一种直观的定性预测方法。情境分析的方法在研究对象具有多种可能结果的情况较为适用。

对于旅游碳足迹与旅游生态效率设计两种情景，一个是基准情景，以海南国际旅游岛为例，计算出特定时间的旅游碳足迹和旅游生态效率的基准数值，并分析基准情境下目的地旅游能源消耗、碳足迹基本特征；第二个情景是可持续发展情景，按照可持续发展的要求，确定满足可持续发展标准的生态效率门槛阈值，将旅游生态效率的门槛阈值作为旅游地可持续性能力的一个评价指标。旅游可持续发展情境下旅游生态效率的最小值，就是区域旅游发展的一个阈值，超过这个区间的旅游发展产生的结果是进入两种状态：“低碳陷阱”或者“增长过剩”。这两种模式下旅游发展都陷入恶性循环，难以可持续发展，是地方旅游需要避免的情况。

1.8.6 旅游影响评价方法

旅游业具有关联性强、经济社会影响深远、综合带动能力大等特点。旅游影响一般分为旅游经济影响、旅游社会影响、旅游文化影响、旅游环境影响等很多方面。旅游发展过程中，不仅要突出旅游正向影响，还应减少旅游负面影响。旅游生态效率的研究正是从旅游经济影响和旅游环境影响的交叉分析开始，探讨旅游业不断发展的同时，如何实现最低的产业投入，获得最佳的行业产出，同时避免旅游污染和环境破坏，特别是减少温室气体的排放，实现区域旅游的节能减排。

低碳旅游的经济成本在于旅游经济增长的放缓，旅游消费的环境成本是碳排放强度与能源消耗总量的增长，引进旅游生命周期评价（LCA）的方法，采用生态效率的概念和原理，整合旅游发展的环境影响与经济影响，可获取低碳旅游可持续能力在理论和实践上的均衡点，促进区域旅游经济增长方式转型。

1.8.7 政策模拟分析方法

政策模拟是利用数学和计算机方法，对实际的政策问题开展建模和模拟的一门以管理科学为总体，融合经济学、地理学、计算机科学等的新型学科。作为政策导向性很强的低碳旅游、旅游生态效率研究而言，政策的影响和作用十分重要，在新的旅游模式发展初期，低碳旅游的模式未必为大多数旅游相关利益主体所认同，因为低碳旅游模式一定程度可以带来很多连锁反应，例如旅游者体验质量下降、旅游者满意度降低、旅游收益减少、旅游项目经营者积极下降等，因此低碳旅游模式发展初期旅游政策的激励作用对于项目启动十分重要。低碳旅游、旅游生态效率发展到一定阶段之后，政府的政策能起到维持低碳化持续发展的作用。因此，政策研究成为低碳旅游和旅游生态效率研究的重要内容之一。

在分析国内外低碳旅游政策基础上，对海南国际旅游岛低碳旅游和旅游生态效率优化进行政策模拟，构建具有典型意义的政策分析框架，保障旅游经济增长的同时减少旅游环境影响，促进政府、企业、旅游者在实现低碳旅游生态效率最优化过程中采取一致性行动。

1.9 技术路线

旅游研究需要在特定的学科范式下开展。旅游学科的研究范式以“现象—格局—机制”为主线，从发现问题、分析问题、解决问题的逻辑思路出发，将社会需求与理论应用结合起来，创新性提出解决现实问题的方法、措施和政策，为助推社会经济各方面的全方位进步发挥作用。技术路线可以运用流程图、结构图的方式予以呈现和说明。而常见的技术路线图是指应用简洁的图形、表格、文字等形式描述技术变化的步骤或技术相关环节之间的逻辑关系。它能够帮助使用者明确该领域的发展方向和实现目标所需的关键技术，理清产品和技术之间的关系。本研究在相关理论分析和文献综述的基础上，确立旅游碳足迹模型、旅游能源消耗模型、旅游生态效率模型的基本框架，输入案例地的调查数据之后，对旅游生态效率的实际运行进行实证分析，深入探索低碳背景下旅游生态效率水平优化的实现机制，进而提出具有政策导向的对策和建议，将基于生态效率的旅游低碳化措施落到实处，整个研究中遵循旅游科学的规范化技术路线（图 1-4）。

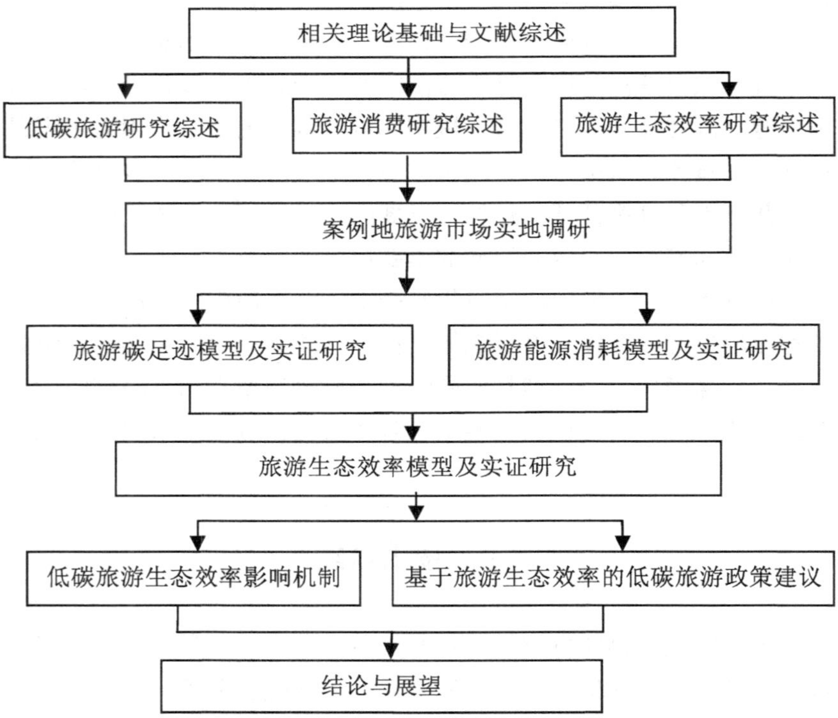

图 1–4 本书研究技术路线图

1.10 研究内容

1.10.1 低碳旅游与旅游生态效率综述

以低碳旅游生态效率的研究目标为导向，对国内外关于旅游碳足迹、旅游能源消耗、旅游生态效率、旅游者对于低碳旅游的感知与态度、旅游消费等方面的研究成果进行分析、归纳、比较，发现低碳旅游生态效率的相关研究内容丰富、方法多样，国际上的相关研究进展对于国内研究具有重要的启示意义。

低碳旅游模式是旅游生态效率研究的逻辑起点。对旅游生态效率的研究综述，主要需要得出的结论是：国内外旅游生态效率研究的热点是什么？旅游生态效率研究的理论基础有哪些？旅游生态效率研究的模型框架有哪些？旅游生态效率研究价值和意义有哪些？旅游生态效率研究的创新可能性在哪里？在搞清楚这些问题的前提下，对低碳背景下旅游生态效率的定性和定量研究才可能取得应有的创新性结论。

1.10.2 旅游碳足迹模型及实证研究

旅游碳足迹模型的构建是为了定量化计算特定时间段内案例地旅游碳足迹的大小，以及分析旅游碳足迹的部门结构特征。在旅游行业生命周期分析过程中，旅游碳足迹产生的根本源头在于旅游交通碳足迹、旅游住宿碳足迹、旅游活动碳足迹，旅游三部门碳足迹的和即为旅游行业碳足迹。

实证研究中，以 2012 年海南省旅游生态效率实证分析为例，基于旅游者消费决策选择的理论，采用生命周期评价的方法，将旅游产品消费的过程看成一个整体，以旅游碳足迹系数为基础，构建旅游碳足迹模型，运用 2012 年的市场运行数据，定量化计算了海南省的旅游碳足迹总量、均值和特征。

1.10.3 旅游能源消耗模型及实证研究

旅游能源消耗和旅游碳排放实际上是一个问题的两个方面，旅游过程中的能源消耗是产生“碳足迹”的根源，构建旅游能源消耗模型之后，对旅游消费各环节能源消耗进行系统叠加，形成最终的旅游能源消耗值，也即旅游能源消耗值等于旅游交通能源消耗、旅游住宿能源消耗、旅游活动能源消耗之和。旅游能源消耗核准计算步骤为：分析组合旅游线路、估算平均旅行距离、计算旅游交通能源使用、计算旅游住宿接待能源使用、计算旅游吸引物与旅游活动能源使用、计算旅游能源消耗并分析其结构化特征。

基于旅游能源消耗的生态效率是本书的一个创新之处。常见的旅游生态效率研究中旅游环境影响的变量是旅游碳足迹，本研究不仅将旅游碳足迹作为旅游环境影响变量，计算了海南省 2012 年旅游生态效率值，而且以旅游能源消耗作为环境变量值，计算了相对应的旅游生态效率值，并对两种模式下旅游生态效率值的评价效果进行了比较。也就是说，旅游能源消耗模型的构建和实证研究，不仅开拓了旅游环境影响分析一个思路，也为旅游生态效率研究方法的创新提供了一个渠道。

1.10.4 旅游生态效率模型及实证研究

基于旅游碳足迹和能源消耗的研究结论，在分析生态效率概念的基础上，提出旅游生态效率的概念与模型，结合本书研究目标，构建旅游生态效率的指标体系，以海南省为例，定量化计算旅游交通、旅游住宿、旅游活动的旅游生态效率值。在旅游可持续发展理念的指导下，分析可持续视阈下生态效率值的门槛值，同时对案例地旅游生态效率进行分部门和分区域的差异分析。

基于上面的说明，本研究在旅游生态效率的实证分析过程中，因为旅游环境影响的选取采用了两个指标，一个是旅游碳足迹，一个是旅游能源消耗。因此，旅游生态效率值采用了双指标的研究方法。在旅游生态效率的研究中，一方面分部门计算了旅游生态效率值，另一方面计算了旅游生态效率的总量和均值，这样的分析结果具有更强的现实指导意义。

1.10.5 低碳旅游生态效率感知与态度

旅游生态效率规划及其措施受到相关利益主体的影响，旅游者、政府管理部门、行业协会、新闻媒体、社会大众都能通过特定的方式对低碳旅游的行为和决策产生影响。特别是旅游者对于低碳模式所需增加费用支付意愿、经营者对于低碳设施的投资意愿两个指标，能够刻画两个群体对低碳旅游的支持程度，对这两个指标的统计学分析结果显示了低碳旅游模式运行的潜在可能性。

本研究将旅游消费看成一个经济行为，旅游者、企业主对待低碳旅游模式、生态效率规划措施的感知和态度不尽相同，而旅游产业相关利益主体的主观能动性一定程度上决定了低碳旅游模式运行的潜力，直接影响了旅游生态效率最优化的效果。因此，分析旅游者与企业主对旅游生态效率规划措施的态度，对于制定有针对性的政策与对策，具有重要的导向作用。

1.10.6 基于生态效率的政策对策研究

低碳模式是政府倡导的经济发展状态，强调旅游行业的低排放和低能耗，其目的是为了更好地实现国家层面节能减排的承诺与任务。政府保障低碳旅游、旅游生态效率规划实施的主要手段是出台相应政策和规范，通过政策激励、约束旅游者的行为，将旅游生态效率追求的理想状态转化为真实运行的行业现状。

任何政策均衡都是利益主体重复博弈的结果，实现政策均衡的目的是降低交易成本与促进旅游政策与制度的契合。结合国内外关于气候变化、低碳经济、旅游消费等的政策和对策，依据旅游生态效率原理，提出了基于生态效率的低碳旅游政策和具体措施，保障低碳旅游理念、旅游生态效率规划措施切实可行，帮助政策制定者和旅游规划者提出科学合理的政策和对策，促进区域旅游业低碳化措施能够顺利推进。

1.11 主要创新点

1.11.1 基于低碳旅游“两难困境”的理论分析框架

本书首次通过旅游生态效率模型，整合分析了旅游经济效益增长和旅游节能减排的路径冲突,为有效化解低碳旅游发展模式下“两难困境”提出了一个理想的理论分析框架。通过旅游经济效益与环境增长的均衡演化，避免了非理性减排约束对旅游市场运行的强制扭曲。

低碳旅游是世界潮流，也是旅游发展的大势所趋，但是低碳旅游模式的发展显然不是一片坦途。一方面，旅游经济增长必然带来旅游各个环节消费量的提高，旅游碳足迹和旅游能源消耗也必将增长，旅游行业对环境相应地产生较大的压力；另一方面，旅游发展低碳化的目标要求旅游行业尽可能地“节能减排”，将旅游碳排放和能源消耗降低到一个可控的范围之内，但是在旅游产业实际运行过程中，这两个目标会产生冲突，难以同时实现，这就是当前旅游发展所需解决的“两难困境”，这个问题的出现也是本研究的起点，这个问题的解决就是本研究的终点。

1.11.2 基于消费者选择决策的模型设计及实证研究

旅游碳足迹、旅游能源消耗、旅游生态效率的研究有两个方式，一是“自上而下”，一是“自下而上”。本书将旅游者放在一个更为自由主动的范畴之内，认为消费者选择的多重决策直接影响了旅游碳足迹与能源消耗强度，在此理念下，构建了适合“自下而上”分析路径的碳足迹模型、旅游能源消耗模型和旅游生态效率模型，通过市场调研和数理统计的方法，进行了深入的实证研究。

基于消费者选择决策的模型设计为旅游碳足迹、旅游能源消耗、旅游收益、旅游生态效率的定量化计算，提供了一个简便易行的研究通道，使得研究结论更为可靠，研究的示范意义更大，研究的范式更便于推广。例如，在旅游活动的旅游生态效率计算中，将旅游者参与某项活动的频率采用市场问卷获得，分析所得结果更接近真实的市场状况。在旅游者对生态效率规划的态度和感知研究中，旅游者选择决策结果直接影响低碳旅游模式的实施潜力。

1.11.3　基于感知与态度的生态效率影响机制研究

旅游生态效率的影响机制研究是一个重要的学术问题，只有从原理和机制上分析清楚旅游生态效率的成因机制，才能从源头上减少旅游环境的负面影响，提升旅游生态效率的水平，促进区域旅游可持续发展。旅游生态效率的影响机制分为两个维度，一个维度是内生影响机制，也就是从旅游生态效率模型看，旅游生态效率的大小取决于旅游收益与旅游能源消耗、旅游碳足迹的比值，提升优化旅游生态效率的手段是：在旅游环境影响不变的情况下提高旅游收益，在旅游收益不变的情况下减少旅游环境影响，同时提高旅游收益和降低旅游环境影响；第二个维度是旅游生态效率的外生影响机制，也就是说旅游生态效率取决于旅游系统之外其他社会经济情况，例如目的地的经济发展水平、客源地的市场潜力、目的地的交通可达性、细分市场旅游者的消费偏好等。

本研究认为，旅游者能源消耗和碳排放不仅取决于旅游的外部环境，更加取决于旅游者、经营者对待生态效率、低碳旅游的感知和态度，因为旅游者决策和选择的结果深刻受到个性化的价值、理念、文化等因素的影响。因此，本书着重研究了旅游者和企业主对于旅游生态效率规划、低碳旅游的感知度、支持度的特征、差异及其形成机制。

1.11.4　基于生态效率的低碳旅游模式及政策研究

国内外关于低碳旅游的专项规划并不多见，但是在全球气候变化的背景下，低碳旅游相关的节能减排政策和措施复杂多样，基于旅游生态效率原理的低碳旅游政策与对策主要包含：提高低碳行动意识、完善低碳旅游政策体系、推进旅游节能减排措施、实施生态效率规划战略、刺激旅游消费有序增长等。

针对旅游行业的专项生态效率规划理论和实践在中国也很鲜见，更多的低碳旅游措施和政策是作为低碳经济的一部分而存在。低碳旅游模式的发展不仅是理念的转变，更是实实在在的行动，也需要国家和区域层面的政策支持。中国关于低碳旅游政策法规的建设处于初步阶段，还需要对接国际通行做法，结合中国的实际，出台系列切实可行的政策和对策，将低碳旅游、绿色旅游的理念落实到实际的行动之中。

1.12 本章小结

关于旅游生态效率原理与应用的研究是一个系统工程。本章主要通过对研究目的、研究方法、研究理论、研究内容的梳理，介绍全书的主要立意和分析思路。首先在分析研究背景的基础上，提出本书需要解决的核心问题，将低碳旅游开发模式与旅游生态效率的理论有机结合起来，为后面的内容构建整体性框架；其次对本书的案例地选择原因和基本情况进行介绍，认为将海南国际旅游岛作为低碳旅游生态效率研究案例地，不仅理论上可行，而且在实践操作上具有较多的优势：海南省作为我国最大的经济特区，目前正在努力建设国际旅游岛，旅游发展具有很强的潜力，而且作为岛屿型旅游目的地，海南省在低碳旅游、旅游节能减排等方面一直走在全国的前列，海南省的相关研究结果对其他地区开发低碳旅游具有示范效应；之后，对本书的主要研究内容、研究目标、研究意义、研究方法和技术路线等内容进行了分析，提出了本书的创新点，对本书研究的结构框架提供了一个整体性概论，全貌性地介绍了本书研究的过程与重点。

第二章　旅游生态效率相关研究综述

2.1　相关概念说明

2.1.1　低碳经济

低碳经济是以低能源消耗、低污染、低排放为基础的经济模式，是国内外推进经济转型的主流模式。低碳（Low-Carbon）是低碳经济及其相关概念的核心，强调的是较低水平的温室气体（包含二氧化碳、氮氧化合物、水、碳氢化合物、一氧化碳、二氧化硫等）排放。低碳经济的产生与世界各国应对全球性气候变化的认识和采取行动紧密相关。2003 年 2 月 24 日，英国颁布了《能源白皮书》(《我们能源的未来——创建低碳经济》)，成为世界上最早提出"低碳经济"（Low-Carbon Economy, LCE）的国家。随着人们对气候问题的不断关注和认识的提高，研究内容不断深化，阿列纽斯在 1896 年预测大气中二氧化碳浓度升高将会带来全球气候变化，已经被确认为不争的事实。在此背景下，"低碳经济""低碳技术""碳足迹""低碳生活方式""低碳社会""低碳城市"等系列概念应运而生。低碳经济在我国虽然研究时间不长，但是成果较为丰富。其中，部分研究成果重点研究了发展低碳经济的意义、途径与模式、概念内涵等。我国的低碳经济主要强调产业的低碳发展，需要在观念、结构、科技、消费和管理五个方面进行创新，产业结构调整对低碳经济发展具有很大的作用。

低碳经济是 20 世纪 90 年代人类为应对全球变暖提出的一个新的发展理念，旨在降低经济增长带来的环境影响，虽然其产生的时间不长，但作为“世界发展过程中又一重大原则”，很快风靡了全世界。低碳经济是以减少温室气体排放、防止全球变暖为己任的一种全新的思维方式和发展模式，因为它不但赋予了人类生态文明建设明确的内涵，而且给出了人类具体的奋斗目标。

低碳经济是指一个经济系统只有很少或者没有温室气体排到大气层，或指一个经济系统“碳足迹”接近或者等于零，是以低能耗、低污染、低排放为基础的经济发展模式。低碳经济模式是人类社会继农业文明、工业文明之后的又一次重大进步。低碳经济的实质是提高能源利用效率、减少环境影响，核心是能源技术创新、制度创新和人类生存发展观念的根本性转变。因此，低碳经济是人类发展的一种新理念、新模式、新规则，对于旅游经济的发展具有强烈的指导意义。“低碳旅游”的概念也是低碳经济在旅游业中的体现，强调旅游过程中“节能减排”的导向作用，对低碳经济的理解和诠释是低碳旅游研究的理论基础之一，也就是需要将低碳经济的理念更好地应用于旅游领域。

2.1.2 低碳旅游

低碳旅游（Low-Carbon Tourism, LCT）虽然已经成为旅游研究的一个中心课题，但是国际上尚未有一个统一的定义。毫无疑问，低碳旅游的概念是从“低碳”“低碳经济”“低碳社会”等概念衍生而来，强调通过政策引导、经济杠杆、教育培训、技术革新等手段系统化降低单位旅游消费的能源消耗和碳排放量，实现绿色旅游、旅游节能减排的目标，在实现旅游消费增长的同时，尽量减少旅游过程对环境的负面影响，促进旅游的可持续发展。本书的研究也是围绕旅游过程低碳化和降低旅游能源消耗的视角，采用旅游生态效率的指标体系，评价旅游目的地可持续发展能力，推进区域旅游生态效率战略的实施，在增加旅游经济带动能力的情况下，降低旅游碳足迹与能源消耗。

从旅游经济发展方式转型的角度看，低碳旅游模式不仅是一种旅游消费行为的改变，更是一种旅游经济增长方式的转型。低碳旅游理念的实现，既有赖于技术、政策、资金、人才、体制、市场的保障，特别是需要低碳技术的创新与应用，同时，低碳旅游更依赖于人们休闲旅游习惯和消费心理的转变，因为休闲、度假、旅游的过程中，每一个旅游者思想和行为的选择最后直接影响了旅游能源消耗和碳排放的“组合清单”。因此，低碳旅游的发展是一个系统工程，是一种硬件和软件的结合，低碳旅游要求旅游过程全方位的低碳化：旅游产品和服务生产的低碳化、旅游者交通过程的低碳化、旅游商品流通的低碳化、旅游购物娱乐过程的低碳化等。本书的低碳旅游理念贯穿各个章节，核心思路就是在促进旅游消费和经济持续增长的同时，实现旅游过程的节能减排，为国家的节能减排战略做出相应的贡献。

2.1.3　旅游生态效率

旅游生态效率（Tourism Eco-Efficiency）根源于生态效率（Eco-Efficiency，EE）的概念，生态效率是一个兼顾生态和经济两个方面效率的指标。生态效率的研究最早可以追溯到20世纪70年代的环境效率（Environmental Efficiency）概念。在生物学中，生态效率指生态系统中各营养级生物对太阳能或者前一营养级生物能量的利用、转化效率，以能流线上不同点之间的比值来表示。经济学上的生态效率是指生态资源满足人类需要的效率，它是产出与投入的比值。

自从世界工商业可持续发展委员会（WBCSD）将生态效率用于评价可持续发展能力之后，该概念获得了更为广泛的关注与应用，例如企业层面、产业层面、区域层面等，目前普遍接受的生态效率计算公式是由世界工商业可持续发展委员会提出的计算模型：

$$生态效率=\frac{产品或者服务的价值}{环境影响}=\frac{产品或服务的增量}{环境影响增量}$$

式中，产品或者服务的增量、环境影响增量根据行业性质赋予具体值。根据产品或者服务价值、环境影响的变量的不同，生态效率的变量含义、变量的单位、变量代表的意义也相应发生变化，多元化的生态效率变量体系构建成为了一个指标体系，为相关领域的研究提供了完善的分析工具。

根据 WBCSD 的定义，生态效率是指有价格竞争力的、能满足人类需求和提高生活质量的商品或服务，同时能减少产品或服务中的生态影响和资源使用强度。

对于旅游生态效率而言，旅游产品或者服务价值主要用旅游消费、旅游经济收益及其增长率等指标表示；旅游环境影响主要采用旅游碳足迹、旅游能源消耗、旅游水资源消耗及其增长率等指标表示。

2.1.4 旅游碳足迹

旅游碳足迹（Tourism Carbon Footprint）指的是旅游者在旅游交通、旅游餐饮、旅游住宿、旅游娱乐活动、旅游购物等过程中直接和间接引起二氧化碳排放的总和。旅游碳足迹是用于核算旅游碳排放的定量化指标，采用旅游生命周期评估（LCA）的方法，将旅游过程分解为旅游交通、旅游住宿、旅游活动等部门，在计算旅游各部门碳足迹的基础上合计即得旅游碳足迹总值。

碳足迹标志旅游产业“碳耗用量”大小，特别是化石能源消耗产生的二氧化碳等温室气体数量。本书的研究过程中，旅游碳足迹是核心概念之一，因为旅游碳足迹不仅直接关系旅游温室气体的排放，碳足迹分析也是旅游生态效率的理论基础，构成了旅游生态效率研究的重要内容。

2.1.5 旅游能源消耗

旅游能源消耗指的是旅游过程中各种能源的消费和利用，特别是指旅游交通、旅游住宿、旅游活动消费过程中化石能源的利用和消耗。旅游能源消耗也是旅游碳足迹产生的直接原因，因为旅游行业本身的复杂性和综合性，旅游能源消耗经常与其他领域的能源消费发生交叉，难于进行详细划分。旅游环节涉及面十分广泛，不仅在旅游直接消费领域产生能源消耗，旅游设施设备建设、运营、维护等环节也是能源消耗的重要领域，精准地估算区域旅游能源消耗是一个难题。通常情况下，旅游研究中采用“自下而上”的方法，对旅游过程直接能源消耗进行逐级求和。

对于旅游节能减排的宗旨而言，旅游碳足迹和旅游能源消耗是两个相互关联的概念，旅游碳足迹是标，旅游能源消耗是本，两者是“一体两面”的关系。旅游能源消耗是旅游碳足迹产生的原因，旅游碳足迹是旅游环境影响的重要衡量指标。通过技术创新、旅游者“碳觉悟”的提升、国家低碳旅游政策支持、企业节能设施投资等手段降低旅游能源消耗强度是低碳旅游的重要途径。国际上关于旅游能源消耗研究中，通常也对旅游消耗的水资源、土地资源等进行分析，从资源和能源利用的角度全面看待和评价旅游环境影响。

2.2　低碳旅游相关研究综述

2.2.1　国外低碳旅游相关研究综述

基于政府间气候变化组织（IPCC）关于气候变化确切存在的论断，达沃斯宣言（联合国世界旅游组织，2007）先锋性提出旅游部门需要对气候变化挑战做出响应，人们必须逐年减少碳排放量以避免气候恶化的危险。气候变化会影响我们生活的方方面面，旅游业作为非常重要的一个服务部门，气候变化会对之产生直接经济影响。气候变化与人类的未来休戚相关。旅游研究十分关注气候变化与旅游发展的关系、旅游如何减少对气候变化负面影响等问题。

2.2.1.1　旅游碳足迹与能源消耗

旅游业是一种能源密集型产业，旅游过程必然需要消费一定的自然资源与能源，相应地也会产生温室气体的排放问题。据估计，旅游业消耗的化石能源“贡献”了全球大约 5% 的二氧化碳排放。随着旅游业可持续发展受到的关注不断增长，旅游碳排放与旅游能源消耗成为低碳旅游研究的核心内容。分析旅游和气候变化之间的关系越来越成为学术热点。

能量需求的不断飙升导致自然资源逐渐减少，而且对全球气候变化和旅游业的可持续发展产生影响。研究表明，旅游业对一个国家的“能源账单”贡献很大，特别是旅游休闲娱乐与温室气体（GHG）排放紧密相关，人均旅游者碳足迹和能源消费量与旅游者数量、管理方式、技术设备等有很大关系。旅游消费的化石燃料除了排放温室气体之外，能源的消耗也产生一些其他危害，例如空气污染、自然资源枯竭、资源依赖、释放放射性物质以及从水、风、生物中提取能量产生的危害等。基于此种认识，世界旅游组织发布的《旅游与旅行业 21 世纪议程》（the Agenda 21 for Tourism and Travel Industry）将能源消耗作为一个重点内容（WTTC, WTO & Earth Council, 1995）。尽管旅游行业和全球环境存在潜在的高风险情景，但是旅游与气候变化的相关研究有待深入。Pike（2002）梳理了 1973～2000 年间出版的 142 篇关于旅游形象的论文，其中只有一篇是研究旅游能源消耗与气候，关于休闲娱乐旅游业的碳足迹和能源消耗相关研究文献也不多，目前，仅有少量学术成果对旅游能源消耗进行了系统分析。例如 Gössling（2000）对于旅游业能源消耗的环境影响进行了深入研究，Becken（2001）系统构建了个人旅游能源消耗的一种综合性图景式描述，Olsthoorn（2001）对跨国航空旅行的二氧化碳排放进行了定量化核算，Høyer（2000）将能源消耗作为广义可持续旅游的一部分进行了深入讨论。

早期关于气候变化的旅游研究聚焦于产业适应问题，最近更多的研究集中于如何减少旅游业对气候变化的影响，关注在气候变化之中如何减轻碳排放的问题，也有一些零星的研究聚焦于旅游业的脆弱性及其如何适应气候变化。旅游交通是旅游对气候影响的重要方面，很多研究旅游对气候变化影响的学术成果都将旅游交通作为重点。

2.2.1.2 气候变化及其争议

气候变化是当今世界最为热门的话题，过去的二十年内，科学界和政治界对于气候变化是否存在以及如何应对进行了激烈的争论。部分学者的研究认为永不停歇的气候周期、哭泣的冰川、沉没的版图、失落的雨林、病重的动物、消失的土特产、极端天气、气候难民等现象均是气候变化直接导致的恶果。虽然绝大多数学者认可人类活动对气候变化产生影响，但是在影响的大小、时间和地点上存在一定的争议。Sudhakara Reddy 等（2009）对气候变化争议进行了系统总结，认为在气候变化问题上形成了三个学术流派，即：支持派、怀疑派、中间派。

支持派认为人类活动产生的温室气体是全球气候变化的重要原因之一，并且在未来 1～2 个世纪内地球平均气温可能会上升 5～10 华氏度，人类对气候变化产生影响的理论十分成熟，气候变化的后果虽然不甚确切，但是相关记录非常完善，因此持观望态度而不立刻采取行动是一种不负责任的行为。对支持派而言，不是要不要采取行动，而是怎样采取行动的问题。部分支持派倾向于命令式和控制型机制，例如推行限制 GHG 排放的法规；其他一些支持派倾向于经济杠杆工具，例如碳税、基于市场机制的碳排放贸易。同时，支持者认为环境问题的最终解决有赖于更多根本性转型，包含经济结构、媒介和教育的变化。Innovest 在为联合国环境规划署（United Nations Environment Programme）准备的一份研究报告中表明，自然灾害导致的全球经济损失每十年翻一番，每年发生的气候相关灾难与 40 年前相比增长四倍，如果该势头没有得到遏制，下个 10 年每年的经济损失将达到 1500 亿美元。支持派认为从今开始温室气体排放水平必须大幅下降，以避免可能对社会产生严重负面影响的气候巨变。

怀疑派则质疑气候变化与人类活动存在直接关系，认为支持派的证据不足，认为观察到的气温变暖并非未来趋势，仅仅是气候自然变化的符号象征。怀疑派的极端观点认为气候变化是媒体夸大的一个谎言，根本不需要采取任何行动。1995 年，由大约 100 名科学家签字的《莱比锡宣言》中说道，成本巨大的减少温室气体排放的行动并未被现有科学理论证实，因为气候模型大多数不是很精确，怀疑派认为这些理论模型不能作为强制性政策制定依据，该类报告充斥了“如果”“可能”“或许”，唯一确定的是气候总是自然地进行变化。甚至，对气候科学的不信任根植于环境运动的怀疑主义。还有怀疑派认为全球气候变暖完全是想象，关于气候变暖及其后果的很多预测被夸大，例如欧洲科学与环境论坛（The European Science & Environment Forum）就认为根据过去几个世纪的观察，太阳辐射和太阳黑子运动在气候变化中发挥了重要作用。

另外一部分怀疑派并不否认气候变化带来的严重后果，但是认为采取积极行动的代价过大。怀疑论者另一个依据来自匹配《京都议定书》成本巨大的估算。美国能源管理局（Energy Information Administration）的研究显示，悲观的情形下美国实现《京都议定书》的承诺，需要付出 4.2%的 GDP 的代价。他们建议在气候变化的原因和后果完全确定之前暂停相关行动，通过短期冲刺去实现《京都议定书》的目标意义不大，等待市场机制促进能源高效性技术发展或者环境友好型燃料替代碳密集型化石燃料更为有利①。还有一些科学家坚持认为稳定 GHG 排放过程的时间大约需要 100 年左右，此过程在不伤害美国和全球经济的前提下，也能促进环境保护。怀疑论者力图阻止学术界和智囊团等组织机构发起的气候变化相关行动，成立反环境主义基金，反对所谓“不成熟”“非理性”的行动。

中间派认为人类文明存在于气候的不断变化之中，过去的一万年是相对稳定和暖和的气候，但最近的百万年间，地球气候显得不是很稳定，平均气温总体上有所下降。冰心记录显示许多气候巨变的时间尺度不是以世纪为单位，也不是以年代为单位，甚至仅仅发生在若干年之间，这就意味着，我们可能在几年内面临 10～20 华氏度的气候变化，突然进入一个冰期，或者结束一个暖间冰期。也就是说，全球性气候变化处于剧烈的波动周期之中，人类活动对于全球气候的影响及其大小难以用现有证据得出科学结论。总之，中间派的核心观点就是气候变化与人类活动之间是否存在直接联系，既不能肯定，也不能否定，对待这个问题有待进一步考察。

① Van Doren, Peter. “The Cost of Reducing Carbon Emissions. An Examination of Administration Forecasts.” Cato Institute, Washington, DC (Briefing Paper no.44), 1999.

如果第一种理论成立，未来 1～2 个世纪气温逐渐升高 5～10 华氏度，那么情况将比较严峻，特别是对于农业和人类健康，因此必须采取严格的措施减少温室气体的排放；如果第二种理论成立，就不必过度担忧，因为我们所经历的不过是一个温和的波动，即将回归稳定；如果第三种理论成立，地球将经历一个气候极端不稳定的时代。针对三种不同的观点，政策响应区别明显，三种观点将政策核心分别定位于干预（intervention）、适应（adaptation）和阻止（prevention）。

支持派担心气候变化带来的环境和社会经济代价过大，措施滞后的成本远大于立即采取行动，认为几乎每个国家都具备零成本或者很小经济代价的气候减缓机遇条件。相反，怀疑派更为担心采取避免气候变化的措施产生负面经济效应。但是，不管哪种结论成立，都需要仔细观察气候变化相关变量，改进气候科学和模型，均要求在以下研究领域有所加强：（1）增加全球尺度温度测量的可靠性；（2）分析气候变化影响因子及其总量大小；（3）分析气候变化影响的区域差异，以便能提出有针对性的对策。

虽然全球气候变化的结论存在一定的争议，但不管最终气候变化是否存在、气候变化是否会给全球带来灾难性后果，世界各国旅游发展进程中，促进旅游发展方式转型、降低旅游过程中碳足迹和能源消耗的强度，都是有百利而无一害的战略措施，应给予支持与鼓励，国家、社会、旅游者等都需要积极参与到这个行动中来，形成一股力量，将低碳旅游方式贯彻到底，实现区域旅游的可持续发展，将旅游业的优势发挥到最大，将旅游业的负面效益降低到最小。这既是旅游业面临的历史性机遇，也是旅游业必须面对的挑战。

2.2.1.3 旅游对天气、气候、气候变化的影响

旅游业对天气、气候的影响属于旅游环境影响的一个方面，在全球气候问题日益受到关注的今天，旅游业对天气和气候问题的影响，特别是旅游人次和旅游距离的增长如何影响全球气候变化是一个学术研究热点问题。尽管出于利益驱动，存在对旅游业的保护动机，但是人们越来越意识到旅游是气候变化的重要影响因子，因为

旅游消耗的化石能源导致大量温室气体排放。

（1）旅游业影响天气与气候变化

根据世界旅游组织的研究，旅游业已经成为世界第一大产业。全球旅游产出超过 7 万亿美元，占世界 GDP 总和的 11.5%，为 2 亿人提供了就业机会，占全世界人力资源的 11%。旅游业的发展很大程度上依赖于自然资源的吸引力，例如洁净的海岸、宜人的气候、原生态的环境、安全的食品等，因此有必要了解旅游业对全球环境的影响。

气候变化是指气候平均状态在统计学意义上的巨大改变或者持续较长一段时间的气候变动。气候变暖也就是指全球范围内长期的气温上升趋势。不少学者研究了气候变化与旅游之间的关系。Gössling（2002）认为造成气候变化的原因很多，主要包含自然因素和人为因素两大类，气候的周期性波动、太阳辐射变化、火山爆发、地球大气变化等因素是外在的自然因素，人类活动产生的温室气体浓度增加、硫化物气溶胶浓度的变化、陆地覆盖和土地利用方式的变化等是气候变化的人为因素。

旅游过程消耗的化石燃料燃烧后，会产生二氧化碳、甲烷、氮氧化合物、水、碳氢化合物、一氧化碳、二氧化硫等温室气体，这些气体的排放改变了大气成分，影响了生物化学循环。从全球尺度看，交通过程产生的排放物加剧了全球变暖。旅游业其他消费环节也增加了碳排放，以旅游餐饮为例，地方化美食对区域经济可持续发展大有裨益，有利于形成区域认知和促进农业发展多元化，旅游餐饮和产品消费对促进旅游可持续发展十分重要，地方特色美食不仅可以作为一种重要的旅游吸引物，其本身也有利于目的地旅游形象的塑造。但是食品生产不仅消耗资源，而且食品生产过程产生的碳足迹预期呈现增长趋势，原因有两个：首先，旅游人数增长需要更多的食物；第二，食谱中高等级（higher-order）类食品的增多导致温室气体排放增加，例如牛排、猪排等在发达国家消费量大为增长，肉类需求的增长要求更多的灌溉和基础设施，直接增加了能源消耗，同时也导致土地利用的改变，例如森林变成草地的过程不可避免增加了二氧化碳的排放。

（2）旅游项目建设影响土地分布与利用

Gössling（2002）认为旅游业的全球环境影响可以分为物理和心理两个层面，有直接影响，也有间接影响，最终，由旅游引发的局部、单独的变化，叠加起来后成为全球性现象。从全球尺度看，旅游对以下几个方面产生影响：土地分布和利用、能源消耗、生物演替与野生物种的灭绝、疾病的传染与扩散、对环境理解和感知的变化。土地利用改变指的是人类利用土地方式的变迁，地球上冰雪覆盖之外的人为土地利用方式改变了 30%～50%。土地的利用和转化对于旅游十分关键，例如阿尔卑斯、地中海和热带滨海地带的土地大多转换成为接待设施用地。土地性质的变化改变了土地物理和生物属性，是温室气体释放的重要原因之一（IPCC，2001），而土地性质的变化与其他全球环境变化影响因素相互作用。

旅游用地的主要类型包含住宿设施、交通基础设施、旅游休闲娱乐设施等，住宿设施用地包含建设区域、连接道路、停车点、周边绿地和公园。旅游和休闲业其他用地包括机场、道路、火车线路、人行道、购物中心、停车场、露营地、夏日小屋、度假村、高尔夫球场、港口、码头、滑雪场等。但是确定旅游用地数量比较困难，例如森林中的户外运动采摘蘑菇、草莓、鲜花、草药，野餐，河钓，湖钓，摩托艇，滑水，攀冰，定向，山地自行车，骑马，观鸟，摄影，绘画，帆船，狗拉车，打猎等活动的具体用地数量，都只能做一个大致估计。

（3）旅游过程产生碳足迹排放

旅游业对气候变化的影响主要包含直接碳排放和间接碳排放。据估计，截至2035年，旅游部门的二氧化碳排放年均增长率为2.5%。例如乘坐飞机旅行需要消耗大量的化石燃料，从而向大气释放温室气体，根据 IPCC 的预测，航空业消耗的化石能源占世界总消耗量的 2%～3%，Olsthoorn（2001）估计到 2050 年旅游航空业向大气排放的二氧化碳数量的年增长率为 3%～7%。

低碳旅游的核心在于旅游过程碳排放的减量化，降低旅游碳足迹首先需要定量化计算和核准旅游碳足迹均值。人均 GDP 和人均一次能源消耗总量被认为是影响二氧化碳排放具有显著统计意义上的决定因子，而城市化、贸易开放度、人均用电量对二氧化碳排放具有负面效应。

旅游碳足迹的模型是案例地一定时间段内碳排放核算的基础，也是分析旅游经济效益环境代价的依据。因此，旅游碳足迹一直是低碳旅游的研究焦点问题，相关理论模型是旅游消费碳排放核算的主要理论工具。

（4）旅游业消费大量的能源与资源

旅游过程的碳足迹产生很大程度与化石能源消耗有关，旅游能源消耗与旅游碳足迹是低碳旅游节能减排的“一体两面”，旅游能源消耗产生碳足迹，旅游碳足迹是旅游能源消耗的一个量度。自从《旅游与旅行业 21 世纪议程》出版之后，旅游与旅行过程中的能源消耗逐渐成为旅游研究关注的重点问题。旅游过程能源消耗可以分为交通相关（到达和离开目的地）、目的地相关（住宿、食品、旅游者活动等）两类。

研究显示，包含旅游交通、食宿接待、旅游活动在内的不同的旅游项目组合决定旅游能源需求不同，旅游者能源消耗总和叠加起来构成了旅游消费的“能源账单”，通过改变旅游者的旅游方式可以从根本上影响旅游的能源需求。另外，旅游业也消耗大量的自然资源，例如水资源利用也是一个重要问题，因为许多开发地区面临水资源短缺。Gössling（2012）等认为旅游用水安全是旅游目的地可持续发展的重要内容，对旅游耗水类型和人均每天耗水量进行了估计（表 2-1）。

Nae-Wen Kuo（2009）以澎湖岛为例，利用生命周期评价（LCA）的方法研究岛屿旅游的环境影响，计算每个旅游者一次旅行中交通、住宿、娱乐活动产生的环境负担。总体来看，每个旅游者一次旅行消耗 1606 兆焦能源、607 升水，释放 109034 克二氧化碳、2660 克一氧化碳、597 克碳氢化合物、70 克氮氧化合物。每个旅游者每次旅行排放 416 升废水、83.1 克生物需氧量、1.95 克固体废弃物。从能源消耗的角度看，旅游交通占最大比例（67%），特别是航空部门。另外，澎湖岛的旅游者比本地居民产生的环境压力更大，以每人每天产生的固体废弃物为例，旅游者为1.95克，本地居民为1.18克。

表 2-1　旅游者人均每天用水估算

旅游直接用水项目	升每人每天
旅游住宿	80～2000
旅游活动	10～30
旅游间接用水项目	升每人每天
基础设施	—
化石燃料	750（每1千千米）
生物燃料	2500
食品	2000～5000
合计	2000～7500

2.2.1.4　天气、气候、气候变化对旅游的影响

（1）气候是一种旅游资源

气候是一种旅游资源，分两个层次进行理解，即气候既是直接旅游资源，也是间接旅游资源。气候作为直接旅游资源是开展诸多旅游活动的基础条件，例如阳光沙滩旅游（sun and beach tourism）、健康旅游和水上运动等，气候要素（日照时长、温度、下雪、风等）很大程度上决定了旅游者对旅游活动满意度。气候作为间接旅游资源是其他基础资源的补充，这种情况下，气候不能直接产生旅游活动，只有在某些特定的气候条件下，才能开展相关户外旅游休闲活动，例如徒步、橡皮艇或者木筏、高尔夫、狩猎、垂钓、登山等，根据Smith（1993）的解释，这些项目属于气候与天气敏感型活动。

Belen 等（2005）认为气候作为旅游资源有以下特征：气候是一种免费的资源，不会像其他稀缺资源一样因为使用产生冲突；气候资源具有不可转移和不可储存性，消费者必须旅行到特定的区位才能享受这种气候；气候资源的分布具有很强的时空差异，地球表面的气候状况并非均质分布，并不是任何地方的气候都是旅游资源，

气候具有明显的时间节律性，任何一个旅游目的地也不能保证长期的好天气，因此户外活动和室内活动都要配备，气候的季节性也导致强烈的旅游供给和需求的集中，许多旅游经营者采用多样化战略应对季节性问题；气候在时空上的变化难以预测，危及旅游者生命、旅游基础设施、财产损失的极端天气事件（例如台风、暴雨、雪暴、洪水、热浪、雪崩或山崩等）的预测十分重要，因此极端天气事件也应该成为旅游研究的重要内容之一；气候一般被视为一种特殊的自然资源，因为气候具有自我更新和不会自动降级的特征。

（2）天气、气候是旅游规划的基础

Belen 等（2005）从旅游地理和气候学的角度分析了天气、气候与旅游的关系，认为旅游项目的规划设计人员需要充分考虑气候变化及其影响，对于旅游规划而言，气候和天气具有十大特殊的意义。

（1）气候影响旅游活动的开展，气候对植物基因形成、植物群落分布、流行疾病传播、河流分布、水供应等都很关键，气候对提高旅游吸引力和构成功能也很重要。

（2）气候对季节性旅游活动影响很大，旅游季节越长意味着基础设施的利用率越高，资金的投资回报率越高。文化旅游的季节性影响较小，基于自然的旅游受季节性影响很大，因为气候是其重要的吸引因子，例如阳光沙滩旅游、健康旅游、冬季运动、水上运动和一些与冒险相关的旅游运动等。

（3）气候决定了旅游活动适宜开展的类型和时间。天气不好时旅游者可能会选择室内活动而放弃户外运动，关于气候的知识可以帮助旅游者制定正确的策略，天气预报的信息有助于提高旅游者体验质量。

（4）利用恰当的话，一地的气候和天气可以成为旅游吸引物。世界上很多旅游目的地都是气候适宜的理想之地，甚至极端季候也可以成为特别的旅游资源，极端寒冷、极端炎热、极端天气现象吸引了专项旅游者。

（5）任何旅游活动必须考虑气候灾难问题，考虑不周就可能遭受巨大损失。气候引发的旅游意外事件是旅游行业突出的危机问题，旅游规划开发过程需要从管理和设施配置的角度考虑突发气候的影响。

（6）气候对旅游基础设施的风格和组合结构影响很大，气候决定了住宿的理想类型和建筑风格。气候是自然地理环境中最为重要的因素之一，地理条件决定了建筑的设计特色、用材类型、建筑工艺、建筑文化等，大多数令人印象深刻的建筑物是具有区域文化特色的特色建筑及其附属设施。

（7）气候、天气对交通和通信系统是否能运转正常，保证旅游者的移动具有很大影响。不同气候和天气环境下交通路线设计要求不同，例如在高寒地区的铁路就需要充分考虑地址条件的差异，建设具有严寒气候适应能力的交通设施，保证旅游者的通行安全。

（8）气候和天气影响旅游者的愉悦程度。从美学的角度看，不同的气候情况产生不同的心理和身体反应，气候条件与预期出现差异则旅游者满意度下降。天气和气候不仅在日常生活中影响人们的心情，天气和气候的舒适度也是旅游体验性质量的重要指标。

（9）天气和气候条件结合起来共同决定了旅游者对环境的感知，旅游者总是倾向选择对健康威胁最小、舒适度最高的目的地。毫无疑问，旅游者对天气和气候的变化具有较强的敏感性，旅游者总会在旅游过程中充分考虑安全系数的大小，尽量规避恶劣天气环境下旅游活动的开展，增强旅游者正面的积极体验。

（10）气候和天气情况影响旅游者的满意程度，使得旅游者可以安全、舒适地享受假期活动，实现最初的旅游动机。天气和气候因素通过各种途径随时影响旅游者的体验质量，影响旅游者的心情，进而影响旅游者的满意度。

为了使得旅游规划实施更加有效，需要认识这种天气、气候与旅游之间的关系本质，在气候变化动态范式下的规划需要关注一些相关问题，包括：目的地的吸引力和功能、旅游活动的季节性、活动的计划安排、旅游者和基础设施受到气候灾害影响的安全性、旅游者的移动性和交通与通信设施的设计、旅游者的愉悦感、旅游者舒适感和满意度等。

（3）天气与气候影响旅游者决策

气候在旅游者目的地选择中扮演了一个重要角色，气候可以成为旅游吸引物。Lohmann 和 Kaim（1999）认为充分的证据表明天气、气候在目的地选择决策过程中具有重要作用。当旅游者决定购买一个产品时，会对不同的要素进行衡量，例如资源、基础设施、服务、价格等，气候在这个过程中也被评价，是组成旅游吸引物的要素之一。绝大多数的旅游者度假选择在阳光地带，阳光温和但是不能太热。地中海地区从这种偏好中受益，因为其紧靠欧洲度假旅游客源地中心，气候宜人，但是西北部比较湿冷多雨。气候变化可能会改变一切，因为旅游者具有选择的自由，现在的热点地区可能因为气候太热失去优势，气候较冷的地区旅游者数量会出现增长。旅游者评价受到一系列外部变量（经济社会和文化因子、社会阶层、相关群体、家庭结构）和内部变量（感知、动机、学习、个性、态度）的影响，这些因素取决于旅游者的生存状态、思维习惯和行为方式，在这个评估过程中气候成为一个重要的吸引因子，连同目的地的安全程度、社会政治状况等，对旅游者的决策起到至关重要的作用。

Parker（2000）认为越来越多的证据表明，气候有重要的神经学和心理学效果，对度假目的地选择具有重要影响。Hu 和 Ritchie（1993）回顾了自 20 世纪 70 年代以来的相关研究后发现，“自然美与气候”是决定旅游目的地吸引力大小的关键因素。Shoemaker（1994）所列的目的地特性中，“良好的气候”和“可进行太阳浴”是两个重要特征。“推—拉”模型在研究旅游动机对于度假目的地选择的作用时应用较多，“推”的因素主要是刺激旅游者产生旅游动机的社会—心理因子，“拉”的因素主要是吸引旅游者的目的地体验质量因子，例如基础设施和文化吸引力等。Klenosky（2002）虽然没有将气候或者目的地天气包含在推拉因子集合之内，但是很明显气候影响目的地的体验质量。De Freitas（2001）根据美学外观、物理属性和热能性质三个方面对气候因子进行了分类，其中，热能属性包含温度、湿度、风向、辐射等要素。

旅游广告商也意识到气候和天气在旅游者决策过程中的重要影响，气候信息往往成为旅游产品和目的地形象的重要组成部分，旅游者越来越需要高质量的气候和天气信息和参数，例如舒适指数、户外活动指数等。研究表明，许多旅游者选择某一目的地归因于两个相互影响的变量，一是气象与气候条件，二是传递给旅游者的气候信息。

（4）气候变化影响世界旅游流格局

气候变化可能因为改变目的地和客源地的吸引力而影响全球的旅游流。气候变化可能逐渐导致旅游目的地转向高纬度和高海拔地区，净损失国家是西欧、能源出口国等国家和地区，例如地中海国家现在是世界上最主要的旅游目的地，将会从根本上减小旅游吸引力；加勒比海现在作为世界上第二大旅游目的地，也会因为太热而不受欢迎；热带地区的国家会在全球气候变暖的情况下更加不受欢迎，能源出口国蒙受损失是因为能源消耗降低；北美、澳大利亚、日本和东欧国家会从气候变化中受益。气候变化的另一个显著影响是，当今主要的国际旅游者，也就是阳光沙滩爱好者可能选择离家较近的目的地，这意味着跨国旅游者数量和旅行距离均会缩短，这种模式的转变更多地体现在总量上。

旅游业内人士和旅游研究人员均认识到了气候变化给旅游带来的威胁，特别是在阿尔卑斯式的山区、小岛屿国家和发展中国家尤其如此[①]。部分学者研究了气候变化对地中海、加勒比海、加拿大西土地区（Westland）、德国海岸地区旅游的影响。这些研究在内容和方法上各不相同，分析中应用了调查法、情景分析法、小组讨论等方法。Viner 和 Agnew（1999）应用旅游服务供给变化模型、旅行需求成本模型和时间序列模型的方法，定量化研究了英国主要旅游目的地当前的气候和市场状况，分析了气候变化下这些旅游目的地市场需求的变化。Cunliffe（2002）应用德尔菲分析法，研究了气

① World Tourism Organisation. 2003. Climate Change and Tourism: In Proceedings of the First International Conference on Climate Change and Tourism. Djerba, Tunisia, 9-11 April 2003. Madrid, Spain.

候变化、气候灾害对热带海岸地区旅游发展的影响。Abegg（1996）研究了温度变化对雪深和雪的覆盖范围的影响，以及这些影响导致的滑雪季节时间长度和滑雪设施利用率的不同。类似的研究还包括在苏格兰、匈牙利的冬季运动旅游。

如今世界上 10%的 GDP 花费在娱乐和旅游上，气候变化即使不能改变花费的总数，也会改变花费的地点。Maria Berrittella（2006）研究了气候变化对旅游服务供给和需求的影响，利用一般均衡的分析方法，研究了气候变化导致旅游流怎样重新配置，旅游流的重新配置又怎样影响旅游收入的重新分配。旅游业影响气候变化，反过来，气候变化对旅游业产生一定的威胁。岛屿国家的旅游业对全球气候变化十分敏感，因为气候变化可以导致目的地根本性的变化，例如极端事件、海平面上升、交通和通信系统扰乱等。旅游深受自然灾难和偶然事件的影响，例如地震、海啸、洪水、干旱、台风等，气候变化在旅游灾害管理中扮演了重要的角色。

2.2.1.5 国外低碳旅游相关研究结论

旅游业对气候变化具有高度敏感性。旅游业属于能源密集型产业，旅游过程必然产生碳足迹和能源消耗，旅游消费低碳化对国家和区域的节能减排至关重要，也对旅游政策产生巨大影响。旅游过程是一个复杂的能源消耗过程，产生的温室气体影响了气候变化。反之，气候变化对旅游发展是一个重要的影响因素，在旅游管理和规划中必须考虑到。国外关于旅游碳排放和旅游能源消耗的研究成果较为丰富，主要内容有：（1）气候变化及其争议，这个问题是旅游节能减排的缘起；（2）旅游与天气、气候、气候变化之间的相互影响，两者之间存在诸多的关联和作用，这是旅游节能减排的核心；（3）旅游者对低碳旅游的感知、态度和行为，降低旅游碳足迹和能源消耗强度，不仅是技术创新问题，更是旅游消费方式转型问题，需要培育旅游者良好的消费习惯，旅游者对待低碳旅游的感知和态度取决于其价值观，影响了旅游低碳化战略的实施效果；（4）旅游节能减排的战略措施，将低碳旅游模式落到实处，需要利益相关者联合行动，在技术、管理、教育等方面积极进行创新，才能实现旅游节能减排的目标。

2.2.2 国内低碳旅游相关研究综述

自工业革命以来，人类大量生产活动导致温室气体不断累积，21 世纪全球气候变暖的速度将是前所未有的，人类的生存与发展将受到严重威胁，控制二氧化碳等温室气体排放、保护全球气候是各国共同的责任。在中国，近百年的气温呈显著上升趋势。当前，我国碳排放量在国际上处于较高水平，统计显示，2010 年我国碳排放量超过美国，位居世界第一。人口规模、城市化水平、年龄结构是推动我国二氧化碳排放的主要人口社会因素，家庭规模较大有利于抑制二氧化碳排放。第二产业是影响地区碳排放强度的主要因素，第三产业对地区碳排放强度的降低效应并不明显，第一产业对碳排放强度的影响最小。

低碳旅游及其相关领域的研究在国内也是一个热点课题，很多不同专业学科背景的学者均投身低碳旅游及其相关研究之中，取得了显著的研究成果，极大地促进了我国低碳旅游研究领域的繁荣与发展。蔡萌、汪宇明（2010）认为，随着人类生态文明建设的推进，低碳经济、低碳技术、碳汇机制、低碳消费方式正日益影响和诱导着人类的生产和消费方式。旅游作为人类文明进步的产物，具有响应低碳经济模式、运用低碳技术、推行碳汇机制、倡导低碳消费方式的先天优势，以规划低碳旅游吸引物、建设低碳旅游设施、培育碳汇旅游体验环境和倡导低碳旅游消费方式为主要实现路径的低碳旅游发展方式，是旅游响应低碳经济发展方式的具体行动，为生态文明新时代背景下的可持续旅游发展方式提供了新的发展指向。明庆忠等（2010）认为，低碳旅游的核心是通过在旅游业内发展低碳经济、创新低碳技术、改变发展模式，最大限度减少二氧化碳排放量，是一种缓解生态环境压力的新技术经济范式，是促进旅游产业生态化的战略选择和重要途径。蔡萌、汪宇明（2010）认为，创新城市低碳旅游公共服务导则、营造城市低碳旅游吸引物体系、发展城市低碳旅游设施、培育城市畅爽旅游体验环境、倡导城市低碳旅游消费方式是低碳旅游城市发展近期要关注的五个基本层面。石培华、吴普（2011）采用定量计算的方法，对 2008 年全国旅游碳足迹和能源消耗数量进行了分析。

2.2.3 国内外低碳旅游研究比较

比较而言，国外对低碳旅游和旅游消费的研究利用模型的定量成果较多，经济学、能源学、旅游学、心理学、生态学等学科的理论和方法应用较为全面，国内关于低碳旅游和旅游消费定性研究的成果较多，涉及的学科门类有旅游学、管理学、地理学等，旅游供求模型、ELES 模型等方法也成为重要的研究工具，而且关于低碳旅游与旅游消费的研究成果近年来增长速度很快。但是，国内外关于低碳旅游与旅游消费经济拉动的对立性研究尚少。低碳旅游目前还处于探索之中，国内外成熟案例并不多见，在旅游目的地低碳旅游案例分析和追踪研究方面需要大力加强。

国外关于旅游碳足迹、旅游碳排放、低碳旅游等内容的研究特点显著，对国内研究具有一定的借鉴和启示作用，主要有：（1）案例实证研究典型，旅游目的地的案例研究具体而实践价值大，由特殊到一般的方法成为低碳旅游研究的一个重要方向；（2）定量化模型研究成为主流，旅游碳足迹与能源消耗模型是低碳旅游研究的基础，针对不同研究目标深化模型结构，是提高研究水平的重要途径；（3）研究理论基础扎实，国外低碳旅游充分应用了生态足迹、生态效率、旅游生命周期评价、旅游经济影响、可持续发展等理论，研究成果信度和理论价值较高；（4）研究方法多样，国外旅游碳排放与能源消耗研究中，实地调研和问卷调查、焦点小组深度访谈、离散选择实验（DCE）、生命周期评价（LCA）、德尔菲等方法得到广泛应用，增加了研究结论的技术含量。

2.3　旅游消费研究综述

2.3.1　旅游消费的作用和意义

新时期，国家将旅游业定位为战略性支柱产业和人民群众满意的现代服务业，旅游消费的发展成为国家扩大内需、调整结构的重要措施。旅游消费成为经济转型的重要手段，有利于增加区域经济活力，具有其他行业不可替代的作用。国家旅游发展战略中明确指出需要培育旅游消费热点，改善旅游消费环境，提高旅游消费层次。旅游消费逐渐成为国民消费的重要内容，也是国家扩大内需、优化产业结构、提高人民幸福指数的重要举措。旅游经济具有成为国家战略性支柱产业的优势，未来学家约翰·托夫勒在《第四次浪潮》中提出，人类社会的第三次浪潮是服务业的革命，第四次浪潮是信息革命，第五次浪潮是娱乐和旅游业的发展。旅游业作为现代服务业，发展旅游消费对人的发展和社会经济文化的发展，对消费力的提高，起着越来越大的作用。

2.3.2　旅游消费的概念与特征

广义上说，旅游消费包含旅游过程所有的经济支出。彭新沙（2010）运用可持续发展理论、消费经济理论、生态学理论、外部性理论与方法等，对旅游消费生态效应的概念、类型、特征等基础理论问题进行了探讨。侯志强、郑向敏（2006）认为，旅游消费正成为人们生活中的一项重要的休闲选择，但是长期以来我国公民在旅游消费中带有很大的盲目性，基于旅游者非理性消费特征的分析，提出有必要从旅游者、旅游企业、政府和社会层面三个维度采取相关措施，培育科学旅游消费观念。孙根年、侯芳芳（2010）通过引入旅游消费倾向率、结构指数和消费弹性三个新概念，采用 2002～2009 年调查数据，分析了浙江省旅游消费结构变化及其对国民消费的贡献。周文丽、李世平（2010）根据 ELES 理论，利用 2002～2008

年的数据，从边际消费倾向、消费投入、收入弹性等几个方面对我国城乡居民国内旅游消费中的食、住、行、游、购、娱等消费的结构进行了实证分析。周文丽、李世平（2010）基于凯恩斯消费理论，根据 1994～2007 年间的数据，利用 Eviews 计量软件构建了城乡居民年总国内旅游消费支出与年总可支配收入、城乡居民基尼系数与国内旅游平均消费倾向之间的消费函数模型，得出城镇居民年总可支配收入每增加 100 亿元，年总国内旅游消费支出增加 6.4 亿元，基尼系数每上升 0.1，国内旅游平均消费倾向下降 0.0051；农村居民年总纯收入每增加 100 亿元，年总国内旅游消费支出增加 12.37 亿元，基尼系数每上升 0.1，国内旅游平均消费倾向上升 0.0694 等结论。席建超等（2010）采用 1996～2005 年入境游客旅游消费的截面数据，通过构建评价表征指数，对中国入境游客消费变动以及区域差异进行了实证分析，结果表明，过去 10 年，我国入境旅游消费水平显著增加，但仍属于滞后性消费结构。

2.3.3 旅游消费的影响因素与机制

张丽峰、柳彬德（2009）运用计量经济学中的协整理论对城镇、农村居民旅游消费和经济增长之间的关系进行了研究，结果认为城镇居民旅游消费对第三产业的推动作用大于其对经济增长的推动作用，农村居民的旅游消费对经济增长和第三产业的发展没有明显推动作用。旅游消费水平的高低最终取决于人们的收入水平，消费观念对消费行为起到指导作用。赵东喜、刘永涓（2010）在考察旅游需求相关经济理论的基础上，选择 1994～2008 年度的年度数据为样本，利用协整分析与误差修正模型实证分析了农村居民旅游消费的决定因素，结果表明：农村居民旅游消费不仅受自身收入、消费习惯等因素的制约，而且受城镇居民旅游消费的示范效应影响；此外，农村居民居住消费对旅游消费有“挤出效应”，因此在继续重视增加农民收入、拉动旅游消费的同时，可通过培养其良好的消费习惯、建立城镇居民旅游消费的正面示范机制，发展农村旅游休闲消费。席建超等（2008）认为，基于我国旅游供给一直落后于旅游消费的现实，加上旅游消费的惯性作用，未来无论在旅游消费水平提高和消费结构优化上，仍面临诸多艰巨任务。姚丽芬等（2010）利用协整理论、误差修整模型和 Granger 因果检验理论，对国内旅游消费与居民收入之间的关系进行了实证研究，并对收入水平与旅游消费之间关系进行了对比分析，结果表明：旅游消费和居民收入之间是长期均衡关系，农村居民收入对旅游消费的促进作用更加明显于城镇居民。

2.4　旅游生态效率研究综述

旅游与旅行过程中化石能源的使用是一个重要的环境问题，限制旅游过程中化石能源使用成为旅游可持续发展的一个前提条件。我国政府承诺到 2020 年单位 GDP 二氧化碳排放将比 2005 年下降 40%～45%，国家兑现节能减排承诺要求旅游业做出响应。旅游作为世界经济的重要组成部分，如何在促进经济增长的同时降低环境影响，提升自然资源的生产力，对全球应对气候变化问题意义重大。旅游生态效率就是用单位碳排放的经济产出衡量可持续性的一个指标，用旅游二氧化碳排放代表环境影响，用旅游收入代表经济效益。应用生态效率理念可以获得双向效应（bi-effect），也就是在创造新的市场就业机会的同时，降低成本和减少旅游业的环境影响。

旅游生态效率概念应用于不同层面的研究，不同研究者关注的角度也不甚相同。Gössling（2005）认为旅游生态效率的研究重点在于以下几个方面：（1）旅游产业单位经济产出的二氧化碳排放量是多少？不同的目的地和客源地国家之间这个比率的差异如何？（2）旅游的生态效率与国家或者全球经济的其他部门相比怎么样？（3）生态效率怎么用于评价旅游对环境与资源市场的影响，怎么用于评价旅游的可持续性，如何发展可持续旅游产品？（4）旅游业的哪个部门对环境和经济的负面影响大于正面影响？

另外，旅游生态效率计算结果，对于制定关于旅游碳排放交易、旅游碳金融、旅游碳税、低碳旅游标准等政策和决定，具有重要的参考价值。对旅游生态效率相关研究成果进行系统整理，对于开拓旅游相关研究领域，提高生态效率研究水平，具有重要的理论和实践作用。

2.4.1 旅游生态效率的定义

生态效率概念是旅游生态效率定义的基础，世界商业可持续发展理事会（WBCSD）、经济合作与发展组织（OECD）等组织都给出过生态效率的定义，指的是产业发展过程中，实现价值链最大化的同时，环境影响和资源消耗最少。

旅游生态效率是一个复合概念，脱胎于生态效率，强调旅游目的地或者区域旅游发展过程中实现两个目标：一是环境影响最小化，二是经济产出最大化。旅游生态效率用环境影响与经济产出之比表示，环境影响与经济产出的多个变量组合形成了旅游生态效率的指标体系。

生态效率是一个刻画在产品和服务生产过程中如何减少能源、自然资源利用，减少浪费和污染物释放的概念。生态效率在矿业、住宅建筑业、旅游业等很多行业的环境和经济影响评价中应用广泛，可操作性较强，其结论对政策制定者进行环境管理的参考价值较大。虽然生态效率的核心在于“最少投入，最大产出”，一致强调生态效率的可持续发展指向意义，但是世界上不同组织和机构给出了自己的定义（表 1）。

表 1 不同组织对生态效率的定义

组织	定义
世界商业可持续发展理事会 World Business Council for Sustainable Development, WBCSD	用最小的物质和能源投入获取最大价值的同时降低排放水平
经济合作与发展组织 Organization for Economic Cooperation and Development, OECD	利用生态资源满足人类需求的效率

续表

组织	定义
欧洲环境署 European Environment Agency	利用最少的自然资源创造更多的福利
英国智慧环保计划 UK Envirowise Program	物质能源水平既定的前提下实现产品服务最大化
加拿大工业部 Industry Canada	成本最小化、价值最大化的生产艺术
加拿大大西洋发展机会署 Atlantic Canada Opportunities Agency, ACOA	创造高质量的产品和服务的同时，减少资源利用、废物和污染量
澳大利亚环保局 Australia Environmental Protection Agency	减少资源消耗和污染排放，增加产品与服务价值，同时提升商业竞争力
BASF 公司 BASF Corporation	利用尽可能少的物质和能源生产消费者需要的产品，同时保持尽可能小的排放量以保护环境
环境金融集团：国际金融公司 Environmental Finance Group: International Finance Corporation	通过更加有效的生产方式增加资源利用的可持续能力

资料来源：石龙宇、崔胜辉. 气候变化对城市生态系统的影响研究进展[J]. 环境科学与技术，2010，33（6）：193-197.

2.4.2 旅游生态效率的核心特征

生态效率模型应用广泛，是一个分析可持续发展、整合环境影响与经济产出的理论方法。许多组织和中介机构对旅游生态效率的和概念及其本质特征进行了阐述。Raymond（2006）认为生态效率的核心特征体现在 7 个方面：（1）降低自然资源和物质消耗强度；（2）降低能源消耗强度；（3）降低有毒物质的扩散能力；（4）加强物质的循环能力；（5）促进可再生资源效用的最大化；（6）延长生产的持久性；（7）增加服务强度。

具体就旅游业生态效率的特征而言，就是需要降低旅游能源消耗与碳排放强度，加强旅游过程中废弃物的分解能力，促进旅游过程中自然资源的高效率利用，增加旅游可持续发展能力。总之，旅游生态效率是一个技术上的创新，也是一种理念上的突破，既要求政府和企业在政策和投资上加大力度，也需要旅游者增加“低碳旅游”的环保意识，改变旅游者行为习惯，争取在最小的环境影响下，取得最大的经济效应。

2.4.3 旅游生态效率理论及应用

2.4.3.1 旅游生态效率及其影响机制

Gössling 等（2005）对旅游业的环境影响和经济收益进行了交互分析，通过旅游碳足迹模型的评估，对美国落基山旅游区、荷兰阿姆斯特丹、法国、塞舌尔等国家和地区的旅游业生态效率进行了定量化计算，并按照研究案例的市场客源结构对不同国家旅游者的生态效率值进行了比较，认为导致不同客源地市场生态效率差异较大的原因很多，包含旅游者的人均花费、逗留时长、客源地和目的地国家之间距离、旅游交通模式、旅游者行为习惯、对度假地类型的选择偏好等。总体来看，旅行距离和交通模式是影响旅游生态效率大小最重要的因子，旅游者每天的消费越高、逗留时间越长则旅游生态效率越大。Gössling（2002）认为，航空交通旅行是旅游环境影响最大的问题，从旅游生态效率看，短途旅游是可持续发展的前提。

2.4.3.2 系统分析资源投入产出效应

目前的形势下，旅游业的发展依赖于化石能源的消耗，而且旅游属于石油消耗密集型行业。为了分析旅游行业的石油消耗高峰值，需要建立不同客源市场石油消耗的指标体系，其中，生态效率因为可以直接对资源投入和经济产出进行对比，成为最为重要的衡量指标。

在中欧的人口密集区域，一些成熟的旅游目的地发展面临的一个主要问题是增长乏力。解决旅游目的地可持续发展的一种思路是基于生态效率的“精明增长”，也就是增加相同经济产出的资源利用效率。Susanne Kytzia（2011）以瑞士阿尔卑斯山地区的达沃斯为例，借助经济效益、土地利用、就业等指标数据，通过投入产出分析（IOA）模型，对旅游生态效率战略进行评价，模型预测显示，提高旅游目的地可持续发展能力和土地利用效率的影响因子在于：旅游的经济影响、居住密度、酒店和接待设施的单位面积床位数。另外，空间规划、建筑设计、设施管理等措施对提高旅游部门土地利用率、增加经济产出也起到关键作用。

2.4.3.3 旅游过程能源消耗与碳排放强度

旅游过程中能源消耗和二氧化碳排放的研究是一个热点问题，利用旅游生态效率的理念和模型，通常采用“自下而上”的方法计算旅游碳足迹与能源消耗。将旅游过程分解为旅游交通、旅游住宿、旅游活动三大部门，各环节碳排放与能源消耗的总和即为旅游过程碳排放与能源消耗值，旅游者的人均值即为旅游碳排放与能源消耗强度值。

毫无疑问，交通是旅游系统的关键要素。交通不仅是旅游价值链的重要组成部分，也是形成旅游环境足迹的重要考虑因子。同时，旅游交通因为其能源消耗问题获得日益多的关注，旅游交通消耗与去往、离开旅游目的地紧密相关。研究显示，旅游交通能源消耗占据旅游系统能源消耗总量的大头，有的情况下甚至超过90%。实施交通节能战略，将旅游者引导到能源效率更高的交通模式，有利于降低旅游交通能源消耗。Jennifer Reilly 等（2010）通过惠斯勒（Whistler）、英国、哥伦比亚等地的案例研究，利用问卷和在线调查的方法收集旅游者交通模式选择信息，分析旅游者对旨在促进游客由私人交通模式向公共交通模式转型战略的反应，发现远距离旅游者在目的地管理战略的激励下倾向于改变旅游交通模式。

旅游休闲度假期间，旅游者通常会参与旅游活动。Becken 和 Simmons（2002）研究了新西兰旅游者的活动类型及其碳排放强度，发现旅游者人均能源消耗强度范围为7兆焦（旅游中心）到130兆焦（空中滑翔），旅游活动能源消耗强度差别较大。

旅游住宿消费也产生一定的碳足迹和能源消耗。Gössling（2002）对旅游住宿的能源消耗强度进行了估算，不同住宿方式的能源消耗与碳排放系数差距较大，这既与能源资源利用类型有关，也与旅游者消费习惯有关（表 2-2）。

表 2-2　旅游住宿的能量消耗与碳排放（2001 年）

住宿接待设施	每床位 1 晚的能量消耗（兆焦）	每床位 1 晚的碳排放量（千克二氧化碳）
酒店	130	20.6
露营地	50	7.9
养老公寓	25	4.0
自助宾馆	120	9.0
度假村	90	14.3
家庭度假屋	100	15.9

资料来源：Stefan Gössling. Global Environmental Consequences Of Tourism [J]. *Global Environmental Change*, 2002, (12): 283-302.

2.4.3.4　评估旅游目的地可持续能力

旅游生态效率的本质在于通过平衡旅游经济增长与旅游环境影响，促进旅游目的地获得可持续发展能力，因此旅游生态效率作为一个技术性指标，广泛应用于目的地可持续发展能力的评价。Kian Foh Lee（2001）认为可持续旅游目的地由四个概念和工具组成，即：整合协调（overall integration & coordination）、清洁生产（Cleaner Production, CP）、生态标签（Eco-labelling）、环境管理系统（environmental management systems，EMS），其中，生态标签与清洁生产的概念都与生态效率原理紧密相连。因此，提高生态效率水准是目的地可持续发展的必要前提（图 2-2）。

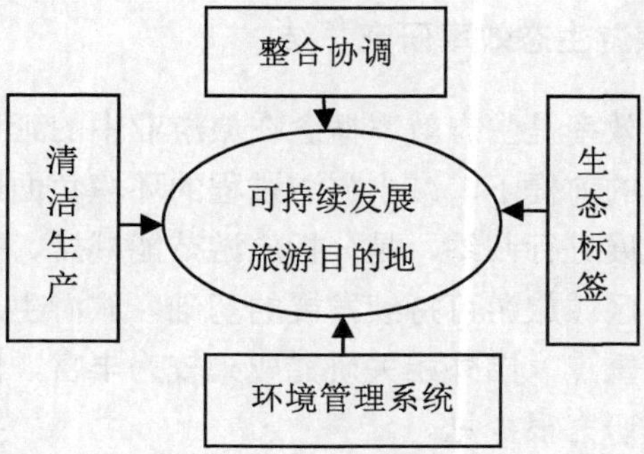

图 2–2　可持续旅游目的地概念

2.4.4　旅游生态效率规划战略措施

为了获得目的地高水平的生态效率比值，旅游管理和规划部门采用了许多规划性策略措施，主要包含：环境友好型土地利用规划和建筑设计、可持续的休闲娱乐项目管理、交通基础设计以及服务的创新、低能源消耗的发动机设计、固体废弃物管理的强化、保护旅游目的地绿色空间战略等。旅游生态效率规划的目的旨在通过技术创新和规划节约等手段，提高自然资源和能源的利用效率，在减少旅游过程中碳排放和化石能源消耗的同时，实现旅游生态效率提升的战略目标。

2.4.5　旅游者对生态效率的偏好

对于旅游目的地规划者和管理者而言，面临的一个重要挑战是如何在迎合旅游者口味和兴趣的同时，满足社区利益相关者的需要。这种决定往往具有一定的难度，因为旅游者的选择“因人而异”，具有很大的不确定性。Joe Kelly（2007）利用离散选择实验（DCE）方法分析了旅游者对于旅游业土地利用、交通、休闲、环境管理创新等提高旅游生态效率措施的偏好差异。

2.4.6 旅游生态效率研究总结

旅游生态效率是生态效率概念在旅游业中的延伸，在强调旅游价值链最大化的前提下，减小旅游过程的环境负面影响。对旅游生态效率研究进展进行归纳，是分析旅游节能减排、提高旅游生态效率水平、促进区域旅游可持续发展的基础。旅游生态效率研究也具有自己的研究重点，国外相关研究成果较为丰富，国内关于旅游生态效率的系统研究很少见。

本质上看，旅游生态效率是由生态效率的概念衍生而来，是一个描述旅游单位经济产出环境影响大小的变量。本章在系统梳理了旅游生态效率相关研究成果之后，发现旅游生态效率研究成果集中于以下几个方面：旅游生态效率的概念与本质、旅游生态效率模型、旅游生态效率理论的应用、旅游生态效率规划战略措施、旅游者对旅游生态效率战略的感知与态度偏好、旅游生态效率规划实施的动力与阻力等。

深化旅游生态效率的理论和案例研究，不仅为旅游可持续发展开拓了一个新方向，也有利于低碳旅游、碳交易、碳税等政策的制定，可以为目的地规划提供对策与建议，具有重要的理论创新和实践应用价值。

旅游过程是一个复杂的能源消耗过程，产生的温室气体深刻影响了气候变化，反之，气候变化对旅游发展是一个重要的影响因素，在旅游管理和规划中必须考虑到。国外关于旅游碳排放和旅游能源消耗的研究成果较为丰富，主要内容有：（1）气候变化及其争议，这是旅游节能减排问题的缘起；（2）旅游与天气、气候、气候变化之间的相互影响，两者之间存在诸多的关联和作用，这是旅游节能减排的核心；（3）旅游生态效率模型及其应用，在推进旅游经济增长的同时，降低旅游碳排放强度，提升生态效率水平，是旅游可持续发展的基本动机；（4）旅游者对低碳旅游的感知、态度和行为，降低旅游碳足迹和能源消耗强度，不仅是技术创新问题，更是旅游消费方式转型问题，需要培育旅游者良好的消费习惯，旅游者对待低碳旅游的感知和态度取决于其价值观，影响了旅游低碳化战略的实施效果；（5）旅游能减排的战略措施，将低碳旅游模式落到实处，需要利益相关者联合行动，在技术、管理、教育等方面积极创新，才能实现旅游节能减排的目标。

整体上看，国外旅游生态效率研究呈现一定的特征：（1）研究范围和视角较为广泛，将多种环境影响指标与经济效益变量结合，构建不同生态效率研究模式和指标体系；（2）研究方法手段较为多样，定量化的模型研究、基于旅游产品的生命周期研究、基于旅游者选择决策组合的生态效率研究，各种不同的方法为旅游生态效率研究拓宽了视野；（3）案例研究较为典型，旅游过程极为复杂，旅游消费环节涉及多个行业，通过案例地的实证研究，能够将复杂的旅游度假行为简化为理论结果；（4）研究结论实践应用价值较大，生态效率规划、生态效率战略等措施的提出，具有很强的实践价值，对旅游规划者与旅游政策决策制定者而言，提升目的地生态效率的建议具有较高的指导意义。

总之，国外旅游生态效率相关研究成果对国内研究具有很重大的启示，在研究模型与方法上的借鉴为旅游目的地可持续发展打开了一个新思路。

2.5　低碳旅游综述结论与启示

低碳是一个宽泛的概念，指的是旅游过程中尽量减少旅游碳足迹和能源消耗总量，将旅游业环境负面影响降低到最低的一种旅游运行模式。低碳旅游是低碳理念在旅游业中的体现，也可以说低碳经济、低碳生活、低碳社会、低碳城市、低碳旅游等概念是在“低碳”基础上嫁接而成。低碳旅游具有独成体系的理论基础，在国内外旅游研究中，低碳旅游日益成为研究的热点，研究成果非常丰富，其中与本书内容和研究对象紧密相关的研究重点主要有三个部分：一是国内外低碳旅游相关研究综述，二是国内外旅游消费研究综述，三是国内外旅游生态效率研究综述。

低碳旅游开发模式不仅是国家大力倡导的方向，也是区域旅游开发的目标，对于旅游生态效率提升而言，旅游能源消耗节约化、旅游碳排放减量化、旅游经济效益增值化是根本立足点。而且旅游过程对经济最大的贡献就是带动旅游消费的增长，扩大旅游就业，旅游的各个环节也是消费的过程。旅游生态效率作为本书的核心概念，有机地整合了旅游环境影响与旅游经济效益两个变量。

因此，本书在研究综述方面，结合研究思路和目标，将重点放在低碳旅游、旅游消费、旅游生态效率三个关键点上。研究中也发现一些国内外低碳旅游、旅游生态效率方面的成果特征，主要表现在以下几个方面：（1）研究内容上，国外研究对象更为广泛，典型的区域旅游案例研究显得十分成熟；（2）研究深度上，国外研究的视角较为深入，能够在个性案例中总结出共性化的规律，增加了研究成果的现实意义；（3）研究方法上，国外研究的方法较为多样，具有很好的适用性，定性与定量研究的方法结合紧密。总之，国外低碳旅游相关研究的内容、特点、方法等对于国内研究具有较强的启示作用。

2.6 本章小结

低碳旅游是指旅游经济系统运行过程中，旅游者消费虽然呈现有序增长的趋势，但是只有较少或者甚至没有温室气体排到大气层，也就是说低碳旅游是指一个旅游活动全过程中“碳足迹”接近或者等于零，是以“低能源消耗、低污染、低排放”为基础的旅游发展经济模式，是生态文明在旅游业中的重大体现。

低碳旅游业的发展以可持续发展、清洁生产、生态足迹、循环经济、绿色经济等理论为基础，以旅游生态效率模型为理论基石，推行目的地旅游生态效率提升规划与战略，在促进区域旅游经济增长的同时，有利于降低旅游碳足迹和能源消耗强度系数。

我国低碳旅游实践和理论研究起步较晚，构建低碳旅游发展模式，提高低碳旅游生态效率水平，有必要对国内外相关研究成果进行梳理和总结，为旅游生态效率研究探寻思路源头。低碳旅游的研究起源于旅游与天气、气候、气候变化之间的关系问题。旅游的过程正是因为消费行为的存在，才能对目的地经济起到推动作用。在旅游生态效率分析中，旅游消费转化为旅游收入，以便于定量化计算。旅游生态效率研究综述，从概念到模型、从战略规划到动力机制，为本书整个研究思路的建立，构建了一个较为完整的理论框架。

总之，低碳旅游相关研究综述重点在于低碳旅游、旅游消费、旅游生态效率这三个主题上，其中低碳旅游是节能减排的模式导向，旅游消费是经济增长的驱动机制，旅游生态效率是旅游可持续性的评价标准，三者相互关联，密不可分，构成了本书的核心内容与逻辑框架。

第三章　旅游碳足迹模型及实证研究

IPCC（2007）第四次评估报告指出，人类活动“很可能”是气候变暖的主要原因，并且认为这种可能性达 90%。报告显示，全球大气二氧化碳浓度已由工业化以前的 280ppm 上升到 379ppm，为 65 万年来的最高，全球二氧化碳浓度增长率也在持续上升。旅游业在联合国千年计划（MDGs）中扮演重要角色，世界旅游组织（WTO）的核算显示旅游业贡献全球温室气体排放的比例大约为 5%。据估计，截至 2035 年，旅游部门的二氧化碳排放年均增长率为 2.5%。

旅游业对气候变化的影响包含直接碳排放和间接碳排放，直接碳排放包含旅游交通碳排放、旅游住宿碳排放、旅游活动碳排放等环节。本研究在借鉴现有研究成果的基础上，根据旅游产品生命周期评价（LCA）的理论，以产品和服务中温室气体排放为导向，构建旅游碳足迹模型，收集整理相关数据，进行实证研究，并且对旅游碳足迹的结构特征展开深入分析。

3.1　旅游碳足迹理论模型

Weidema（2008）认为碳足迹指的是人们为了满足生活需要消耗能源而产生的包含二氧化碳在内的温室气体数量。旅游过程中化石能源的使用是一个重要的环境问题，因为旅游消费环节产生的温室气体对全球变暖产生一定的影响。因此，限制旅游过程中化石能源使用，降低旅游区域发展过程中碳足迹的强度，减少旅游碳排放的负面影响，成为旅游可持续发展的一个基础条件。

定量化研究旅游碳足迹（Tourism Footprint，TF）集中在三个方面：一个是旅游过程碳排放减量化，一个是旅游过程能源消耗节约化，一个是旅游管理创新的高效化，这三个方面也正好对应了国家节能减排的宏观宗旨，是低碳旅游的指导性目标。但是，对于低碳旅游的研究而言，首先需要解决旅游碳排放的模型构建问题，只有构建适合案例地研究的碳足迹模型，才能定量化计算特定时间阶段的旅游碳排放数量。

结合本书的研究目的和方法，采用“自下而上”的方法，将旅游过程产生碳足迹的过程简化为旅游交通碳足迹、旅游住宿碳足迹、旅游活动碳足迹。相应地，低碳旅游碳足迹核算的理论模型主要包括旅游交通碳足迹模型、旅游住宿碳足迹模型、旅游活动碳足迹模型，三个模型汇总即获得旅游碳足迹综合模型。

3.1.1　旅游交通碳足迹模型

许多学者对交通部门的二氧化碳排放问题进行了研究。毫无疑问，交通是旅游活动重要的组成部分，旅游者到达目的地、返回常住地、在目的地内部运行和移动都需要交通系统的支持。旅游的本质特征就是空间上的移动，旅游体验的关键就是“生活在他处”，因此交通是旅游活动得以开展的核心条件，交通条件的改善一方面为旅行带来便利，另一方面也成为旅游能源消耗的主要来源。旅游交通因为其能源消耗问题获得日益多的关注，现有研究显示，旅游交通能源消耗占据旅游系统能源消耗总量的大头，部分情况下甚至超过 90%。Sussane Becken（2003）认为，旅游交通在旅游碳排放和能源消耗中显然占据重要地位，相应地，旅游交通节能减排也处于旅游节能减排的中心位置。

旅游交通深刻影响旅游部门的能量使用和二氧化碳等温室气体的排放。很多学者采用模型进行了定量化研究，例如 Tzu-Ping Lin（2010）采用“自下而上”的方法（bottom-up approach）研究了台湾五大国家公园 1999～2006 年间境内旅游交通的二氧化碳排放数量，研究结果表明，因为旅行距离和交通模式不同，台湾岛五个国家公园的人均二氧化碳排放量也不尽相同。

类似地，在一定的空间范围内，旅游目的地内部因为旅行距离和交通方式的差异，必然导致旅游交通产生的旅游碳足迹总量和强度呈现一定数量和空间分布上的差异。其中，计算乘坐不同交通方式产生的二氧化碳排放模型为：

$$CO_2\ \text{emission}=\sum_{1}^{n}P_i\cdot D_i\cdot \beta_i \tag{1}$$

式中，

P_i是采用第 i 类交通模式的总人数；

D_i表示采用第 i 类交通模式的距离（千米）；

β_i表示第 i 类交通模式二氧化碳排放强度（千克/人千米），计算公式为：

$$\beta_i=\frac{F_i}{E_i\cdot L_i} \tag{2}$$

式中，

F_i表示第 i 类交通模式下消耗每升化石燃料产生的二氧化碳排放量（千克/升）；

E_i表示第 i 类交通模式化石燃料的效率，也就是消耗每升燃料达到的旅行距离（千米/升）；

L_i表示第 i 类交通模式的载荷系数，即该类交通工具的每次载客量（人次）。

有的学者对于旅游交通碳足迹模型有不同的思考，例如 Gössling（2005）等在分析旅游生态效率过程中，将旅游交通过程产生的碳排放模型定义为：

$$TCF_t=\sum_{m}(\beta_m*\varepsilon_m*V_m)$$

其中的变量含义为：

TCF_t：旅游交通二氧化碳排放量，单位是千克（kg）；

β_m：m 种交通方式下人均每千米的二氧化碳排放当量，单位是千克每人千米（千克/人千米）；

ε_m：m 种交通方式的等价因子；

V_m：m 种交通方式下的交通容量，也称旅游交通周转量，单位是人千米（pkm）或者车/船千米（vkm）。使用 vkm 做单位时，需要乘以交通工具的载荷系数（一般由市场问卷调查统计而得)，才能得到单位交通方式（车/船）下每次运送旅游者的交通容量。

求取β和 V 的值有两个方法：一是求和，一是分解。求和法，也即“自上而下”计算法，通过计算总体的燃料、能源消耗数和运行公里数，计算的平均值即为β。分解法，也即“自下而上”方法，基于各种旅游交通工具能源消耗的平均值和平均每年的运行公里数求解β值。

本书利用的排放因子数据借鉴已有研究成果。等价因子 ε_m 考虑到除了二氧化碳之外其他温室气体的排放效应，地面交通的等价因子大约为 1.05，航空交通的等价因子一般较高，约为 2.7[①]，不同地域和不同客源国家的等价因子也不相同，这个变量在计算中能起到减小误差的作用。本书结合案例地实际，将航空交通的等价因子定为 1.07，其他交通方式的等价因子定为 1.05（表 3-1）。

表 3–1　不同交通方式的相关变量系数

交通模式	二氧化碳排放因子β_1（千克/人千米）	等价因子 ε_1
航空（国内）	0.15	1.07
航空（海外）	0.15	1.07
火车	0.025	1.05
汽车	0.075	1.05
长途公共汽车	0.018	1.05
渡轮	0.07	1.05
游轮/游艇	0.07	1.05
自行车/脚踏车	0.01	1.05
其他	0.075	1.05

资料来源：Suh S., Lee K. M., Ha S. Eco-efficiency for pollution prevention in small to medium-sized enterprises: a case from South Korea [J]. *Journal of Industrial Ecology*, 2005, 9(4): 223-240.

① Schumann U. 2004. Aviation, atmosphere and climate—what has been learned? Proceedings of the AAC-Conference, June 30 to July 3, 2003, Friedrichshafen, Germany.

以上两个旅游交通碳足迹模型的原理本质上是相同的，都是以旅游碳排放系数（碳排放强度）作为模型的核心，乘以旅游交通容量（也就是人数与交通工具运行距离之积），差别仅在碳排放系数获取方式以及等价因子的大小上。本书计算中，结合两个模型的思路和研究实际，采用等价因子，其中，第 i 类旅游交通的使用人数等于旅游者总人数与该类交通模式使用率之积，计算旅游者外部交通的旅游距离是单程的 2 倍，也即：

$$P_i=T \cdot L_i$$

其中，

P_i 为采用第 i 类交通模式的总人数；

T 为旅游目的地旅游者总数量；

L_i 为第 i 类交通模式利用率。

因此，最终的旅游交通碳足迹模型为：

$$TCF_t=\sum_t (T \cdot L_i \cdot D_i \cdot \beta_i \cdot \varepsilon_i)$$

式中，

TCF_t 为旅游交通碳足迹，单位为千克（kg）；

T 为目的地旅游者总数量（人）；

L_i 为第 i 类交通模式利用率；

D_i 表示采用第 i 类交通模式的运行距离（千米）；

β_i 表示第 i 类交通模式二氧化碳排放强度（千克/人千米）；

ε_i 表示第 i 类交通模式的等价因子。

3.1.2 旅游住宿碳足迹模型

旅游住宿碳足迹是旅游碳足迹的重要组成部分。星级酒店、社会宾馆、公寓、度假村、私家旅馆等是目前海南国际旅游岛的主要旅游住宿类型。在国家政策支持下，旅游住宿接待设施的经营者积极参与到旅游接待低碳化的行动之中，例如执行“绿色宾馆”的计划，鼓励旅游者减少一次性生活日用品的使用、在住宿设施之内注意节约用电和用水等，其中影响最大的措施和战略是旅游住宿节能设施的投入、安装、使用，大大提高了旅游住宿设施的能源利用效率，减少了旅游者住宿过程中的碳足迹。

围绕旅游住宿的碳足迹强度概念，也就是根据人均每床位碳排放数值，可以将旅游住宿碳足迹模型定义为：

$$TCF_h = \sum_j H_j \times N_j \times K_j \times P_j$$

式中，

TCF_h为旅游住宿碳足迹，单位是千克（kg）；

H_j为 j 类旅游住宿方式人均每住一晚的碳排放量，单位是千克/人晚；

N_j为旅游者总人数；

K_j为旅游者平均逗留天数；

P_j为 j 类旅游住宿设施利用率，即选择该类住宿类型旅游者数量与旅游者总数之比。

3.1.3　旅游活动碳足迹模型

现代人的旅游活动越来越丰富，旅游者更加重视旅游的参与度与体验度，依托旅游设施和各类资源可以开展旅游休闲活动、旅游运动和体验活动、旅游观赏和参观活动、旅游度假活动等。海南国际旅游岛是我国度假、会议、观光的旅游天堂，对于旅游活动碳排放的研究具有典型的示范意义。参与不同的旅游活动所产生碳足迹数值不同，将旅游者每参与一项旅游活动产生的碳排放量作为该旅游活动的碳足迹强度系数。相应地，旅游活动碳足迹模型定义为：

$$TCF_a = \sum_i A_i \times N_i \times F_i \times P_i$$

式中，

TCF_a为旅游活动产生的碳足迹，单位是千克（kg）；

A_i为第 i 类旅游活动碳足迹强度，表示每位旅游者参与一次该活动的碳排放量，单位是千克/人次；

F_i 为第 i 类旅游活动旅游者平均参与频次；

N_i 为旅游者总人数；

P_i 为参与 i 类活动的旅游者数量比例，等于参与该项活动人数与旅游者总人数之比。

3.1.4 旅游碳足迹综合模型

按照旅游生命周期评价（LCA）的理论，旅游产品与服务的消费过程起于离开常住地，终于回到常住地，其中旅游交通、旅游住宿、旅游活动占碳排放和能源消耗的绝大部分。因此，在旅游交通碳足迹模型、旅游住宿碳足迹模型、旅游活动碳足迹模型的基础上，构建旅游碳足迹综合模型如下：

$$TCF = TCF_t + TCF_h + TCF_a$$

式中，

TCF 为旅游碳足迹总量，单位是千克（kg）；

TCF_t 为旅游交通碳足迹，单位是千克（kg）；

TCF_h 为旅游住宿碳足迹，单位是千克（kg）；

TCF_a 为旅游活动碳足迹，单位是千克（kg）。

3.2 旅游碳足迹模型实证研究

3.2.1 数据来源

本书所使用资料主要包含两种，一是旅游市场的调查问卷数据，二是相关指标常数，主要来自国内外相关研究成果。其中一手资料的市场问卷调查样本来自 2012 年 12 月开展的市场调查，调研的目的主要是研究旅游者对于旅游住宿、旅游交通、旅游活动的利用情况，分析旅游者消费行为选择、游客的人口统计学特征、游客对低碳旅游措施的感知和态度等几个方面。对企业经营者主要调查企业的基本情况、企业经营者对低碳旅游的态度以及投资意愿等情况。

3.2.2 研究方法

研究旅游碳足迹的视角多种多样，不同的研究目的采用的方法也不一样。本书主要目的在于建立普适性的低碳旅游计算模型，并且定量化计算海南国际旅游岛 2012 年碳足迹总量及其时空分布特征，了解旅游者对于低碳旅游模式的感知、态度与行为，分析旅游碳排放的影响机制。

基于旅游碳足迹模型的研究目的，本章的主要研究方法有模型研究方法、定量分析研究方法、数理统计研究方法。其中，模型研究主要以碳排放系数为基础，构建具有广泛适用性的旅游碳足迹模型；定量分析方法主要针对案例地旅游业运行状况，计算特定时间段内的碳足迹数量、均值，并且总结其时空分布规律；数理统计研究方法主要采用 SPSS 软件，对旅游市场结构、旅游者数量、旅游者平均出行距离、旅游者平均停留夜数、旅游者平均参与活动频次等指标进行统计分析，完成旅游碳足迹的定量计算。

3.2.3 旅游者基本特征

问卷调查分析表明，受访游客中，男女比例比较接近，所占比例分别为 52.3%、47.7%，样本能较为准确地估计不同性别游客对于低碳旅游模式、支付节能设施额外费用意愿、旅游生态效率规划措施等的感知和态度。

旅游者中中青年游客比例较高，其中 25～44 岁旅游者占 27.97%，45～60 岁旅游者占 26.57%，61～69 岁旅游者占 21.70%，旅游者整体上年龄结构较为合理，有利于开发不同层次的旅游产品，满足市场的需求。海南省旅游产品类型丰富，特别是具有“南国风情”的文化旅游产品和滨海类旅游产品吸引力较大，是海南省的核心产品类型，也是海南省旅游发展成功的关键之处。

旅游者受教育水平较高和收入水平较高游客比例较大，其中具有大学本科学历的旅游者比例最高，占旅游者数量的 32.52%，家庭月收入在 5000 元以上的旅游者比例最大，占 27.64%，这表明大部分受访者具有较强的出游能力，而且对旅游目的地的旅游交通、旅游住宿、旅游活动选择余地较大，对低碳旅游模式、旅游生态效率规划措施的感知比较敏感。游客的职业构成中服务业人员比例最高，占 24.39%，企事业单位管理人员、公务员所占比例紧随其后，分别为 22.76%和 15.72%，这部分旅游者对旅游目的地提供的管理服务质量要求较高，对低碳旅游开发模式的实际运行情况具有较深的体会。另外，旅游者对低碳旅游、旅游生态效率的感知和态度是本书的重要研究内容之一，对旅游者人口统计特征的分析（表 3-2），为分析旅游者低碳旅游的感知、态度、行为差异及其成因，奠定了基础。

表 3–2 海南省国内被访者人口统计学特征

项目	选项	频次	比例（%）	项目	选项	频次	比例（%）
性别	男	386	52.3		公务员	116	15.72
	女	352	47.7		企事业单位管理人员	168	22.76
	总计	738	100.0		服务业人员	180	24.39
年龄	14 岁以下	34	4.65		工人	52	7.05
	15～24 岁	104	14.03		农民	18	2.44
	25～44 岁	206	27.97		军人	20	2.71
	45～60 岁	196	26.57		学生	58	7.86
	61～69 岁	160	21.70		其他	126	17.07
	70 岁以上	38	5.08		总计	738	100.0
	总计	738	100.0	家庭月收入（元）	5000 以上	204	27.64
文化程度	小学及其以下	20	2.71		4000～4999	126	17.07
	初中	134	18.16		3000～3999	118	15.99
	高中或中专	148	20.05		2000～2999	146	19.78
	大专	74	10.03		1000～1999	108	14.63
	大学本科	240	32.52		500～999	24	3.25
	研究生及以上	122	16.53		500 以下	12	1.63
	总计	738	100.0		总计	738	100.0

资料来源：根据市场调研数据整理而得

3.2.4　旅游客源市场分析

3.2.4.1　旅游总体接待与旅游收入

旅游业是经济社会综合产业，旅游接待人次和旅游收入是重要的旅游经济指标，也是旅游生态效率研究的重要变量。海南省历年（2002～2012）旅游者接待人数与旅游收入是对海南省旅游碳足迹、旅游能源消耗、旅游生态效率等进行实证研究的基础资料，其数量特征也反映了海南省旅游运行的基本趋势。研究中采用海南省旅游管理委员会提供的统计数据作为研究资料，整理后得到海南省2002～2012年过夜旅游者总数、旅游住宿者总数、旅游收入总数、宾馆平均开房率等具体数据。总体来看，海南省旅游总体人数和旅游总收入呈逐年增长态势，旅游发展的潜力巨大（图3-1）。

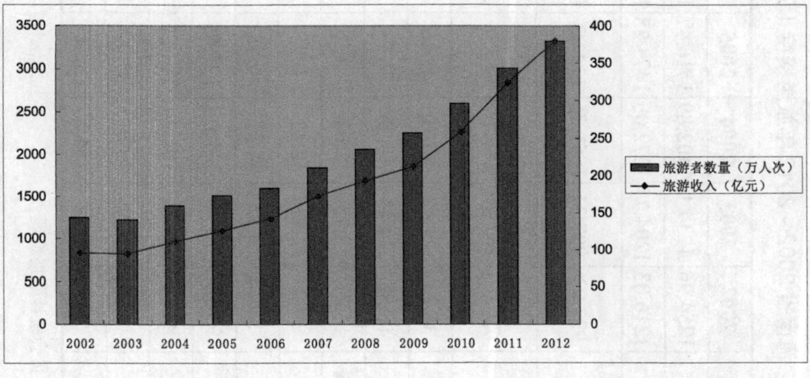

图3-1　海南省旅游者数量与旅游收入增长趋势图（2002～2012）

2012年，海南省接待旅游者总数为3320.36万人次，其中国内旅游者为3238.8万人次，国内旅游者占总数的97.5%；旅游总收入为379.12亿元，其中国内旅游收入为365.79亿元，国内旅游收入占总收入的96.5%。因此，从旅游人数和旅游收入这两个指标看，国内市场目前是海南省旅游市场的主体（表3-3）。

表 3-3　海南省 2002 ~ 2012 年旅游接待（万人次）与旅游收入（亿元/万美元）

项目	2002	2003	2004	2005	2006	2007	2008	2009	2010	2011	2012
过夜旅游者总数（万人次）	1254.96	1234.1	1402.89	1516.47	1605.02	1845.51	2060	2250.33	2587.34	3001.34	3320.36
过夜国内旅游者（万人次）	1216.03	1204.77	1372.03	1473.28	1543.33	1770.2	1962.07	2195.18	2521.03	2919.88	3238.80
旅游饭店接待过夜人数（万人次）	922.93	907.31	1051.25	1141.3	1196.81	1397	1559.89	1706.64	1842.7	2123.51	2320.89
社会旅馆接待过夜人数（万人次）	293.1	297.46	320.78	331.98	346.52	373.2	402.18	488.54	678.33	796.37	917.91
过夜海外旅游者（万人次）	38.93	29.33	30.86	43.19	61.69	75.31	97.93	55.15	66.31	81.46	81.56
外国人	16.52	14.43	18.38	26.94	46.57	59.31	73.13	37.21	47.38	56.17	51.97
香港同胞	14.77	9.75	7.68	10.16	9.53	9.52	14.37	12.18	11.33	13.62	11.51
澳门同胞	1.92	1.83	0.43	0.51	0.42	1.22	2.45	0.56	0.79	1.13	0.78
台湾同胞	5.72	3.32	4.37	5.58	5.17	5.26	7.98	5.2	6.81	10.54	17.3
旅游总收入（亿元）	95.38	93.55	111.01	125.05	141.43	171.37	192.33	211.72	257.63	324.04	379.12
国内旅游收入（亿元）	87.74	86.95	104.24	114.56	123.57	149.63	165.01	192.82	235.61	299.47	356.79
旅游外汇收入（万美元）	9199.03	66000	67700	104900	178600	217400	39031.89	27666.01	32227.65	37814.25	34802.8
宾馆平均开房率（%）	57.9	56.2	54.3	53.6	52.49	57.31	59.18	59.18	60.37	62.37	58.4

资料来源：根据海南省旅游发展委员会统计数据整理

3.2.4.2　部分县市旅游饭店接待情况

旅游住宿接待是海南省重要的旅游业收入和经济来源，带动了大量的旅游就业，促进了区域旅游经济的发展，是旅游战略性支柱产业的体现。与此同时，旅游住宿能源消耗和碳足迹也是旅游能源消耗与碳足迹的重要组成部分。对海南各县市的旅游饭店接待情况进行统计，不仅是旅游住宿碳足迹、旅游住宿能源消耗、旅游住宿生态效率计算的基础，也为分析旅游住宿节能减排路径提供了基础信息，有利于今后进一步的深层次研究。

海南省主要的旅游县市在旅游住宿接待上均有较大发展，接待能力不断提升，但是各县市旅游接待水平上呈现一定的差距，旅游住宿接待业的空间聚集效应明显。以 2012 年为例，全年旅游星级饭店接待的总人数为 2360.03 万人次，其中海口（604.64 万人次）、三亚（920.69 万人次）、琼海（118.21 万人次）、万宁（321.81 万人次）、陵水（102.95 万人次）为最大旅游接待市县，其他县市接待人数则较小。总体来看，在海南省各县市中，海口、三亚、万宁、五指山、琼海等旅游开发较早的地区，旅游住宿接待业也最为发达，成为海南旅游住宿的核心区域。这些区域不仅旅游住宿设施最为密集，旅游服务质量及其品牌效应也最强，吸引了大部分的海南省旅游者入住，是海南省旅游饭店接待业的核心县市。另外，从近几年的旅游接待业发展形势看，海南省旅游住宿接待人次和经济收益均处于不断增长态势之中（表 3-4）。

表 3–4　海南省 2002～2012 年部分县市旅游饭店接待（万人次）

地区	2002	2003	2004	2005	2006	2007	2008	2009	2010	2011	2012
海口	278.41	279.28	316.72	348.86	362.15	395.66	434.11	453.33	492.95	550.21	604.64
三亚	278.19	300.41	363.84	406.59	454.9	538.43	618.5	667.52	748.09	858.47	920.69
琼海	65.3	57.28	65.65	67.06	68.74	75.06	79.49	82.22	90.6	103.08	118.21
万宁	214.09	198.37	218.62	226.78	212.39	257.33	256.3	262.34	265.08	325.75	321.81
文昌	25.87	11.61	15.04	17.48	20.3	21.7	28.92	35.18	48.53	58.68	65.38
五指山	20.83	14.66	13.58	14.11	15.57	16.24	17.25	19.78	22.58	25.67	30.37

续表

地区	2002	2003	2004	2005	2006	2007	2008	2009	2010	2011	2012
儋州	29.07	31.18	34.24	35.19	38.65	41.76	44.27	47.64	50.14	56.22	63.83
定安	7.64	7.68	14.91	15.15	18.49	21.34	22.63	22.48	25.75	27.6	32.06
东方	8.47	10.47	7.9	8.43	7.46	11.85	12.49	12.98	11.69	13.31	16.73
陵水	8.43	6.66	8.76	16.33	25.77	48.81	71.11	82.35	81.99	90.48	102.95
昌江	1.43	2.28	4.23	6.3	6.61	6.58	9.58	16.06	17.51	21.08	28.49
屯昌	0.98	0.30	0.53	2.79	4.8	5.16	5.94	6.07	6.3	6.46	7
保亭	6.47	6.16	7.11	7.12	9.51	11.12	15.16	13.67	13.59	16.75	19.87
临高县	3.45	4.12	3.38	5.15	4.17	4.87	4.96	5.81	6.51	7.15	8.22
乐东县	0.98	1.17	2.45	2.41	4.67	4.4	4.43	5.77	6.31	6.28	7.14
琼中县	1.68	1.95	2.16	1.86	2.01	2.53	2.95	2.84	7.56	9.32	12.64
合计	951.29	933.58	1079.12	1181.61	1256.19	1462.84	1628.09	1736.04	1895.18	2176.51	2360.03

资料来源：根据海南省旅游发展委员会统计数据整理

3.2.4.3 部分县市海外旅游者住宿情况

海南岛省的旅游业具有一定的外向型特征，海外旅游者的接待收入是主要的外汇来源，体现了海南省国际旅游岛的特色，海外旅游者数量的比例也反映了海南省旅游开发度，成为评价海南省旅游国际化程度的标准。海外旅游者成为海南省旅游市场的重要组成部分，对海南省部分县市海外旅游者的数量特征进行分析，是计算海南省海外旅游市场碳足迹、旅游者平均出行距离、能源消耗和旅游生态效率的基础。

从数量规模上看，2012 年海南省共接待外国旅游者 739062 人次，其中，三亚接待 463015 人次，海口接待 179741 人次，万宁接待 60507 人次，琼海接待 20784 人次。海口、三亚、万宁、琼海、五指山等重点旅游地区是接待国外旅游者数量最多的地区，旅游接待的空间集中度较高，这一方面与这几个地区的旅游吸引物密集有关，另一方面也直接与旅游接待能力有关。其中，三亚因为其独特的位置和旅游设施优势，旅游发展起步早，名气大，接待业最为发达，在海外旅游者接待数量中所占比例最大。海口作为海南省的省会城市，在会议、商务、交通等上面具有显著优势，旅游综合接待能力较强，特别是国际上流行的游艇、高尔夫等项目落户海口，为旅游接待业的发展提供了优势条件。万宁市的归侨文化吸引了大量的华侨旅游者，而且万宁的兴隆温泉和华侨农场、东山景区、海门景区、石梅湾冲浪在海南省的旅游资源中具有唯一性和垄断性，因此也吸引了大量的海外旅游者。此外，万宁的酒店业也比较发达，旅游接待人数一直处于海南省前列，因此海外旅游者接待数量也较大。琼海的博鳌作为国际性论坛的永久会址，周期性的论坛、会议、会展、商务等活动，促进了海外旅游市场的发展，也带动了酒店接待业的兴盛。因此，三亚、海口、万宁、琼海等地吸引和接待国外旅游者最多。相比较而言，海南其他各市县对外旅游接待能力和水平与发达地区差距较大，但是总体上看，各个地区海外旅游者的接待数量，除了少数年份有波动之外，整体上呈现稳中有增的态势（表3-5）。

表 3–5　海南省部分县市旅游饭店接待外国旅游者数量（人次）

地区	2002	2008	2009	2010	2011	2012
海口	82447	158715	103206	132873	146808	179741
三亚	174424	582588	302510	400521	512803	463015
琼海	17647	16326	12534	13797	26099	20784
万宁	56333	38297	23803	36853	67338	60507
文昌	78	7058	4196	5839	5964	9017
五指山	7084	541	912	1158	430	570
儋州	552	64	125	1320	3842	408
定安	862	754	236	479	568	1091
东方	195	189	369	133	140	25
陵水	242	426	65	59	184	737
保亭	70	4611	3242	3927	3515	3167
合计	339934	809569	451198	596959	767691	739062

资料来源：根据海南省旅游发展委员会官方网站数据整理；2003～2007 年的数据缺失。

表 3-6 海南旅游饭店接待外国人数量（人次）及其国别结构

国家和地区	2002	比例（%）	2008	比例（%）	2009	比例（%）	2010	比例（%）	2011	比例（%）	2012	比例（%）
日本	28071	16.99	36704	6.44	27481	9.01	24786	5.83	21340	4.01	16969	3.51
韩国	50274	30.43	127126	22.29	23807	7.81	31737	7.47	26223	4.93	16053	3.32
蒙古	43	0.03	377	0.07	568	0.19	924	0.22	1464	0.28	2101	0.43
印度尼西亚	1295	0.78	2833	0.50	2805	0.92	3902	0.92	6088	1.14	7707	1.60
马来西亚	10112	6.12	33167	5.82	21625	7.09	27544	6.48	22202	4.17	26624	5.51
菲律宾	611	0.37	1846	0.32	1626	0.53	3025	0.71	4521	0.85	2559	0.53
新加坡	13995	8.47	34007	5.96	27820	9.13	47555	11.19	59082	11.11	69446	14.37
泰国	5181	3.14	5604	0.98	3320	1.09	5051	1.19	6185	1.16	7293	1.51
印度	590	0.36	2304	0.40	1489	0.49	2417	0.57	4081	0.77	2264	0.47
英国	2117	1.28	10421	1.83	7065	2.32	6397	1.50	8359	1.57	5722	1.18
法国	1513	0.92	6986	1.22	6542	2.15	8138	1.91	8292	1.56	6216	1.29
德国	3873	2.34	13479	2.36	12010	3.94	17127	4.03	15484	2.91	10438	2.16
意大利	692	0.42	2974	0.52	2675	0.88	3193	0.75	3241	0.61	2663	0.55
瑞士	345	0.21	1487	0.26	1661	0.54	3100	0.73	2911	0.55	1628	0.34

续表

国家和地区	2002	比例（%）	2008	比例（%）	2009	比例（%）	2010	比例（%）	2011	比例（%）	2012	比例（%）
瑞典	301	0.18	2773	0.49	2103	0.69	2632	0.62	3063	0.58	2266	0.47
俄罗斯	7902	4.78	174537	30.60	79723	26.15	148411	34.91	227557	42.79	191960	39.73
西班牙	161	0.10	1372	0.24	1246	0.41	1549	0.36	1393	0.26	945	0.20
美国	6524	3.95	21949	3.85	16567	5.43	22375	5.26	28582	5.37	21137	4.38
加拿大	1850	1.12	6660	1.17	5719	1.88	7930	1.87	9254	1.74	7246	1.50
澳大利亚	1865	1.13	7009	1.23	6096	2.00	7327	1.72	8592	1.62	6871	1.42
新西兰	441	0.27	1110	0.19	757	0.25	1074	0.25	1150	0.22	1493	0.31
非洲地区	433	0.26	2768	0.49	2728	0.89	3248	0.76	4936	0.93	3858	0.80
越南	425	0.26	513	0.09	699	0.23	1434	0.34	902	0.17	871	0.18
缅甸	52	0.03	35	0.01	17	0.01	136	0.03	141	0.03	306	0.06
朝鲜	1250	0.76	1704	0.30	2145	0.70	374	0.09	415	0.08	705	0.15
巴基斯坦	210	0.13	233	0.04	219	0.07	207	0.05	223	0.04	320	0.07
其他	25107	15.19	70328	12.33	46341	15.20	43479	10.23	56112	10.55	67442	13.96
合计	165233	100.00	570306	100.00	304854	100.00	425072	100.00	531793	100.00	483103	100.00

资料来源：根据海南省旅游发展委员会官方网站数据整理

3.2.4.4 国外旅游者住宿数量及空间分布

海南省作为我国唯一的热带岛屿，不仅是国内的著名休闲度假旅游目的地，在国际上也享有盛誉，国际旅游者总量接待水平较高，其中 2008 年因为北京奥运会的影响，国际旅游者呈现较大涨幅。

从客源国空间分布上看，俄罗斯、日本、韩国、新加坡、马来西亚等国家是海南省主要的国外客源地。以 2012 年为例，海南省旅游饭店接待外国人最多的是俄罗斯（39.73%），其次为新加坡（14.37%）、马来西亚（5.51%）、美国（4.38%）、日本（3.51%）、韩国（3.32%）等国家。从国家分布来看，各大洲的旅游者均有分布，比较集中的客源地是俄罗斯和亚洲周边国家和地区（表 3-6）。

3.2.5 旅游交通碳足迹

3.2.5.1 国内旅游者外部交通碳足迹

（1）旅游交通结构分析

旅游交通容量也叫旅游交通周转量，表示旅游交通实际运行的数量。旅游交通容量等于某种交通方式旅游者数量与旅行距离之积，其单位是人千米（pkm）。旅游交通容量不仅与旅游者数量相关，也与旅游客源市场和目的地之间的距离有关，两者共同决定了旅游者交通实际承载能力。

在旅游交通的旅行距离计算问题中，将整个旅游者的空间运行距离分为两个部分：一是客源地与目的地之间的距离（O/D），也叫做“第一旅游距离”，用于分析旅游目的地外部交通情况（O/D Transport）；一是旅游目的地内部旅行距离，也叫做“第二旅游距离”，用于分析目的地内部交通情况（Local Transport）。旅游交通距离等于第一旅游距离与第二旅游距离之和，旅游交通碳足迹也等于两者产生的碳足迹之和（图 3-1）。

（2）国内旅游者外部交通容量

海南省国内旅游者外部交通主要交通方式为飞机、火车、汽车，海外旅游者的外部交通方式主要为乘坐飞机。旅游者到达海南省之后的内部交通方式以汽车为主，包含出租车、城市公交系统、自驾车、其他交通方式等。

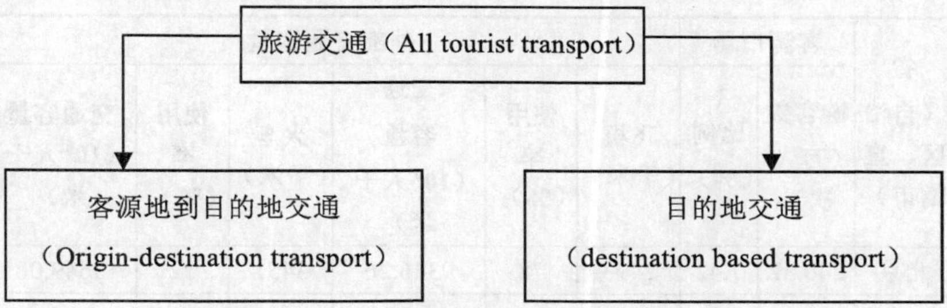

图 3–1　旅游交通组成结构图

国内旅游者外部交通距离的数据通过查询各省、自治区、直辖市中心省会城市与海南省省会海口市的航班信息和火车旅程信息（以最短时间车次里程为准），获取单程数据。

从海南省旅游国内客源市场的空间分布结构看，呈现一定的空间分布特点，主要表现为：（1）旅游市场域较广，属于全国性市场，基本上全国各省市、自治区、直辖市均可以作为海南省的客源市场，这也体现了海南省在全国旅游市场中独一无二的地位和资源优势，无愧于“全国人民的四季花园”的定位；（2）空间距离对于市场份额的影响不是最大，距离海南省较远的省市所占份额与近距离市场比较接近；（3）我国三大出游市场是国内旅游者的主力，长三角、珠三角、环渤海等区域经济发达地区的旅游者到达海南省的比例最大，市场份额较大的省市分别是北京（7.42%）、上海（5.59%）、江苏（5.42%）、广东（5.18%）、辽宁（4.98%）、广西（4.87%）、天津（4.78%）、黑龙江（4.57%）、河北（4.32%）、吉林（3.61%）、山东（3.59%）等，在气候和环境上与海南差距较大的北方省份旅游者对海南省旅游最为感兴趣。

分析显示，海南省 2012 年国内旅游者外部交通采取飞机和火车两种交通方式为主，其中选择飞机的人数最多，乘坐飞机的旅游者外部交通容量为 94836.96×10^6 人千米，是旅游者进入海南省旅游重要的外部交通方式，乘坐火车往返海南的旅游者交通容量为 48055.02×10^6 人千米（表 3-7）。

表 3–7 2012 年海南省国内旅游者外部交通容量

省（自治区、直辖市）	客源市场		外部交通容量					
	游客数（万人次）	比例（%）	飞机（千米）	使用率（%）	交通容量（10^6人千米）	火车（千米）	使用率（%）	交通容量（10^6人千米）
北京	240.32	7.42	2493	78	9346.26	3451	22	3649.08
河北	139.92	4.32	2349	65	4272.84	3170	35	3104.7
内蒙古	110.12	3.40	2808	80	4947.7	3614	20	1591.6
吉林	116.92	3.61	3420	74	5917.96	4263	26	2591.9
上海	181.05	5.59	1762	87	5550.66	2574	13	1211.84
浙江	117.57	3.63	1606	64	2416.7	2486	36	2104.64
福建	105.26	3.25	1234	82	2130.14	2375	18	900.12
山东	116.27	3.59	2272	66	3487.06	3067	34	2424.78
湖北	79.99	2.47	1379	59	1301.5	1863	41	1222.12
广东	167.77	5.18	548	86	1581.3	794	14	373.02
四川	106.56	3.29	1757	64	2396.54	2182	36	1674.04
云南	50.53	1.56	1046	71	750.6	2012	29	589.52
陕西	82.59	2.55	1860	62	1905.02	2970	38	1863.98
青海	27.21	0.84	2300	73	913.56	3814	27	560.66
新疆	80.32	2.48	4400	82	5795.68	5478	18	1584.24
天津	154.81	4.78	2370	75	5503.62	3215	25	2488.42
山西	93.93	2.90	2660	61	3048.36	3456	39	2531.86
辽宁	161.29	4.98	3142	74	7499.96	3797	26	3184.92
黑龙江	148.01	4.57	3720	79	8699.6	4509	21	2802.8
江苏	175.54	5.42	1990	68	4750.92	2881	32	3236.52
安徽	107.85	3.33	1840	61	2421.08	2247	39	1890.18
江西	61.21	1.89	1204	57	840.16	1816	43	955.94
河南	70.61	2.18	1873	58	1533.98	2399	42	1423.08
湖南	96.52	2.98	1100	63	1337.82	1501	37	1072.02

续表

省（自治区、直辖市）	客源市场		外部交通容量					
	游客数（万人次）	比例（%）	飞机（千米）	使用率（%）	交通容量（10^6人千米）	火车（千米）	使用率（%）	交通容量（10^6人千米）
广西	157.73	4.87	411	55	713.08	739	45	1049.08
重庆	128.58	3.97	1253	70	2255.4	1869	30	1442.12
贵州	64.13	1.98	910	79	922.02	1374	21	370.16
西藏	31.74	0.98	3091	100	1962.16	5774	0	0
甘肃	11.01	0.34	2410	91	482.96	3586	9	71
宁夏	4.21	0.13	2410	75	152.32	4318	25	90.68
海南	49.23	1.52	—	0	0	—	—	0
合计	3238.8	100	—	—	94836.96	—	—	48055.02

注释：（1）航空距离为省会级城市之间航程，部分航班有中转；西藏的外部交通为西藏到成都中转海南数据；（2）城市间火车没有直达的情况下，使用中转旅程之和；（3）港、澳、台数据未列入国内市场。

（3）国内旅游者外部交通平均出行距离

旅游外部交通的平均出行距离反映了旅游目的地距离客源地的远近，也直接影响了旅游外部交通的碳足迹总量大小，很明显人均出行距离越大，单次旅游造成的碳排放和能源消耗也较大。我国地域辽阔，各主要客源地距离海南省空间距离较远，无论是采用哪种交通形式，旅游者的人均出行距离都较大，旅游交通容量也是一个较大的值。

海南省国内旅游者外部交通的主要方式为飞机、火车、汽车，但是由于汽车的运行路线和距离难于估算，相关数据不容易获取，而轮船、游艇等其他交通方式所占比例较小，因此国内旅游者外部交通线路的组合和估算以乘坐飞机和火车为主，其他交通方式未纳入计算。

从往返旅程来看，海南省 2012 年主要国内旅游客源市场距离海南比较远，乘坐飞机的旅游者总体交通容量为94836.96×10⁶人千米，火车总体交通容量为48055.02×10⁶人千米，乘坐飞机的旅游者平均出行距离大约为4150.18公里，乘坐火车的旅游者平均出行距离大约为5313.23公里（表3-8）。

表3–8　2012年海南省国内旅游者外部交通平均出行距离

地区	游客数（万人次）	飞机使用率（%）	飞机使用人数（万人次）	飞机交通容量（10^6人千米）	火车使用率（%）	火车使用人数（万人次）	火车交通容量（10^6人千米）
北京	240.32	78	187.45	9346.26	22	52.87	3649.08
河北	139.92	65	90.95	4272.84	35	48.97	3104.7
内蒙古	110.12	80	88.10	4947.7	20	22.02	1591.6
吉林	116.92	74	86.52	5917.96	26	30.40	2591.9
上海	181.05	87	157.51	5550.66	13	23.54	1211.84
浙江	117.57	64	75.24	2416.7	36	42.33	2104.64
福建	105.26	82	86.31	2130.14	18	18.95	900.12
山东	116.27	66	76.74	3487.06	34	39.53	2424.78
湖北	79.99	59	47.19	1301.5	41	32.80	1222.12
广东	167.77	86	144.28	1581.3	14	23.49	373.02
四川	106.56	64	68.20	2396.54	36	38.36	1674.04
云南	50.53	71	35.88	750.6	29	14.65	589.52
陕西	82.59	62	51.21	1905.02	38	31.38	1863.98
青海	27.21	73	19.86	913.56	27	7.35	560.66
新疆	80.32	82	65.86	5795.68	18	14.46	1584.24
天津	154.81	75	116.11	5503.62	25	38.7	2488.42
山西	93.93	61	57.30	3048.36	39	36.63	2531.86
辽宁	161.29	74	119.35	7499.96	26	41.94	3184.92
黑龙江	148.01	79	116.93	8699.6	21	31.08	2802.8
江苏	175.54	68	119.37	4750.92	32	56.17	3236.52
安徽	107.85	61	65.79	2421.08	39	42.06	1890.18

续表

地区	游客数（万人次）	飞机使用率（%）	飞机使用人数（万人次）	飞机交通容量（10^6人千米）	火车使用率（%）	火车使用人数（万人次）	火车交通容量（10^6人千米）
江西	61.21	57	34.89	840.16	43	26.32	955.94
河南	70.61	58	40.95	1533.98	42	29.66	1423.08
湖南	96.52	63	60.81	1337.82	37	35.71	1072.02
广西	157.73	55	86.75	713.08	45	70.98	1049.08
重庆	128.58	70	90.00	2255.4	30	38.58	1442.12
贵州	64.13	79	50.66	922.02	21	13.47	370.16
西藏	31.74	100	31.74	1962.16	0	0	0
甘肃	11.01	91	10.02	482.96	9	0.99	71
宁夏	4.21	75	3.16	152.32	25	1.05	90.68
海南	49.23	—	0	0	—	0	0
合计	3238.8	—	2285.13	94836.96	—	904.44	48055.02
平均出行距离（千米）	飞机：4150.18				火车：5313.23		

资料来源：作者计算整理

主体旅游市场空间结构对旅游外部交通碳足迹影响很大，平均距离越大，外部交通碳足迹也越大。从旅游交通的空间距离看，国内旅游者往返海南省平均距离较大，Sussane Becken（2003）以新西兰为例，分析了不同交通模式下的旅游能源消耗与距离，其中国内旅游者乘坐飞机和自驾车的平均距离为 918 千米、1271 千米，均远小于海南省旅游者的平均出行距离。因此，海南国内旅游客源属于典型的长距离市场空间结构，旅游交通产生的能源消耗与碳足迹总量和比例也相应较高，旅游交通节能减排的压力较大。

（4）国内旅游者外部交通碳足迹

国内旅游者是海南省最主要的客源，以 2012 年为例，国内过夜旅游者占海南省过夜旅游者总数的 97.54%。因此，对于海南省而言，国内旅游者外部交通碳足迹数量的计算也成为整个碳足迹计算的重要组成部分，直接影响了整个旅游市场交通碳足迹的数量与结构。从计算的结果看，2012 年海南省国内旅游者外部交通碳足迹总量为 16483.77×10^6 千克，每位国内旅游者外部交通产生的碳足迹总体年平均值为 508.95 千克。比较而言，乘坐飞机的人均碳足迹较高，为每人年均 666.10 千克，火车是更为“低碳”的旅游交通方式，人均碳足迹为每人年均 139.47 千克（表 3-9）。

表 3–9　海南 2012 年国内旅游者外部交通碳足迹

交通方式	交通容量（10^6 人千米）	二氧化碳排放因子β_m（千克/人千米）	等价因子ε_m	碳足迹（10^6 千克）	单项人均碳足迹（千克/人）
飞机（国内）	94836.96	0.15	1.07	15222.33	666.10
火车	48055.02	0.025	1.05	1261.44	139.47
合计	—	—	—	16483.77	—
总体人均碳足迹（千克/人）：508.95					

资料来源：作者计算整理

3.2.5.2　旅游目的地内部交通碳足迹

（1）旅游目的地内部交通相关系数

目的地内部交通是指旅游者在目的地采用各种交通方式移动的总和。旅游者内部交通信息采用问卷调查的方式获取，游客平均每天运行距离采用已有研究成果数据，旅游者平均停留天数和交通方式使用率来自问卷调查统计结论，最终的平均周转量依据这两变量进行计算。常见的旅游目的地内部交通方式有城市公交系统、步行、自行车、出租车、其他方式等类型，这些交通方式的平均旅行距离、碳排放因子、等价因子等数据各不相同，其中，自行车和徒步是最“低碳”的旅游交通方式，碳排放因子为零，出租车的碳排放因子最大，为 0.153 千克/人千米，公交系统的排放因子小于自驾车和出租车（表 3-10）。

表 3-10　海南 2012 年本地旅游交通碳排放因子

交通模式	游客平均每天旅行距离（千米）	二氧化碳排放因子 β_m（千克/人千米）	等价因子 ε_m	使用率（%）
城市公交系统	20	0.075	1.05	35
步行/自行车	5	0	—	2
出租车	10	0.153	1.05	54
自驾车	25	0.115	1.05	7
其他	15	0.115	1.05	2

资料来源：Stefan Gössling, Paul Peeters, Jean-Paul Ceron, Ghislain Dubois, Trista Patterson, Robert B. Richardson. The eco-efficiency of tourism [J]. *Ecological Economics*, 2005, (54): 417-434.

（2）旅游目的地内部交通碳足迹

旅游者到达目的地之后需要完成各项旅游活动，内部交通成为旅游交通的重要一环，相应地，旅游者内部交通碳足迹也必然成为交通碳足迹的重要组成部分。海南省 2012 年旅游接待过夜旅游者总数为 3320.36 万人次，在旅游者目的地旅游交通均值相同的条件下，将国内旅游者和国外旅游者看成一个整体，采取内部交通行为无差异化处理，计算出海南本地旅游交通距离。

计算结果显示，2012 年海南省内部旅游者交通运行产生的碳足迹总量为 119.17×10^6 千克，每位旅游者在海南省内部交通运行产生的碳足迹为 6 千克。在各种内部交通方式中，出租车产生的碳足迹最多，所占比例为 52%，其次为城市公交（33%）、自驾车（13%）、其他（2%）。但是从人均碳足迹的值看，自驾车人均碳足迹最大（每人 10.87 千克），其次为其他方式（每人 6.52 千克）、出租车（每人 5.78 千克）。因此，自驾车和出租车是碳足迹较大的工具，需要逐步转向公共旅游交通模式（表 3-11）。

表 3-11 海南 2012 年本地旅游交通距离与碳排放

交通模式	旅游者数量（万人次）	平均停留天数（夜）	碳足迹（10^6千克）	比例（%）	碳足迹均值（千克/人）
城市公交系统	1162.13	3.6	65.89	33	5.67
步行/自行车	66.40	3.6	0	0	0
出租车	1792.99	3.6	103.69	52	5.78
自驾车	232.44	3.6	25.26	13	10.87
其他	66.4	3.6	4.33	2	6.52
合计	3320.36	—	199.17	100	—
总体人均碳足迹（千克/人）：6.00					
人均出行距离（千米）：77.58					

注释：旅游者数量=旅游者总数×使用率，平均停留天数为国内旅游者数据

3.2.5.3　海外旅游者外部交通碳足迹

（1）海外客源市场外部交通容量

海南省作为岛屿型旅游目的地，大部分国外旅游者与港、澳、台游客进入海南省的外部交通方式都是乘坐飞机。因此，在计算海南省海外旅游者外部交通容量时，采集海南省主要客源国首都到达海口或者三亚航班的旅程信息，中转航班的中转城市为北京，海外旅游者国别比例来自海外住宿接待的国别比例，默认旅游者往返航程相同。选取海南省海外旅游者比例最大的 13 个国家作为研究样本，先计算该国中心城市到达海南省的飞行旅程（无直航的情况下国内中转城市为北京），再计算人均出行距离，将 13 个主要国家的人均出行距离作为海外旅游市场的人均旅游者出行距离，计算海外旅游者总交通容量。

实际计算结果显示，2012 年海南省含港、澳、台同胞在内的海外旅游者总数为 81.56 万人次，以人均出行距离为 16105.69 千米计，海外旅游者的交通容量为 13135.80×10^6 人千米（表 3-12）。

表 3-12 海南省 2012 年海外旅游者外部交通容量

国家	客源市场		外部交通平均距离与交通容量		
	游客数（人次）	比例（%）	飞机（千米）	使用率（%）	交通容量（10^6 人千米）
日本	16969	3.51	4606.01	100	156.32
韩国	16053	3.32	3407.08	100	109.38
印度尼西亚	7707	1.60	7737.71	100	119.26
马来西亚	26624	5.51	6891.22	100	366.94
新加坡	69446	14.37	6984.56	100	970.1
泰国	7293	1.51	5803.33	100	84.64
英国	5722	1.18	10624.79	100	121.6
法国	6216	1.29	10677.90	100	132.74
德国	10438	2.16	10615.14	100	221.6
俄罗斯	191960	39.73	8286.48	100	3181.34
美国	21137	4.38	12530.20	100	529.7
加拿大	7246	1.50	13072.54	100	189.44
澳大利亚	6871	1.42	11458.41	100	157.46
13 国合计	393682	81.48	—	—	6340.52
13 国人均出行距离（千米）：16105.69					
其他国家	89421	18.52	—	—	—
国外合计	483103	100	—	—	—
海外合计	81.56（万人次）				13135.80

资料来源：飞机旅程数据由国际航班信息整理

（2）海外旅游者外部交通碳足迹

海外旅游者因为旅游距离较远，乘坐的交通工具主要为飞机，因此旅游碳足迹的强度较高。分析显示，2012 年海南省海外旅游者数量为 81.56 万人次，海外旅游者外部交通产生的碳足迹总量为 2108.30×10^6 千克，年人均碳足迹为每人 2584.97 千克（表 3-13）。

表 3-13　海南 2012 年海外旅游者外部交通碳足迹

交通模式	二氧化碳排放因子β_m（千克/人千米）	等价因子ε_m	交通容量（10^6 人千米）	总人数（万人次）	碳足迹总量（10^6 千克）
航空（海外）	0.15	1.07	13135.80	81.56	2108.30
人均碳足迹（千克/人）：2584.97					
人均出行距离（千米）: 16105.69					

资料来源：人均碳足迹、人均出行距离根据作者计算整理

3.2.5.4　旅游交通碳足迹汇总

根据旅游交通碳足迹模型的定义，旅游交通碳足迹等于国内旅游者交通碳足迹与海外旅游者交通碳足迹之和，也等于外部交通碳足迹与内部交通碳足迹之和。为了分析旅游交通碳足迹内部结构，分别对国内旅游市场与海外旅游市场进行计算，分析旅游交通碳足迹的组成与结构化特征。

（1）国内旅游者交通碳足迹

海南省 2012 年国内旅游者外部交通碳足迹为 16483.77×10^6 千克，占国内旅游市场碳足迹总量的 98.84%。外部交通碳足迹是最为重要的交通碳排放来源，也是将来旅游交通节能减排的重点领域。国内旅游者在海南省内部的旅行过程中，主要的旅游碳足迹来自出租车、自驾车等环节，其中自驾车的人均碳足迹最高，为人均 10.87 千克。总体数量上看，海南省 2012 年国内旅游者碳足迹总量为 16677.99×10^6 千克，人均旅游碳足迹为每人 514.94 千克（表 3-14）。

表 3-14　海南省 2012 年国内旅游者交通碳足迹

交通模式		碳足迹强度（千克/人千米）	等价因子 ε_m	国内旅游者			
				人数（万人次）	平均旅行距离（千米）	平均碳足迹（千克/人）	碳足迹（10^6 千克）
外部交通	飞机	0.15	1.07	2285.13	4150.18	666.10	15222.33
	火车	0.025	1.05	904.44	5313.23	139.47	1261.44
	小计	—	—	3238.8	—	508.95	16483.77
	比例	98.84%					
内部交通	城市公交	0.075	1.05	1133.58	72	5.67	64.27
	步行/自行车	0	1.05	64.78	18	0	0
	出租车	0.153	1.05	1748.95	36	5.78	101.09
	自驾车	0.115	1.05	226.72	90	10.87	24.64
	其他	00.115	1.05	64.78	54	6.52	4.22
	小计	—	—	3238.8	77.58	6.00	194.22
	比例	1.16%					
合计		—	—	3238.8	—	—	16677.99
人均碳足迹（千克/人）：514.94							

资料来源：作者计算整理

（2）海外旅游者交通碳足迹

海南省 2012 年海外旅游者交通碳足迹总量为 2113.25×10^6 千克，其中外部交通碳足迹为 2108.30×10^6 千克，占整个海外旅游者外部交通碳足迹总量的 99.77%，旅游者基于目的地的内部交通碳足迹总量为 4.95×10^6 千克，所占比例为 0.23%，外部交通是海外旅游者交通碳足迹的最主要产生来源。

另外，海南省 2012 年海外旅游者交通碳足迹人均值为 2591.04 千克，高于同期国内旅游者交通碳足迹的平均值，反映了海外旅游市场对于二氧化碳的排放影响更加显著，这与目前相关研究成果的结论是相符合的（表 3-15）。

表 3–15 海南省 2012 年海外旅游者交通碳足迹

<table>
<tr><th colspan="2" rowspan="2">交通模式</th><th rowspan="2">碳足迹强度（千克/人千米）</th><th rowspan="2">等价因子 ε_m</th><th colspan="4">海外旅游者</th></tr>
<tr><th>人数（万人次）</th><th>平均旅行距离（千米）</th><th>平均碳足迹（千克/人）</th><th>碳足迹（10^6千克）</th></tr>
<tr><td rowspan="4">外部交通</td><td>飞机</td><td>0.15</td><td>1.07</td><td>81.56</td><td>16105.69</td><td>2584.97</td><td>2108.30</td></tr>
<tr><td>火车</td><td>0.025</td><td>1.05</td><td>—</td><td>—</td><td>—</td><td>—</td></tr>
<tr><td>小计</td><td>—</td><td>—</td><td>81.56</td><td>16105.69</td><td>2584.97</td><td>2108.30</td></tr>
<tr><td>比例</td><td colspan="6">99.77%</td></tr>
<tr><td rowspan="7">内部交通</td><td>城市公交</td><td>0.075</td><td>1.05</td><td>28.55</td><td>72</td><td>5.67</td><td>1.62</td></tr>
<tr><td>步行/自行车</td><td>0</td><td>1.05</td><td>5.63</td><td>18</td><td>0</td><td>0</td></tr>
<tr><td>出租车</td><td>0.153</td><td>1.05</td><td>40.04</td><td>36</td><td>5.78</td><td>2.6</td></tr>
<tr><td>自驾车</td><td>0.115</td><td>1.05</td><td>5.71</td><td>90</td><td>10.87</td><td>0.62</td></tr>
<tr><td>其他</td><td>00.115</td><td>1.05</td><td>1.63</td><td>54</td><td>6.52</td><td>0.11</td></tr>
<tr><td>小计</td><td>—</td><td>—</td><td>81.56</td><td>77.58</td><td>6.00</td><td>4.95</td></tr>
<tr><td>比例</td><td colspan="6">0.23%</td></tr>
<tr><td colspan="2">合计（10^6kg）</td><td>—</td><td>—</td><td>—</td><td>—</td><td>—</td><td>2113.25</td></tr>
<tr><td colspan="8">人均碳足迹（千克/人）：2591.04</td></tr>
</table>

资料来源：作者计算整理

（3）旅游交通碳足迹汇总

旅游交通碳足迹包含国内旅游者交通碳足迹和海外旅游者交通碳足迹。2012 年海南省旅游交通碳足迹总量为 18791.24×10^6 千克，其中国内旅游者交通碳足迹总量为 16677.99×10^6 千克，海外旅游者碳足迹总量为 2113.25×10^6 千克。很明显，国内旅游者碳足迹总量远大于海外旅游者碳足迹总量，这一方面说明海南省是以国内市场为主的客源结构，另一方面也说明海南省旅游市场国际化程度有待提升。

王怀採、罗芬、钟永德（2011）认为在旅游交通碳排放构成上，呈现省域和国家层面以航空碳排放为主，市域层面则以汽车为主的特征。海南省的交通结构基本符合这个规律。从旅游交通方式看，飞机是最主要的外部交通方式，乘坐飞机产生的碳足迹所占比例达到93.22%，火车等交通方式产生的碳足迹比例仅为6.78%；而内部交通方式中，出租车、自驾车、公交系统是旅游者在海南省内部出行的主要交通工具，也是内部交通碳排放主要类型，其中出租车在内部交通碳足迹排放中比重最大（52.06%），其次为城市公交（33.08%）与自驾车（12.68%）。

从外部交通碳足迹与内部交通碳足迹的对比看，外部交通是旅游交通碳足迹的主要产生原因，2012年的总量为18592.07×10^6千克，占整个交通碳足迹的98.94%，内部交通碳足迹总量为199.17×10^6千克，只占整个交通碳足迹的1.06%。

从旅游交通碳足迹的人均值看，海南省2012年旅游交通碳足迹的人均值为每人565.94千克，高于国内旅游交通碳足迹均值（每人514.94千克），而小于海外旅游交通碳足迹均值(每人2591.04千克)，但是与海外旅游交通人均值的差距较大。这一方面说明海外旅游交通碳足迹强度更大，另外也验证了海南省旅游市场是以国内市场为主的结论（表3-16）。

表 3-16 海南省 2012 年旅游交通碳足迹

交通模式		国内旅游者碳足迹（10^6千克）	海外旅游者碳足迹（10^6千克）	合计（10^6千克）	比例（%）
外部交通	飞机	15222.33	2108.30	17330.63	93.22
	火车	1261.44	—	1261.44	6.78
	小计	16483.77	2108.30	18592.07	100
比例		98.94%			
内部交通	城市公交	64.27	1.62	65.89	33.08
	步行/自行车	0	0	0	0
	出租车	101.09	2.6	103.69	52.06

续表

交通模式		国内旅游者碳足迹（10^6千克）	海外旅游者碳足迹（10^6千克）	合计（10^6千克）	比例（%）
内部交通	自驾车	24.64	0.62	25.26	12.68
	其他	4.22	0.11	4.33	2.17
	小计	194.22	4.95	199.17	100
比例	1.06%				
合计（10^6千克）		16677.99	2113.25	18791.24	—
人均碳足迹（千克/人）：565.94					

资料来源：作者计算整理

3.2.6 旅游住宿碳足迹

3.2.6.1 相关系数

旅游者在海南省旅游采用的主要住宿方式是星级酒店与社会宾馆，使用率分别为85%、8%，度假村、家庭旅馆等也有使用，使用率为4%、3%。从旅游住宿的碳排放强度看，星级酒店的碳排放系数最高，为每人每晚20.6千克，其次为家庭旅馆，碳排放系数为每人每晚15.9千克，碳排放系数较小的B&B（住宿与早餐接待）与露营住宿方式在本书中没有涉及（表-17）。

表3–17 海南省旅游住宿的碳排放系数

住宿接待设施	人均每晚的二氧化碳排放量（千克/人晚）	使用率（%）
星级酒店	20.6	85
社会宾馆	14.0	8
度假村	14.3	4
家庭旅馆	15.9	3
B&B（住宿与早餐接待）	4.14	—
露营地	1.364	—

资料来源：Nae-Wen Kuo, Pei-Hun Chen. Quantifying energy use, carbon dioxide emission, and other environmental loads from island tourism based on a life cycle assessment approach [J]. *Journal of Cleaner Production*, 2009, (17): 1324-1330; Stefan Gössling. Global Environmental Consequences Of Tourism [J]. *Global Environmental Change*, 2002, (12): 283-302.

4.2.6.2 旅游住宿碳足迹

根据旅游交通的分析可知，海南省旅游者外部交通距离较长，旅游者在停留时间上属于多天数停留类型，平均停留夜数为3.6晚，这也符合远距离旅游者的停留时间规律。其中，度假型旅游者因为偏爱海南省的气候、生态、文化等旅游资源，出于养生、休闲、放松的动机，停留时间较长，平均停留6.8晚，旅游者使用率较高的星级酒店和社会宾馆的平均停留时间为3.48晚、3.30晚。

不同的住宿方式不仅二氧化碳排放系数不同，而且因为每种类型住宿方式的旅游者停留时间差异，旅游住宿方式的单项碳足迹均值也不同，最高的是度假村，人均值为一次度假每人碳排放97.24千克，其次为星级酒店，人均值为71.69千克，家庭旅馆和社会宾馆的均值分别为每人55.65千克、46.20千克。

总体上看，海南省2012年旅游住宿部门碳足迹总量为2330.56×10^6千克，总体住宿碳足迹均值为每人70.19千克。同时，不同住宿类型在旅游住宿能源消耗中的比例不同，差异较大，最高的为星级酒店，产生的碳足迹为2023.26×10^6千克，所占比例为86.81%，度假村、社会宾馆、家庭旅馆产生的碳足迹分别为129.14×10^6千克、122.72×10^6千克、55.43×10^6千克，所占比例分别为5.54%、5.27%、2.38%（表3-18）。

表3–18 海南省2012年旅游住宿碳足迹

住宿设施	平均停留夜数	旅游者数量（万人次）	旅游者停留夜数（万人晚）	碳足迹（10^6千克）	比例（%）	单项碳足迹均值（千克/人）
星级酒店	3.48	2822.31	9821.64	2023.26	86.81	71.69
社会宾馆	3.30	265.63	876.58	122.72	5.27	46.20
度假村	6.80	132.81	903.11	129.14	5.54	97.24
家庭旅馆	3.50	99.61	348.64	55.43	2.38	55.65
合计		3320.36	11949.97	2330.56	100	—
总体平均停留夜数：3.6						
总体住宿碳足迹均值（千克/人）：70.19						

资料来源：作者计算整理

3.2.7 旅游活动碳足迹

3.2.7.1 相关系数

海南省具有丰富多彩的旅游活动可供旅游者选择，不同市场群体因为个人偏好、旅游动机与经济支付能力等原因，选择的旅游活动类型各不相同，而每一种旅游活动的碳排放系数直接影响了整个旅游活动的碳足迹的数量。因此，旅游活动碳足迹计算中需要考虑两类相关系数：一类是不同旅游活动类型的碳排放系数，这个数值借鉴 Nae-Wen Kuo（2009）、Sussane Becken（2003）等人的相关研究结论；另一类是不同旅游吸引物或者活动的参与比例，吸引力越大的旅游活动参与人数越多，旅游者参与不同旅游活动的比例在不同的景点情况不同，本书的参与者比例来自市场调查统计结论。

从旅游排放系数看，基于内燃机动力系统的旅游活动具有较大的碳排放系数，对环境的影响较大，例如游轮、游艇的碳排放系数达到每人每次 15.3 千克，高尔夫等需要复杂支持保障的旅游活动能源消耗强度也较大，为每人每次 15.3 千克。相反，基于自然的观光、休闲以及文化景观、观看演出、节庆会展等活动类型的碳排放系数较小，在节能减排的情境下，较小碳排放系数的旅游活动是积极鼓励开发的活动类型。海南省旅游活动影响力不同，部分旅游会议展览具有国际影响力，例如博鳌亚洲论坛、博鳌国际旅游论坛等已经成为海南的国际会议品牌；有的文化节庆活动具有全国性影响力，例如海南省举办的中国海南岛欢乐节、围绕海南省非物质文化遗产开发的传统文化节庆等。

海南省具有独特的气候和自然环境，因此基于海南省阳光、沙滩、海水开展的旅游活动更受游客市场欢迎，自然观光（65%）、潜水/游泳（37%）、主题公园（36%）、冲浪/沙滩（29%）、植物园（18%）、观看演出（16%）、文化景观（15%）、温泉/休闲度假（13%）等是排在前列的旅游活动类型（表 3-19）。

表 3-19 海南省旅游活动碳排放相关系数

大类	子项	参与者占总人数比例（%）	碳排放系数（千克/人次）
吸引物	植物园	18	0.417
	主题公园	36	0.417
	自然观光	65	0.417
	文化景观	15	0.172
娱乐	观看演出	16	0.172
	节庆会展	9	0.172
活动	垂钓	8	1.67
	潜水/游泳	37	2.24
	冲浪/沙滩	29	2.24
	温泉/休闲度假	13	2.24
	高尔夫	4	15.3
	游轮/游艇	2	15.3

资料来源：Nae-Wen Kuo, Pei-Hun Chen. Quantifying energy use, carbon dioxide emission, and other environmental loads from island tourism based on a life cycle assessment approach [J]. *Journal of Cleaner Production*, 2009, (17): 1324-1330; Sussane Becken, David G. Simmons, Chris Frampton. Energy use with different travel choices [J]. *Tourism Management*, 2003, (24): 267-277.
注释：参与者比例为市场调查数据

3.2.7.2 旅游活动碳足迹

总体来看，海南省基于自然环境的旅游观光、主题公园参观、垂钓、潜水、游泳、沙滩嬉戏等活动是旅游活动类型的主体，高排放高耗能的高尔夫、摩托艇、游轮、游艇等项目的比例不高。因此，海南省旅游活动人均碳足迹总体较低，为每人 5.66 千克，远小于旅游住宿和旅游交通的人均碳足迹值，说明旅游活动对碳足迹的“贡献”不大，不是最为重要的碳排放来源。由于旅游者人均参与活动的频次不等，最终的旅游者参与旅游活动总频次大于旅游者总体数量，分析显示海南省旅游者的旅游活动平均参与频次为人均 3.71 次。

从旅游碳足迹的部门分布对比看，2012 年海南省旅游活动碳足迹总和为 187.8×10^6 千克，小于同期旅游者交通碳足迹与旅游住宿碳足迹总量；旅游者人均总体碳足迹为每人 5.66 千克，也远小于旅游交通和旅游住宿产生碳足迹的人均值。这反映了海南省旅游活动以节能型的观光旅游项目为主的特色。

从旅游活动类型能源消耗总量看，高尔夫、游艇/游船尽管参与人数不多，但是因为能源消耗系数大、碳足迹强度高，旅游过程中产生的碳足迹较大，分别为 50.80×10^6 千克、18.29×10^6 千克，所占比例分别为 27.05%、9.74%，而滨海型游憩项目潜水/游泳和冲浪/沙滩，因为在全国具有很强的稀缺性，旅游参与人次较多，碳足迹总量也比较靠前，两者碳足迹总量分别为 38.53×10^6 千克、25.88×10^6 千克，所占比例分别为 20.52%、13.78%。这既反映了海南省旅游产品和项目的开发现状，也预示了海南省最具市场潜力的旅游活动开发方向和趋势（表 3-20）。

表 3-20　海南省 2012 年旅游活动碳足迹

大类	子项	平均参与频次	参与者人数（万人次）	参与者总频次（万人频次）	碳足迹（10^6 千克）	比例（%）	单项均值（千克/人）
吸引物	植物园	1.5	597.66	896.49	3.74	1.99	0.6255
	主题公园	1.4	1195.33	1673.46	6.98	3.72	0.5838
	自然观光	1.3	2158.23	2805.70	11.7	6.23	0.5421
	文化景观	2.1	498.05	1045.91	1.8	0.96	0.3612
娱乐	观看演出	1.4	531.26	743.76	1.28	0.68	0.2408
	节庆会展	1.2	298.83	358.60	0.62	0.33	0.2064
活动	垂钓	3.3	265.63	876.58	14.64	7.80	5.511
	潜水/游泳	1.4	1228.53	1719.94	38.53	20.52	3.136
	冲浪/沙滩	1.2	962.9	1155.48	25.88	13.78	2.688
	温泉/休闲度假	1.4	431.65	604.31	13.54	7.21	3.136
	高尔夫	2.5	132.81	332.03	50.8	27.05	38.25
	游轮/游艇	1.8	66.41	119.54	18.29	9.74	27.54
合计	—	—	—	12331.80	187.8	100	—
旅游活动平均参与频次：3.71							
总体碳足迹均值（千克/人）：5.66							

注释：旅游活动平均参与频次为市场调查数据

3.3　旅游碳足迹特征分析

旅游碳足迹由旅游交通碳足迹、旅游住宿碳足迹、旅游活动碳足迹等组成，旅游目的地因为自身的属性不同，碳足迹的排放强度系数也不尽相同。根据旅游碳足迹模型可知，影响区域旅游目的地碳足迹总量与强度大小的变量主要有旅游者数量、旅游者平均出行距离、旅游者平均停留时间、旅游者选择的交通模式、旅游者选择的住宿方式、旅游者参与活动的频率等几个方面，这些影响因子直接决定了旅游过程碳足迹大小与强度。

正是因为旅游碳足迹影响因素的多样性，决定了旅游目的地的人均碳排放数量存在一定的差异，体现在旅游碳足迹的结构化特征上，主要有三个方面：一是旅游碳足迹的总体人均值的差异，二是旅游部门之间比例结构的差异，三是旅游碳足迹区域空间分布的差异。

3.3.1　旅游碳足迹总体人均数量

旅游过程碳足迹总量和年人均值最能反映旅游环境影响大小和强度。将旅游交通碳足迹、旅游住宿碳足迹、旅游活动碳足迹的数值汇总，即可以得到旅游碳足迹的总量。分析结果显示，海南省 2012 年旅游总体碳足迹为 21209.6×10^6 千克，年人均碳足迹为 638.77 千克。其中，旅游交通碳足迹碳总量为 18791.24×10^6 千克，旅游交通年人均碳足迹为每人 565.94 千克；旅游住宿碳足迹总量为 2230.56×10^6 千克，年人均值为每人 70.19 千克；旅游活动产生的碳足迹为 187.8×10^6 千克，年人均值为 5.66 千克。从旅游碳足迹的人均数值看，旅游交通部门的年人均值最大，远超过旅游住宿和旅游活动部门的碳足迹年人均值，说明旅游交通对碳足迹的“贡献”最大（表 3-21）。

表 3-21 海南省 2012 年旅游碳足迹总体特征

项目	旅游交通	旅游住宿	旅游活动
碳足迹数量（10^6 千克）	18791.24	2230.56	187.8
比例（%）	88.60	10.52	0.88
单项均值（千克/人）	565.94	70.19	5.66
碳足迹总量（10^6 千克）	21209.6		
年度总体人均值（千克/人）	638.77		

资料来源：作者计算整理

3.3.2 旅游碳足迹部门结构分析

从旅游碳足迹的部门结构看，2012 年海南省旅游碳足迹中旅游交通所占比例最高，为 88.6%，其次为旅游住宿碳足迹，为 10.52%，旅游活动碳足迹所占比例较低，为 0.88%。与美国落基山国家山地公园相比，剔除时间因素的影响，海南省旅游交通、旅游住宿产生的二氧化碳排放比例均较高，落基山国家山地公园旅游交通、旅游住宿碳足迹所占比例分别为 83.74%和 9.55%，而海南省的旅游活动碳足迹所占比例较小（表 3-22）。

表 3-22 海南省 2012 年旅游碳足迹分布比例结构

项目	旅游交通	旅游住宿	旅游活动
海南碳足迹数量（10^6 千克）	18791.24	2230.56	187.8
比例（%）	88.60	10．52	0.88
落基山国家山地公园（10^6 千克）	950.111	108.355	76.179
比例（%）	83.74	9.55	6.71

资料来源：Stefan Gössling, Paul Peeters, Jean-Paul Ceron, Ghislain Dubois, Trista Patterson, Robert B. Richardson. The eco-efficiency of tourism [J]. *Ecological Economics*, 2005, (54): 417-434.

海南省旅游市场属于典型的长距离为主型客源空间结构，客源市场距离目的地的距离较远，旅游者的平均出行距离较大，使得旅游外部交通产生的碳排放数量较大，拉高了整个旅游市场平均碳足迹的值。根据海南省旅游市场特征分析可知，国内的长三角地区、珠三角地区、环渤海地区是最为重要的客源地，这类旅游市场与海外旅游市场一起，在推动海南省旅游经济发展的同时，也产生了一定数量的二氧化碳和其他温室气体，对环境的负面影响和压力不可忽视。也即，海南省旅游碳足迹部门结构特征与市场空间结构有着严格的相关性。

3.3.3　旅游碳足迹区域对比分析

海南省是我国重要的旅游区域，国家对海南省旅游业的发展大力支持，特别是对于海南省热带农业与旅游业的融合问题高度重视。但是从旅游碳足迹的形成机制看，海南省因为其远在中国的最南端，距离国内主要客源市场较远，岛内与世界许多国家和地区的直航尚未开通，旅游者外部交通平均距离较大，推高了单位旅游者的交通碳足迹均值。

将我国的海南省与澎湖列岛的旅游碳足迹分部门比例进行对比，发现海南省旅游碳足迹中交通部门所占比例高于澎湖列岛，两者分别为88.6%和67%，但是住宿碳足迹与活动碳足迹的比例较低，海南省的住宿比例为10.52%，澎湖列岛的比例为17%，海南省旅游活动碳足迹比例为0.88%，澎湖列岛的旅游活动碳足迹比例为16%。虽然海南省和澎湖列岛都属于岛屿型旅游目的地，但是两者的市场空间结构和旅游者的消费行为等方面存在一定差异，这一方面体现了海南省以远距离游客为主的市场结构，另一方面也说明了海南省旅游者平均停留时间与参与旅游活动的频次有待提高。将海南省与落基山国家山地公园的人均碳足迹进行比较，发现海南省的旅游交通和旅游住宿碳足迹的年人均值均大于落基山国家山地公园，海南省的旅游交通和旅游住宿的碳足迹均值分别为 565.94 千克/人、70.19 千克/人，落基山国家山地公园的旅游交通与旅游住宿碳足迹均值分别为295.66千克/人、33.72千克/人，而旅游活动的人均值小于落基山国家山地公园，海南省的旅游活动均值为 5.66 千克/人，落基山国家山地公园的碳足迹均值为 23.71 千克/人（表 3-23）。

表 3–23　海南省与澎湖列岛、落基山国家山地公园旅游碳足迹比较

旅游碳足迹分部门比例比较	2012 年海南省	2008 年澎湖列岛
旅游交通碳足迹比例（%）	88.60	67
旅游住宿碳足迹比例（%）	10.52	17
旅游活动碳足迹比例（%）	0.88	16
旅游碳足迹均值区域比较	2012 年海南省	2005 年落基山国家山地公园
旅游交通碳足迹均值（千克/人）	565.94	295.66
旅游住宿碳足迹均值（千克/人）	70.19	33.72
旅游活动碳足迹均值（千克/人）	5.66	23.71

资料来源：Nae-Wen Kuo, Pei-Hun Chen. Quantifying energy use, carbon dioxide emission, and other environmental loads from island tourism based on a life cycle assessment approach [J]. *Journal of Cleaner Production*, 2009, (17): 1324-1330; Stefan Gössling, Paul Peeters, Jean-Paul Ceron, Ghislain Dubois, Trista Patterson, Robert B. Richardson. The eco-efficiency of tourism [J]. *Ecological Economics*, 2005, (54): 417-434.

3.4　本章小结

旅游业和气候变化紧密相连，因为旅游过程涉及人们从自己家到目的地的空间移动、提供食宿接待和旅游地提供的服务。这些商业周期活动许多方面都与较大的“碳足迹”相伴随。而且随着越来越多的钱和时间投入到休闲产业，旅游业在全球温室气体排放中扮演了越来越重要的角色，旅游部门直接排放的二氧化碳占全球排放总量的 5%左右。

低碳旅游的本质在于减少旅游过程的温室气体排放量，以及降低旅游业碳排放强度，因此旅游碳排放问题一直是低碳旅游研究的核心。区域旅游开发低碳化路径是旅游可持续发展的前提条件，碳足迹模型作为旅游环境影响的一个重要研究工具，为旅游生态效率模型的构建和计算打下了基础。

本章首先以旅游碳排放强度概念为中心，构建了适合区域旅游碳排放研究的碳足迹模型，以旅游生命周期评价（LCA）理论为依据，将旅游碳足迹分解为旅游交通碳足迹、旅游住宿碳足迹、旅游活动碳足迹三个组成部分。并且在借鉴国内外相关研究成果的基础上，结合市场问卷数据的分析结论，确定了旅游碳足迹模型中相关变量的系数。特别是，本书在旅游模型的变量设计中，充分考虑到旅游者选择决策对最终结果的影响，引入旅游交通方式使用率、旅游住宿设施使用率、旅游活动平均参与频次等概念，通过旅游者访谈获得相应的统计资料，其分析结果更加贴近旅游市场运行实际。

以海南省 2012 年的旅游运行为例，利用旅游碳足迹模型，定量化计算了海南省 2012 年旅游各部门碳足迹的数量及其特征，研究发现：

（1）海南省是以国内旅游者为主的市场结构，而且国内市场覆盖全国。海南省海外旅游者平均出行距离达到 16105.69 千米，国内旅游者与乘坐飞机和火车的平均出行距离分别达到 4150.18 千米和 5313.23 千米，属于典型的远距离客源市场空间结构。

（2）海南省 2012 年旅游总体碳足迹为 21209.6×10^{6} 千克，其中旅游交通部门所占比例最大，为 88.6%，旅游住宿与旅游活动所占比例相对较小，分别为 10.52%和 0.88%。

（3）从旅游交通碳足迹内部组成看，外部交通碳足迹占总量的 98.94%，外部交通的环境影响远大于内部交通。显然，海南省因为旅游者平均出行距离较大，旅游者外部交通碳足迹对环境影响最大，是旅游管理需要重点关注的内容。

（4）旅游内部交通的不同模式中，自驾车和出租车人均碳足迹较大。旅游目的地内部交通方式转型，重点发展旅游公共交通，减少自驾车和出租车的比例，有利于降低旅游交通碳足迹。

（5）海南省与澎湖列岛相比，旅游交通碳足迹所占比例较高，但是旅游住宿与旅游活动碳足迹所占比例较低，这与两个目的地的市场空间结构特征紧密相关，海南省的旅游者较大的平均出行距离导致了旅游交通碳足迹的较高比例。海南省与落基山国家山地公园相比较，旅游交通与旅游住宿碳足迹均值都较大，而旅游活动碳足迹的均值则较小。

3.5 启示

低碳发展是一种顺应可持续发展理念和控制温室气体排放要求的社会发展模式。海南将发展低碳经济作为建设国际旅游岛最重要的核心内容，二者相辅相成、互为促进。低碳旅游是实现海南可持续发展的必然选择，有助于保护生态环境，转变经济发展方式，提高应对气候变化的能力。

作为旅游碳排放最大来源，交通部门是海南发展低碳旅游的关键环节，其中又以国内旅游者的入岛航空交通最为突出。航空运输一直以来是海岛旅游目的地十分重要的交通方式，但考虑到国内旅游者入岛航空的突出比例以及海南特殊的地理位置，改善入岛陆地交通条件、引导游客选择公共交通进入成为降低海南旅游碳排放的重点。目前，我国正拟投资超过 1400 亿元建设琼州海峡跨海大桥，该桥为上下两层的公路、铁路两用桥，届时驾车跨越琼州海峡只需 20 分钟，列车通行更是压缩在 10 分钟以内。跨海大桥建成后，环北部湾地区的中心城市将通过高速公路网连接，形成 6 小时陆路交通经济圈，大大提升海南岛的区位优势。该跨海大桥工程的建设无疑将有效改善国内客源城市与海南岛的陆地交通通达性，相较于目前长达 3 小时的铁路轮渡，大大节省交通耗时。再辅以相关站点间的快捷交通联接，预计可有效吸引南方多省市乃至全国各地旅游者转向选择碳排放因子较低的陆地公共交通方式。岛内交通方面，为有效减少出租车、自驾车等碳足迹较大的交通工具使用率，海南政府部门应当有效统筹省内旅游交通，以高铁连接主要旅游城市，以旅游专线巴士串联城市内部主要游客集中站点与核心旅游景区，为不断增长的自助旅游者提供便捷高效的旅游公共交通网，同时联合部分景区、酒店、饭店等接待单位，采用政府补贴的形式为选择公共交通出行的游客提供一定的优惠，鼓励越来越多的旅游者选择同样舒适方便的公共交通工具，减少不必要的出租车、自驾车出行。

相比之下，海南旅游住宿和活动碳排放较小，分别占碳足迹总量的 10.52%、0.88%，但它们对气候、环境的影响也不容忽视。作为国家（省级）旅游局评定的规范化住宿设施，星级酒店是海南使用率最高、碳排放量最大的住宿类型。旅游住宿的低碳发展应重点把握星级酒店，兼顾其他接待设施，由政府引导甚至扶持开展节能节水设施改造，利用先进技术、清洁能源减少资源消耗，在满足绿色环保的同时增加长期收益。另外，通过低碳奖励措施、节能标识、人性化设计等多种方式引导旅游者入住行为，也是降低住宿碳足迹的重要内容。目前，海南旅游活动仍以节能型的观光项目为主，但随着旅游需求的不断发展、游客消费层次的提高，旅途中的参与性活动会更加受欢迎，活动碳足迹将呈现较大的增长态势。因此，对各项旅游活动，尤其是碳排放因子较高的水上运动项目的规范显得十分重要，专业、安全、布局合理的活动项目才能在满足游客需求、提供高质活动体验的前提下，有效避免低水平重复设置导致的较高环境负荷。

作为海南最有特色、潜力和竞争力的现代服务业，旅游业应把握机遇，积极寻求生态环境保护与经济产值增长的双赢局面，从而更好地发挥旅游业“资源节约、环境友好”优势，推动开放、绿色、文明、和谐的海南国际旅游岛建设。

世界旅游组织（WTO）指出，旅游业担负全球温室气体排放 5% 的责任，部分地区旅游经济增长付出了巨大的环境代价，旅游碳排放总量长期处于高位水平。碳足迹是测量相关活动温室气体排放量的一种行之有效的办法，本研究基于旅游者消费决策选择的理论，采用生命周期评价的方法，将旅游产品消费的过程看成一个整体，以旅游碳足迹系数为基础，构建了旅游碳足迹测量模型。

《国务院关于加快发展旅游业的意见》将我国旅游业定位为战略性支柱产业和人民群众满意的现代服务业，认为旅游业具有资源消耗低，带动系数大，就业机会多，综合效益好的特点。碳足迹测量是低碳旅游的第一步，有助于各级政府部门制定针对性的低碳旅游发展政策，旅游接待企业选择与自身定位和实力相符的低碳措施，旅游者提高碳排放认知并依据实际情况调整个人旅游行为。旅游碳足迹模型可有效量化旅游业“碳耗用量”大小，特别是化石能源消耗产生的二氧化碳等温室气体数量，其全面性、科学性、易操作性使得衡量全国、各区域、不同景点等各个层级的旅游碳排放量成为可能。该模型涵盖旅游行为的主要内容，可全面描述旅游内外部出行分别的交通工具使用、出行距离、交通周转量等情况及对应的碳排放总量与人均碳足迹，目的地主要住宿类型及其使用率，过夜旅游者停留时间分布及相应的碳排放总量与人均碳足迹，不同碳排放水平的各项旅游活动参与频次及其排放总量与人均值。这些信息不仅是对目的地旅游行为规律的综合调查，更为重要的是将碳排放指标予以融入而形成对其碳足迹的全面分析。

旅游碳足迹模型是科学测量目的地旅游活动碳排放的有效工具，能合理描述碳足迹现状，为低碳旅游转型提供切实有效的翔实指导，应在广大旅游目的地进行推广，纳入我国温室气体排放统计、监测、考核体系，确保低碳旅游在全国范围内积极、健康、有序地逐步发展。

第四章　旅游能源消耗模型及实证研究

在全球化视野下，能源问题已经成为国际政治、经济、环境保护等诸多领域的中心议题，甚至成为国际政治的重心。自从《旅游与旅行业 21 世纪议程》出版之后，能源消耗就成为旅游研究关注的前沿（WTTC/WTO/Earth Council，1995）[①]。2002 年在南非约翰内斯堡举行的可持续发展世界峰会（World Summit on Sustainable Development），也将旅游认定为一个重要的能源消耗部门，呼吁出台旅游节约能源方面一致性的政策（UN，2002）[②]。作为响应，联合国环境规划署（United Nations Environmental Programme，UNEP）[③] 2003 年制定了专门的旅游产业能源战略，以期提高旅游产业能源利用效率，减少旅游过程中旅游消费的负面影响，提高旅游消费环节的能源利用效率，推行低碳旅游战略，促进旅游经济的可持续发展。旅游消耗能源研究集中在能耗总量和不同能源资源的效率问题，研究的尺度范围有全球范围、国家范围和目的地范围等（Gössling et al, 2002）。Becken 和 Simmons（2002）在研究新西兰不同旅游吸引物和活动中，认为旅游娱乐、旅游吸引物是最主要的能源消耗部门，但是从人均能源消耗看，旅游吸引物小于旅游活动。停留时间是影响能源消耗总量的主要因子。而且，随着住宿人数的增加，能源利用效率也相应增加。从资源管理的角度看，分析旅游住宿部门能源

---

① World Travel & Tourism Council (WTTC), World Tourism Organization (WTO), Earth Council. Agenda 21 for the travel and tourism industry: Towards environmentally sustainable development. London: WTTC/WTO/Earth Council, 1995.

② United Nations (UN). Report of the world summit on sustainable development. Johannesburg, South Africa, 26 August-4 September 2002. New York: United Nations, 2002.

③ United Nations Environmental Programme (UNEP). Switch on: Renewable energy opportunities in the tourism industry. Paris: UNEP, 2003.

消耗模式对于制定未来的能源政策很重要，因为此类政策旨在降低对传统能源的依存度，利用清洁能源以及采用能源效率提升技术。

旅游碳足迹与旅游能源消耗是一个问题的两个方面，在工业化国家，能源消费碳排放占其碳排放总量的 90%以上。旅游碳足迹的产生本质上是因为旅游过程中化石能源的利用与消耗，两者可以相互转化，例如 Gössling（2002）将长时间逗留的国际旅游者能源消耗的平均取值确定为每个旅游者 250 兆焦，约相当于 40 千克碳排放量。

与旅游消费的碳足迹核算方法相对应，旅游过程能源消耗主要也分为三部分：旅游交通能源消耗、旅游住宿能源消耗、旅游活动能源消耗。旅游消费各部分的能源消耗总和即为旅游能源消耗量。旅游碳足迹和旅游能源消耗有着密不可分的关系，但是其关联程度也有强弱之别，有的能源消耗直接产生旅游碳足迹，有的能源消耗间接产生碳足迹，旅游设施采用可再生能源则减少产生碳足迹，不同能源利用形式产生的碳足迹大小和强度也不一样，旅游过程的能源利用结构直接决定了旅游能源消耗与旅游碳足迹之间的转化对应关系。

定量化计算旅游能源消耗是旅游节能减排的前提。因此，建立旅游能源消耗模型，深入分析旅游能源强度的影响因素及其运行机理，有针对性地降低单位经济产出的旅游能源消耗数量，对于科学有效实施“旅游节能减排战略”起到至关重要的作用。

4.1 旅游过程的能源消耗模型

旅游能源消耗模型的构建与旅游碳排放具有紧密的相关性。依据生命周期评价（LCA）的方法，旅游消费过程产生的能源消耗分成三部分，分别是旅游交通能源消耗、旅游住宿能源消耗、旅游活动能源消耗，三个部门能源消耗的汇总即为旅游能源消耗的总和。按照低碳旅游模式的要求，本书重点以海南国际旅游岛为案例地，对区域旅游能源消耗进行实证研究，归纳总结旅游能源消耗节约化的路径与机制。

4.1.1　旅游交通能源消耗模型

4.1.1.1　旅游环境载荷计算模型

旅游交通、旅游住宿、旅游活动等之所以造成环境影响，归根结底是因为旅游过程需要消耗自然资源与能源。因此，旅游过程的能源消耗可以归结为旅游环境载荷的问题，也就是旅游业给环境造成了一定的压力和负载，只有当这个负载处于可以承受的范围内，旅游环境影响才是良性的，不至于造成生态环境系统不可逆转的破坏。

广义的旅游环境载荷包含旅游碳排放和能源影响等多方面的内涵，运用以下方程计算每个旅游者每天或者每个旅游者每次旅行的一般性环境载荷：

$$S_i = \sum (C_i \times T_j \times P_j)$$

式中，

S_i：i 指标的环境载荷量；

C_i：i 指标的人均数量；

T_j：j 类旅游者停留时长或者频率；

P_j：j 类旅游者数量。

本书在引进和构建旅游能源消耗模型时，也将旅游业能源消耗强度作为核心变量，围绕不同的旅游能源消耗强度系数，完善旅游交通、旅游住宿、旅游活动的能源消耗模型计算。

4.1.1.2　旅游交通能源消耗模型

按照旅游交通能源强度系数的定义，旅游交通能源消耗模型如下：

$$TEU_t = \sum_n (\alpha_n \times \varepsilon_n \times V_n)$$

式中，

TEU_t：旅游交通能源消耗总量，单位为兆焦；

α_n：n 种交通方式下的能源强度，单位是 MJ/vkm 或者 MJ/pkm；

ε_n： n 种交通方式的平均载荷系数，单位是人次，α_n 采用 MJ/vkm 的单位时使用本指标；

V_n：n 种交通方式的旅游交通容量，单位是人千米（pkm）或者单位交通工具乘以千米（vkm）。

4.1.2 旅游住宿能源消耗模型

旅游住宿是旅游消费的重要部门，旅游住宿消耗的能源在整个旅游能源消耗总量中比例较高。将每个床位每晚能源消耗的指标值作为旅游住宿能源消耗的基本单位，通过估算选择不同住宿方式旅游者数量，按照旅游住宿能源消耗模型，计算出旅游目的地特定时间段之内的能源消耗、能源消耗结构、能源消耗差异、能源消耗差异的影响因素及其形成机制，提出相应的节能措施和战略，提高旅游住宿的能源利用效率。

案例地海南国际旅游岛主要的住宿类型有星级酒店、社会宾馆、度假村、家庭旅馆等，不同类型的能源消耗系数不同。

旅游住宿能源消耗模型是计算旅游住宿能源消耗具体数值的基础，国内外对此问题研究比较深入，例如 Stefan Gössling 等（2005）在研究旅游生态效率的过程中，认为旅游住宿业的能源消耗差距很大，既与能源强度系数有关，也与能源消耗数量、旅游住宿设施的节能情况和旅游者态度有关。

本书按照旅游住宿能源消耗的形成机理，结合相关研究成果，以旅游能源消耗系数为核心，提出旅游住宿能源消耗的计算模型如下：

$$TEU_h = \sum_j H_j \times N_j \times K_j \times P_j$$

式中，

TEU_h：旅游住宿能源消耗值，单位是兆焦；

H_j：j 类旅游住宿方式人均每住一晚的能源消耗值，单位是兆焦/人晚；

N_j：旅游者总数；

K_j：旅游者平均逗留天数；

P_j：j 类旅游住宿设施利用率，等于选择该住宿类型旅游者数量与旅游者总数之比。

4.1.3 旅游活动能源消耗模型

不同类型旅游吸引物与旅游活动能源的消耗情况各不相同，体现在旅游活动的能源消耗系数差异上。人均旅游者能源消耗量与很多因素有关，包括游客数量、管理方式、技术设备等。旅游吸引物与旅游活动构成了旅游目的地的核心竞争力，丰富的旅游活动是目的地最大的资源，例如新西兰的旅游产品类型就分为吸引物、娱乐、活动等，旅游项目既有静态参观类，也有动态参与类，极大地丰富了当地旅游产品结构体系（表 4-1）。

表 4–1 新西兰旅游吸引物主要旅游活动类型

一般类型	子类	活动内容与设施类型
吸引物	建筑	美术展览馆、历史建筑、博物馆、游客中心
	公园	水族馆、植物公园、野生动物公园、动物园
	娱乐	体验中心、敞篷车骑行、综合运动、主题公园
	产业	啤酒厂、农场观光、酒庄散步和美酒品尝
	自然吸引物	地热吸引物（热水池）、发光蠕虫洞穴
娱乐	表演	观看电影、直播剧院、音乐会、文化表演
	其他	酒吧、夜总会、购物中心
活动	空中活动	观光飞行、空中活动（跳伞、气球、高山跳伞）、空中观鲸、直升机高山滑雪
	水上活动	潜水、冲浪、观赏海豚/鲸鱼、喷气艇、帆船、巡游艇观光、滨海垂钓
	冒险活动	冒险活动（蹦极）、漂流、山地自行车、攀岩、攀穴、乘筏、滑雪、冲浪
	自然休闲	脚踏车、高尔夫、骑马、漫步、在自然景点观赏野生动物、有指导的徒步

资料来源：Sussane Becken, David G. Simmons. Understanding energy consumption patterns of tourist attractions and activities in New Zealand [J]. *Tourism Management*, 2002, (23): 343-354.

海南国际旅游岛作为中国唯一的热带岛屿，旅游活动的类型多样，深受旅游市场欢迎。这些旅游活动主要包括三个大类，分别是旅游吸引物、旅游娱乐、旅游活动，各个大类又包含相应的子项目，具体有植物园、主题公园、自然观光、文化景观、观看演出、节庆会展、垂钓、潜水、冲浪、温泉/休闲度假、高尔夫、游轮、游艇等。不同的旅游活动吸引了不同的市场群体（表 4-2）。

表 4–2 海南省旅游吸引物与主要旅游活动类型

大类	子项	主要内容
吸引物	植物园	各类热带植物园观光、科普、考察
	主题公园	自然、地质、科考、文化等主题公园
	自然观光	独具海南省特色的自然生态环境观光
	文化景观	海南省民族文化、归侨文化、红色文化等文化体验活动
娱乐	观看演出	《印象海南岛》等文化实景演出、小剧场文化演出
	节庆会展	海南省各类主题的会展节庆、旅游宣传活动
活动	垂钓	海钓、湖钓、河钓等休闲活动或者专业垂钓比赛
	潜水/游泳	有指导的潜水、游泳等体验活动
	冲浪/沙滩	冲浪运动、沙滩游憩等
	温泉/休闲度假	温泉度假酒店开展的休闲度假活动、温泉养生保健活动
	高尔夫	高尔夫运动参与、高尔夫比赛活动参观
	游轮/游艇	游轮、游艇俱乐部活动、其他相关运动休闲活动

资料来源：作者整理

旅游活动开展过程中，必然需要消耗一定的能源，支持保障旅游娱乐活动得以进行。这里的能源消耗既有直接的能源消耗，也有间接的能源消耗，而且各项旅游娱乐活动能源消耗强度系数和参与人次不同，产生的环境影响也有大小之别。

为了定量化估算旅游目的地一定时间段内旅游者能源消耗数

量，需要构建旅游活动能源消耗模型。结合现有研究成果及其案例地实际，以旅游活动能源消耗系数概念为核心，构建旅游活动能源消耗模型如下：

$$TEU_a = \sum_i A_i \times F_i \times N_i \times P_i$$

式中，

TEU_a：旅游活动能源消耗总量，单位是 MJ；

A_i：第 i 类旅游活动能源消耗系数，表示每位旅游者参与一次旅游活动的能源消耗数量，单位是兆焦/人次；

F_i：第 i 类旅游活动旅游者平均参与频次；

N_i：旅游者总数；

P_i：参与 i 类活动的旅游者数量比例，等于参与该项活动人数与旅游者总人数之比。

4.1.4　旅游综合能源消耗模型

与旅游碳足迹综合模型相类似，本书按照旅游生命周期评价理论，将旅游能源消耗研究的焦点集中在旅游交通、旅游住宿、旅游活动三个主要部门，在分别建立旅游交通能源消耗模型、旅游住宿能源消耗模型、旅游活动能源消耗模型的基础上，得到适合区域旅游“能源消耗账单”核算的旅游综合能源消耗模型如下：

$$TEU = TEU_t + TEU_h + TEU_a$$

式中，

TEU：表示旅游能源消耗总量，单位是兆焦；

TEU_t：表示旅游交通能源消耗，单位是兆焦；

TEU_h：表示旅游住宿能源消耗，单位是兆焦；

TEU_a：表示旅游活动能源消耗，单位是兆焦。

4.2 旅游能源消耗模型的实证研究

4.2.1 旅游交通能源消耗

4.2.1.1 相关系数

旅游交通能源消耗与交通工具性能、旅行距离、承载量、道路通行状况等因素相关。旅游交通能源消耗模型的核心概念在于交通能源系数，也就是某种交通模式下每人旅行单位距离的能源消耗值。与旅游交通碳足迹计算模型类似，本章在计算旅游交通能源消耗时借鉴现有研究成果中的能源消耗系数。

从不同交通模式能源消耗系数的差异看，乘坐飞机旅行的能源强度最大，能源消耗系数为 2.0 兆焦/人千米，其次为出租车和自驾车，能源消耗系数为 1.06 兆焦/人千米，火车能源消耗系数为 0.9 兆焦/人千米，城市公交为 0.75 兆焦/人千米（表 4-3）。

表 4–3 旅游交通的能量消耗系数

交通模式	能源消耗系数（兆焦/人千米）
飞机	2.0
火车	0.9
城市公交系统	0.75
步行/自行车	0
出租车	1.06
自驾车	1.06
其他	1.2

资料来源：Nae-Wen Kuo, Pei-Hun Chen. Quantifying energy use, carbon dioxide emission, and other environmental loads from island tourism based on a life cycle assessment approach [J]. *Journal of Cleaner Production*, 2009, (17): 1324-1330; Stefan Gössling. Global Environmental Consequences Of Tourism [J]. *Global Environmental Change*, 2002, (12): 283-302; Sussane Becken, David G. Simmons, Chris Frampton. Energy use with different travel choices [J]. *Tourism Management*, 2003, (24): 267-277.

很明显，除了徒步与自行车，旅游公交是最为节能的旅游交通方式，乘坐飞机出行是能源消耗最大的旅游交通形式。因此，从旅游节能的角度看，外部交通方式中乘坐飞机的比例越低，旅游能源消耗的总量和均值越小；旅游内部交通中，旅游公共交通越发达，旅游者交通能源消耗总量与均值也越低。因此，积极开拓近中程旅游市场，降低旅游者平均出行距离，大力发展公共旅游交通，优化旅游交通结构，对于旅游交通节能是最为主要的对策。

4.2.1.2 旅游交通能源消耗

（1）国内旅游者交通能源消耗

国内旅游者占海南省旅游市场的绝大部分份额，国内旅游者旅游交通能源消耗是整个旅游交通能源消耗中的重要组成部分。不同交通方式的能源消耗强度不同，影响旅游交通能源消耗的主要因素有平均出行距离、旅游者数量、交通方式选择等，采用能源消耗系数低的旅游交通方式、优化旅游出行交通结构是旅游能源消耗节约化的重要途径。

分析显示，2012 年海南省国内交通过程能源消耗的总量为 234461.30×10^6 兆焦，其中旅游者外部交通能源消耗数量最大，乘坐飞机旅行产生的能源消耗为 189674.02×10^6 兆焦，乘坐火车产生的能源消耗为 43249.48×10^6 兆焦。海南省 2012 年国内旅游者人均能源消耗为 7239.14 兆焦，乘坐飞机的平均能源消耗也是最大，达到每人 8300.36 兆焦，火车为 4781.91 兆焦（表 4-4）。

表 4–4 海南省 2012 年国内旅游者交通能源消耗

交通模式	能源消耗系数（兆焦/人千米）	人数（万人次）	平均旅行距离（千米）	能源消耗（10^6 兆焦）	平均能源使用（兆焦/人）
飞机	2.0	2285.13	4150.18	189674.02	8300.36
火车	0.9	904.44	5313.23	43249.48	4781.91
公交巴士	0.75	1133.58	72	612.13	54
步行/自行车	0	64.78	18	0	0
出租车	1.06	1748.95	36	667.40	38.16
自驾车	1.06	226.72	90	216.29	95.4
其他	1.2	64.78	54	41.98	64.8
合计	—	—	—	234461.30	—
人均能源消耗（兆焦/人）：7239.14					

资料来源：作者计算整理

（2）海外旅游者交通能源消耗

海南省 2012 年海外旅游者交通能源消耗总值为 26308.81×10^{6} 兆焦，人均旅游者交通能源消耗为每人 32257.00 兆焦，远大于国内游客旅游交通能源消耗均值，说明海外旅游市场比国内旅游市场的交通能源消耗强度大。从交通方式看，因为海南省海外旅游市场主要的入境交通方式为飞机，乘坐飞机也是平均能源消耗最大的旅游交通形式，提高了海外旅游者平均能源消耗值（表 4-5）。

表 4–5　海南省 2012 年海外旅游者交通能源消耗

交通模式	能源强度（兆焦/人千米）	人数（万人次）	平均旅行距离（千米）	能源消耗（10^{6} 兆焦）	平均能源使用（兆焦/人）
飞机	2.0	81.56	16105.69	26271.60	32211.38
火车	0.9	—	—	—	—
公交巴士	0.75	28.55	72	15.42	54
步行/自行车	0	5.63	18	0	0
出租车	1.06	40.04	36	15.28	38.16
自驾车	1.06	5.71	90	5.45	95.4
其他	1.2	1.63	54	1.06	64.8
合计	—	—	—	26308.81	—
人均能源消耗（兆焦/人）：32257.00					

资料来源：作者计算整理

（3）旅游者交通能源消耗汇总

旅游交通因为化石能源利用，不仅产生一定数量的碳排放，也消耗大量的能源和自然资源。旅游交通能源消耗可以看成国内旅游者能源消耗与海外旅游者能源消耗之和，也可以看成内部交通能源消耗与外部交通能源消耗之和。

2012 年海南省旅游交通部门能源利用的数值为 260770.11×10^{6} 兆焦，其中旅游者外部交通能源消耗为 259195.1×10^{6} 兆焦，占交通能源消耗总量的 99.40%，旅游者内部交通能源消耗为 1575.01×10^{6}

兆焦，仅占旅游交通能源消耗总量的 0.6%。总量上看，国内旅游者的交通能源消耗总量大于海外旅游者交通能源消耗总量，国内市场交通能源消耗为 234461.30×10^6 兆焦，所占比例为 89.91%，海外旅游交通能源消耗所占比例为 10.09%。

2012 年海南省旅游交通能源消耗的年人均值为每人 7853.67 兆焦，大于国内旅游者交通能源消耗均值，小于海外旅游者交通能源消耗均值，这也反映了海外旅游者能源消耗影响较大的实际情况。另外，对于外部交通而言，乘坐飞机消耗能源比例最大，占 83.31%，乘坐火车所占比例较小，为 16.69%。

在海南省 2012 年的内部交通结构中，乘坐出租车、城市公交和自驾车的交通能源消耗较大，所占比例分别为 43.34%、39.85%、14.08%。改善目的地旅游交通状况，采用更多的公共旅游交通代替出租车和自驾车，增加更多节能化旅游交通方式，优化旅游交通结构，降低交通能源消耗的潜力很大（表 4-6）。

表 4–6　海南省 2012 年旅游交通能源消耗

交通模式		国内旅游者能源消耗（10^6 兆焦）	海外旅游者能源消耗（10^6 兆焦）	合计（10^6 兆焦）	比例（%）
外部交通	飞机	189674.02	26271.60	215945.62	83.31
	火车	43249.48	—	43249.48	16.69
	小计	232923.5	26271.60	259195.1	100
比例	99.40%				
内部交通	城市公交	612.13	15.42	627.55	39.85
	步行/自行车	0	0	0	0
	出租车	667.40	15.28	682.68	43.34
	自驾车	216.29	5.45	221.74	14.08
	其他	41.98	1.06	43.04	2.73
	小计	1537.8	37.21	1575.01	100
比例	0.6%				
合计（10^6 千克）		234461.30	26308.81	260770.11	—
总体交通能源消耗人均值（兆焦/人）：7853.67					

资料来源：作者计算整理

4.2.2 旅游住宿能源消耗

4.2.2.1 相关系数

海南省旅游住宿方式主要有星级酒店、社会宾馆、度假村、家庭旅馆，使用率最高的是星级酒店（85%），其次为社会宾馆（8%）和度假村（4%）。旅游住宿方式的选择与旅游组织形式有关，个人或者家庭集体出游的在住宿方式选择上比较自由，旅游组团出行的旅游者对于住宿方式的自由选择的余地较小，组团出行旅游者大多数选择酒店住宿。

从旅游节能减排的目标导向看，旅游者选择住宿能源消耗系数小的住宿类型，有利于降低旅游者能源消耗量，减轻旅游住宿带来的环境负面影响。从旅游住宿能源消耗系数看，星级酒店的能源强度最高，为每人每晚消耗 130 兆焦，其次为度假村，为每人每晚消耗 90 兆焦，社会宾馆每人每晚消耗 87 兆焦，最低的为家庭旅馆，为每人每晚消耗 41 兆焦（表 4-7）。

表 4–7 旅游住宿的能量消耗系数

住宿接待设施	能源强度系数（兆焦/人晚）	利用率（%）
星级酒店	130	85
社会宾馆	87	8
度假村	90	4
家庭旅馆	41	3

资料来源：Stefan Gössling. Global Environmental Consequences Of Tourism [J]. *Global Environmental Change*, 2002, (12): 283-302; Becken S., Patterson M. Measuring national carbon dioxide emissions from tourism as a key step towards achieving sustainable tourism [J]. *Journal of Sustainable Tourism*, 2006, 14(4): 323-338.

4.2.2.2 旅游住宿能源消耗

2012 年海南省旅游住宿部门总体能源消耗为 14486.49×10^6 兆焦，其中星级酒店消耗的能源最多，为 12768×10^6 兆焦，所占比例为 88.14%，其他住宿方式的能源消耗总量与比例相对较小，社会宾馆能源消耗为 762.62×10^6 兆焦，所占比例为 5.26%，度假村的能源消耗为 812.80×10^6 兆焦，所占比例为 5.61%，家庭旅馆能源消耗为 142.94×10^6 兆焦，所占比例为 0.99%。从平均值看，2012 年海南省住宿能源消耗的总体人均值为每人 436.29 兆焦。比较而言，度假村虽然不是接待人数最多的住宿方式，在整个旅游接待部门中的比例也不是很大，但是因为度假村消费水平较高，人均能源消耗值最大，为每人 612 兆焦，其次为星级酒店，为 452.4 兆焦，社会宾馆与家庭旅馆的能源消耗均值则相对较低，分别为 287.1 兆焦和 143.5 兆焦（表 4-8）。

表 4–8　海南省 2012 年旅游住宿能源消耗

住宿设施	平均停留夜数	该类旅游者数量（万人次）	旅游者停留夜数（万人晚）	旅游住宿能源消耗（10^6兆焦）	比例（%）	单项均值（兆焦/人）
星级酒店	3.48	2822.31	9821.64	12768.13	88.14	452.4
社会宾馆	3.30	265.63	876.58	762.62	5.26	287.1
度假村	6.80	132.81	903.11	812.80	5.61	612
家庭旅馆	3.50	99.61	348.64	142.94	0.99	143.5
合计	—	3320.36	11949.97	14486.49	100	—
总体住宿能源人均值（兆焦/人）：436.29						
总体平均停留夜数（晚）：3.6						

资料来源：作者计算整理

4.2.3　旅游活动能源消耗

4.2.3.1　相关系数

根据旅游活动能源消耗模型，为了计算旅游活动产生的能源消耗，首先需要确定旅游活动能源消耗系数、旅游者平均参与某项旅游活动的频次、旅游者参与某项活动的比例。其中，旅游活动能源消耗系数是旅游活动能源消耗模型的核心，指的是旅游者参与一次某项旅游活动消耗的能源数量。本书中旅游能源消耗系数借鉴 Gössling（2002）、Nae-Wen Kuo（2009）、Becken 等人（2006）的研究成果，而旅游者参与人数比例及其平均参与频次采用旅游者问卷样本统计结果。

海南省旅游活动中最受市场欢迎的项目是自然观光（65%）、潜水/游泳（37%）、主题公园（36%）、冲浪/沙滩（29%）、植物园（18%）、观看演出（16%）、文化景观（15%）、温泉/休闲度假（13%）等类型。能源消耗系数最大的是游轮/游艇，达到每人每次 438.3MJ，其次为高尔夫（95.1 兆焦）、潜水/游泳（67.1 兆焦）、冲浪/沙滩（35.1 兆焦）、垂钓（26.5 兆焦）、观看演出（16.6 兆焦）节庆会展（13.8 兆焦）、主题公园（13.8 兆焦）、温泉/休闲度假（13.0 兆焦）、植物园（12.3 兆焦）等（表 4-9）。

表 4–9　旅游活动的能量消耗系数

大类	子项	参与者占总人数比例（%）	旅游活动能源消耗系数（兆焦/人次）
吸引物	植物园	18	12.3
	主题公园	36	13.8
	自然观光	65	8.5
	文化景观	15	3.5
娱乐	观看演出	16	16.6
	节庆会展	9	13.8
活动	垂钓	8	26.5
	潜水/游泳	37	67.1
	冲浪/沙滩	29	35.1
	温泉/休闲度假	13	13.0
	高尔夫	4	95.1
	游轮/游艇	2	438.3

资料来源：Nae-Wen Kuo, Pei-Hun Chen. Quantifying energy use, carbon dioxide emission, and other environmental loads from island tourism based on a life cycle assessment approach [J]. *Journal of Cleaner Production*, 2009, (17): 1324-1330; Stefan Gössling. Global Environmental Consequences Of Tourism [J]. *Global Environmental Change*, 2002, (12): 283-302; Sussane Becken, David G. Simmons. Understanding energy consumption patterns of tourist attractions and activities in New Zealand [J]. *Tourism Management*, 2002, (23): 343-354; Sussane Becken, David G. Simmons, Chris Frampton. Energy use with different travel choices [J]. *Tourism Management*, 2003, (24): 267-277.

4.2.3.2　旅游活动能源消耗

整体上看，海南省 2012 年旅游活动能源消耗的总量为 3499.45×10^6 兆焦，其中，潜水/游泳项目消耗能源总量为 1154.08×10^6

兆焦，所占比例为32.98%，数量最大，比例最高，说明该项目深受市场欢迎；游轮/游艇项目虽然参与人数不多，但是因为能源消耗系数较大，消耗了较多的资源和能源，其能源消耗数量为523.94×10^6兆焦，所占比例为14.97%；高尔夫项目因为能源强度较大，能源消耗数量也较大，为315.76×10^6兆焦，所占比例为9.02%。冲浪/沙滩游憩类项目因为具有典型的海南省特色，参与者数量较多，旅游能源消耗为405.57×10^6兆焦，所占比例为11.59%，也是最为重要的旅游活动类型之一。

从平均值看，旅游活动能源消耗总体平均值为每人105.39兆焦，小于旅游住宿的人均能源消耗值，也远小于旅游交通的平均能源消耗。从旅游活动项目的分类比较看，游轮/游艇项目因为其动力系统需要消耗大量的化石能源，因此平均能源消耗最大，为每人778.94兆焦，其次为高尔夫（237.75兆焦）、潜水/游泳（93.94兆焦）、垂钓（87.45兆焦）、冲浪/沙滩（42.12兆焦）等（表4-10）。

表4–10 海南省2012年旅游活动能源消耗

大类	子项	平均参与频次	旅游者参与人数（万人）	参与者总频次（万人频次）	旅游活动能源消耗（10^6兆焦）	比例（%）	单项平均能源消耗（兆焦/人）
吸引物	植物园	1.5	597.66	896.49	110.27	3.15	18.45
	主题公园	1.4	1195.33	1673.46	230.94	6.60	19.32
	自然观光	1.3	2158.23	2805.70	238.48	6.81	11.05
	文化景观	2.1	498.05	1045.91	36.61	1.05	7.35
娱乐	观看演出	1.4	531.26	743.76	123.46	3.53	23.24
	节庆会展	1.2	298.83	358.60	49.49	1.41	16.56
活动	垂钓	3.3	265.63	876.58	232.29	6.64	87.45
	潜水/游泳	1.4	1228.53	1719.94	1154.08	32.98	93.94
	冲浪/沙滩	1.2	962.9	1155.48	405.57	11.59	42.12
	温泉/休闲度假	1.4	431.65	604.31	78.56	2.24	18.2
	高尔夫	2.5	132.81	332.03	315.76	9.02	237.75
	游轮/游艇	1.8	66.41	119.54	523.94	14.97	788.94
合计	—	—		12331.80	3499.45	100	—
总体旅游活动人均值（兆焦/人）：105.39							

资料来源：作者计算整理

4.3 旅游能源消耗特征分析

4.3.1 旅游能源消耗总体人均数量

旅游过程能源消耗总量为旅游交通能源消耗、旅游住宿能源消耗、旅游活动能源消耗之和。分析结果显示，海南省 2012 年旅游总体能源消耗为 278756.05×10^6 兆焦，年人均能源消耗为 8395.36 兆焦。其中，旅游交通能源消耗总量为 260770.11×10^6 兆焦，年人均能源消耗为 7853.67 兆焦；旅游住宿能源消耗总量为 14486.49×10^6 兆焦，年人均能源消耗为 436.29 兆焦；旅游活动能源消耗总量为 3499.45×10^6 兆焦，年人均能源消耗为 105.39 兆焦。

从旅游三大部门能源消耗的总量比较上看，旅游交通能源消耗的总量最大，其次为旅游住宿能源消耗，最小为旅游活动能源消耗。从旅游能源消耗的人均值看，旅游交通部门能源消耗的均值最大，远超过旅游住宿和旅游活动部门的能源消耗均值。这两个结论都说明交通对旅游能源“账单”的影响最大，是旅游能源消耗的“大户”。对于海南省而言，中心客源市场距离较远的特点决定了旅游交通节能的压力较大（表 4-11）。

表 4-11 海南省 2012 年旅游能源消耗总体特征

项目	旅游交通	旅游住宿	旅游活动
旅游能源消耗能源消耗（10^6 兆焦）	260770.11	14486.49	3499.45
比例（%）	93.55	5.20	1.25
单项均值（兆焦/人）	7853.67	436.29	105.39
旅游能源消耗总量（10^6 兆焦）	278756.05		
总体均值（兆焦/人）	8395.36		

资料来源：作者计算整理

4.3.2 旅游能源消耗部门结构分析

从旅游能源消耗组成的部门结构看，海南省 2012 年旅游能源消耗中旅游交通所占比例最高，为 93.55%，旅游住宿能源消耗的比例为 5.20%，旅游活动能源消耗所占比例较低，为 1.25%，旅游交通能源消耗的比例远大于旅游住宿、旅游活动的能源消耗比例。在新西兰的国内旅游市场和国外旅游市场能源消耗结构中，旅游交通所占比例也是最大。相比海南省，略有不同的是新西兰旅游部门之间的能源消耗差距小于海南省，主要原因在于海南省旅游市场大部分为远程客源旅游者，旅游者的平均出行距离较大。例如，海南省的国内旅游者和海外旅游者乘坐飞机的平均出行距离分别为 4150.18 千米、16105.69 千米，而新西兰国内旅游者、国外旅游者乘坐飞机的平均出行距离分别为单程 918 千米、774 千米，这就使得海南旅游外部交通能源消耗数量较大，相应地，就要求旅游交通节能的重点应该放在引导旅游者改变交通方式、优化旅游交通结构上（表 4-12）。

表 4-12　海南省、新西兰旅游能源消耗比例结构

项目	旅游交通	旅游住宿	旅游活动
海南旅游能源消耗（10^6 兆焦）	260770.11	14486.49	3499.45
海南省旅游者能源消耗均值（兆焦/人）	7853.67	436.29	105.39
比例（%）	93.55	5.20	1.25
新西兰国内旅游者能源消耗均值（兆焦/人）	1755	360	360
比例（%）	70.91	14.54	14.54
新西兰国际旅游者能源消耗均值（兆焦/人）	5327	1770	1067
比例（%）	65.25	21.68	13.07

资料来源：新西兰 2003 年数据来自 Sussane Becken, David G. Simmons, Chris Frampton. Energy use with different travel choices [J]. *Tourism Management*, 2003, (24): 267-277.

4.3.3　旅游能源消耗区域对比分析

区域旅游能源消耗的总量和强度与旅游者数量、旅游者平均出行距离、旅游者平均停留时间、旅游者交通方式的选择、旅游者住宿方式和活动类型的选择、旅游者参与活动的频率等因素紧密相关。因此，不同的旅游目的地的旅游能源消耗强度不尽相同，不同旅游部门在总体能源消耗中的比例也不一致。

以海南省、澎湖列岛和新西兰为例。海南省的旅游交通耗能大于澎湖列岛交通能源消耗的比例，两地旅游交通能源消耗比例分别为 93.55%和 67%。相反，海南省旅游住宿和旅游活动的能源消耗比例则较低，海南省与澎湖列岛旅游住宿能源消耗比例分别为 5.2%和 16%，旅游活动能源消耗比例分别为 1.25%和 17%。从能源消耗均值看，海南省旅游交通年人均消耗能源为每人 7853.67 兆焦，2003 年新西兰国内、国际旅游交通能源消耗年人均值分别为每人 1755 兆焦、5327 兆焦；海南省旅游住宿年人均能源消耗为 436.29 兆焦，新西兰的国内、国际旅游住宿年人均能源消耗值分别为每人 360 兆焦、1770 兆焦；海南省旅游活动年能源消耗年均值为每人 105.39 兆焦，新西兰国内、国际旅游活动能源消耗年均值分别为每人 360 兆焦、1067 兆焦。显然，海南省旅游交通能源消耗均值大于新西兰，海南省旅游住宿能源消耗年均值大于新西兰国内市场，小于其国际市场，海南省旅游活动年均能源消耗则远小于新西兰的平均水平（表 4-13）。

表 4–13　海南省旅游能源消耗区域比较

旅游能源消耗部门差异	2012 年海南省	2008 年澎湖列岛
旅游交通碳能源消耗比例（%）	93.55	67
旅游住宿碳能源消耗比例（%）	5.20	16
旅游活动碳能源消耗比例（%）	1.25	17
旅游能源消耗均值差异	**2012 年海南省**	**2003 年新西兰国内旅游者**
旅游交通能源消耗均值（兆焦/人）	7853.67	1755
旅游住宿能源消耗均值（兆焦/人）	436.29	360
旅游活动能源消耗均值（兆焦/人）	105.39	360

续表

旅游能源消耗均值差异	2012 年海南省	2003 年新西兰国际旅游者
旅游交通能源消耗均值（兆焦/人）	7853.67	5327
旅游住宿能源消耗均值（兆焦/人）	436.29	1770
旅游活动能源消耗均值（兆焦/人）	105.39	1067

资料来源：澎湖列岛数据来自 Nae-Wen Kuo, Pei-Hun Chen. Quantifying energy use, carbon dioxide emission, and other environmental loads from island tourism based on a life cycle assessment approach [J]. *Journal of Cleaner Production*, 2009, (17): 1324-1330；新西兰数据来自 Sussane Becken, David G. Simmons, Chris Frampton. Energy use with different travel choices [J]. *Tourism Management*, 2003, (24): 267-277.

剔除时间变化的因素，同为岛屿型旅游目的地，海南岛与澎湖列岛在能源消耗结构上差异比较明显。除了旅游者总数、旅游区面积、目的地旅游接待能力等方面的原因之外，两个旅游目的地市场空间分布、旅游者平均停留时间、旅游目的地交通结构等因素直接影响了两个目的地的能源消耗。海南省与新西兰的平均出行距离、旅游活动的丰度与能源消耗强度、旅游住宿方式的差异等直接影响了两地旅游部门能源消耗均值的大小。

4.4　本章小结

可持续的理念在现代经济中越来越成为一个重要组成部分。对可持续发展的一个重要威胁是能源需求飙升导致自然资源耗尽枯竭，以及伴随温室气体排放产生的全球气候变化。旅游过程需要消耗一定数量的自然资源和能源，旅游交通、旅游住宿、旅游活动、旅游娱乐、旅游餐饮等消费过程中，化石能源的消耗产生对环境的负面影响，主要体现在温室气体增多、空气污染程加剧、自然资源枯竭，最为严重的是温室气体排放导致的全球变暖问题。因此，旅游能源消耗需要在地区和全球两个尺度承担相应的责任，通过必要的措施，降低旅游过程的能源消耗强度，促进区域旅游的可持续发展。

海南省作为我国最大的旅游经济特区和旅游战略新兴区，旅游业是海南省的战略性支柱产业。在促进旅游经济增长方式转型的过程中，旅游能源消耗减量化十分重要，只有区域旅游能源消耗的强度降低，才能在保持旅游增长的同时降低旅游环境影响，促进旅游可持续发展。

旅游能耗发生在一个复杂系统之内，定量估算是一个难点。本研究借鉴国内外研究思路，采用旅游生命周期评价（LCA）的方法，以旅游交通能源消耗模型、旅游住宿能源消耗模型、旅游活动能源消耗模型为基础，构建了适合区域旅游能源消耗计算的综合模型。分析中引用已有研究成果，确定了海南省旅游能源消耗的相关指标数值，按照旅游生命周期分析的方法，分别对旅游交通、旅游住宿和旅游活动的能源消耗总量及其结构特征进行了分析，研究结果显示：

（1）海南省 2012 年旅游总体能源消耗为 278756.05×10^6 兆焦，旅游交通能源消耗总量为 260770.11×10^6 兆焦，比例高达 93.55%，旅游住宿和旅游活动能源消耗量则相对较少，所占比例分别为 5.2%、1.25%。

（2）从年均值看，海南省 2012 年人均总能源消耗为每人 8395.36 兆焦，年人均交通能源消耗为每人 7853.67 兆焦，旅游住宿能源消耗年人均值为每人 436.29 兆焦，旅游活动年人均值为每人 105.39 兆焦，旅游交通的年均值也远高于其他两项。

（3）从区域对比看，2012 年海南省旅游交通能源消耗比例高于 2008 年澎湖列岛，旅游住宿和旅游活动的能源消耗比例则小于澎湖列岛，说明海南省的旅游交通产生的能源消耗对于环境影响更大。

（4）2012 年，海南省旅游交通年均值大于新西兰的水平，海南省旅游住宿年均能源消耗大于新西兰国内水平，小于其国际市场水平，海南省旅游活动能源消耗年均值则远小于新西兰水平，体现了两个旅游目的地在旅游市场结构、产品丰度、能源消耗强度、旅游者消费行为习惯等方面的差异。

海南省旅游发展定位为“国际旅游岛”和“全国人民的四季花园”，属于典型的中远程距离市场主导的客源地空间结构，旅游交通能耗大于旅游住宿和旅游活动能耗，旅游外部交通能耗远大于内部交通能耗，旅游者决策偏好、产品结构都具有特定的区域特征。综合来看，旅游地客源空间结构、旅游者平均停留时间、旅游消费特征等因素直接影响了目的地旅游能耗值及其结构化分异特征。

另外，研究过程中，旅游能耗系数主要引用国际权威的已有结论，对不同区域旅游能耗变量常数的实证调查研究是有待加强的课题。在对旅游能源消耗的区域差异进行特征和成因分析中，由于横向比较存在时间跨度，必然对研究结论产生一定的偏差，需要通过历时性分析弥补不足。

第五章　旅游生态效率模型及实证研究

旅游与旅行过程中化石能源的使用是一个重要的环境问题，低碳旅游与旅游生态效率研究由此产生。自20世纪90年代以来，可持续性旅游成为旅游研究者和旅游行业的一致理念。时至今日，学术界均认为旅游开发必须遵循可持续发展原则。很明显，为了实现这个目标，旅游业的碳足迹和能源消耗必须严格限定在门槛水平之下。

在旅游碳排放减量化和旅游经济效益扩大化的要求下，旅游发展可能带来经济增长与环境影响的反向运行，限制旅游过程中化石能源使用成为旅游可持续发展的一个前提条件。但是，旅游业本身又是世界经济的重要的组成部分，对区域经济社会发展起到重要作用。因此，对旅游碳排放和能源消耗的限制需要一个科学合理的范围，节能减排视角下旅游可持续发展也需要一个新的评价方法。旅游生态效率模型的提出，有效关联了旅游经济增长与旅游环境影响两个变量，成为一个研究旅游可持续发展的有效工具。

本书在对旅游业的环境影响和经济收益进行交互分析的基础上，梳理了旅游生态效率的相关概念，总结了区域旅游生态效率的研究重点和本质属性，以旅游过程中二氧化碳排放量和能源消耗作为旅游环境影响变量，以旅游收入作为旅游经济效益变量，构建旅游生态效率模型，充实了旅游生态效率的理论指标体系，以海南省为例，定量化计算了基于旅游碳足迹和旅游能源消耗的生态效率值，并且结合已有成果，采用情景分析的方法，确定了适合区域旅游可持续发展能力评估的生态效率指标阈值。

5.1 旅游生态效率研究基础

5.1.1 旅游生态效率相关概念

生态效率（Eco-efficiency, EE）是世界商业理事会（World Business Council）基于可持续发展目标首先提出的概念，在生命周期理论分析的基础上，强调减少资源的使用和环境负面影响（Cramer, 2000）。Ayres（1998）认为生态效率是一个描述在产品和服务生产过程中如何在减少能源和自然资源利用的同时，提升产品和服务的价值，并且减少浪费和污染物释放的概念。生态效率模型的引入为分析旅游业环境影响和可持续发展开创了一条新思路。

世界商业可持续发展委员会（WBCSD）在1991年首次正式采用的生态效率定义为：提供有竞争力价格的产品和服务以满足人类需求、提高生活质量，与此同时，在整个生命周期内逐步将生态影响和资源利用强度降低到适应地球承载力的水准。

虽然生态效率的核心特征在于“最少投入，最大产出”，但是学术界和行业并没有一个统一的概念，世界上不同的组织和机构根据自身的研究需要，分别给出了关于生态效率不同的定义（表5-1）。

表5-1 不同组织给生态效率下的定义

组织	定义
世界商业可持续发展理事会（WBCSD）	用最小的物质和能源投入获取最大价值的同时降低排放水平
经济合作与发展组织（OECD）	利用生态资源满足人类需求的效率
欧洲环境署（European Environment Agency）	利用最少的自然资源创造更多的福利
英国智慧环保计划（UK Envirowise Program）	物质能源水平既定的前提下实现产品服务最大化

续表

组织	定义
加拿大工业部（Industry Canada）	成本最小化、价值最大化的生产艺术
大西洋加拿大机会局（Atlantic Canada Opportunities Agency，ACOA）	创造高质量的产品和服务的同时，减少资源利用、废物和污染量
澳大利亚环保局（Australia Environmental Protection Agency）	减少资源消耗和污染排放，增加产品与服务价值，同时提升商业竞争力
BASF 公司（BASF Corporation）	利用尽可能少的物质和能源生产必需的产品，同时保持尽可能小的排放量以保护环境
环境金融集团：国际金融公司（Environmental Finance Group—International Finance Corporation）	通过更加有效的生产方式增加资源利用的可持续能力

资料来源：Raymond Côté, Aaron Booth, Bertha Louis. Eco-efficiency and SMEs in Nova Scotia, Canada [J]. *Journal of Cleaner Production*, 2006, (14): 542-550.

5.1.2 旅游生态效率研究重点

生态效率是旅游生态效率概念的基础，国内外关于旅游生态效率的研究视角丰富多样，不同的研究目的有不同的研究路径和诉求。结合研究目的和案例地实际，本书将旅游生态效率研究重点放在以下几个方面：（1）科学合理地构建适合海南国际旅游岛的旅游生态效率模型及其指标体系，将旅游生态效率模型作为定量化研究低碳旅游、旅游经济影响的重要方法；（2）在可持续发展理念的指导下，制定不同情境下旅游生态效率的标准，为旅游可持续发展能力的评价提供一个理论工具；（3）研究旅游生态效率的影响因子及其运行机制，结合旅游者对低碳旅游与生态效率规划措施的态度，分析提升旅游生态效率水平的路径，为旅游目的地生态效率优化提出建议对策。

5.1.3　旅游生态效率本质属性

生态效率理论应用领域很广，能源业、采矿业、制造业、旅游业均有涉及。Rene Van Berkel（2007）认为生态效率是矿业部门环境管理实践的一个重要工具，其核心特征为：降低自然资源消耗、减小对自然环境的影响、提升产品与服务的价值，利用生态效率的操作创新平台、设计创新平台、技术创新平台这三个创新平台（innovation platforms），可以将生态效率的概念延展到生态创新（eco-innovation）的理念，提升产业的可持续发展能力。

生态效率概念应用于旅游业中，其最大的特征体现在旅游过程碳排放和能源消耗的减量化、旅游经济产出的增值化、旅游环境影响的最小化，通过政策引导、企业投入、游客支持、技术创新、宣传教育等手段，尽量实现旅游产业链的增值和核心竞争力的提升。

5.2　旅游生态效率模型

5.2.1　旅游生态效率模型的数据变量

关于不同的产业经济部门、地区经济的生态效率（Eco-efficiency ratios）的计算需要两类数据，一是环境影响或者资源消耗数据，二是经济产出数据。也就是说，旅游生态效率（Tourism Eco-efficiency）模型中的两类变量分别是关于旅游环境影响变量和旅游经济效应变量，这两类变量的比值即为旅游生态效率。

由于研究中数据获取的限制，旅游间接能源需求、旅游间接碳足迹、旅游间接经济收益以及经济影响的乘数效应在本书中未予考虑。例如旅游基础设施建设需要消耗大量的资源和能源，但是难以统计，旅游相关产业的经济收益也难以计算。

为了计算一定时间段内二氧化碳排放量（CO_2-e）、能源消耗的数值和旅游经济产出的大小，在旅游部门中重点关注旅游交通、旅游住宿和旅游活动中的碳足迹和能源消耗。其中，旅游交通包含从客源地到目的地之间的交通（origin to destination, O/D transport）和目的地内部交通（destination based transport）两部分。旅游住宿、旅游者在目的地参与系列活动也消耗一定的能量，产生一定的温室气体排放，同时，也创造一定的经济收益，因此旅游住宿、旅游活动的生态效率也是本书研究的重要内容。

5.2.2 旅游生态效率模型表达与定义

生态效率模型是旅游生态效率模型的研究基础。生态效率是一个兼顾生态和经济两个方面效率的指标。目前普遍接受的生态效率计算公式是由 WBCSD 提出的计算模型：

$$生态效率==\frac{产品或者服务的价值}{环境影响}=\frac{产品或服务的增量}{环境影响增量}$$

式中，产品或者服务的增量、环境影响增量根据行业性质赋予具体值。

一般地，在旅游生态效率计算中，用二氧化碳排放数量或者旅游过程能源消耗量代表环境影响（分别称之为基于碳足迹的旅游生态效率和基于能源消耗的旅游生态效率），用旅游经济收益代表旅游产品服务价值。为了避免计算的重复和简化运算过程，旅游生态效率值不包含间接的经济效益。结合相关研究成果和研究目标，同时为了方便与其他研究成果进行横向对比，本书计算中采用了两个旅游生态效率模型，其一为：

$$TEE=\frac{TR}{TEI}$$

式中，

TEE：旅游生态效率，单位是元/千克（￥/kg）或元/兆焦（￥/MJ）；

TR：旅游收入，单位是元（￥）；

TEI：旅游环境影响，具体指旅游碳排放量或者是旅游能源消耗，单位是千克（kg）或者兆焦（MJ）。

依照此模型方法计算的生态效率值越大，表明单位环境影响下的经济收益越高，越有利于区域旅游经济可持续发展，本书也将此模型称之为旅游生态效率第一模型。

另外，也有学者在研究旅游生态效率时，将生态效率模型定义为如下形式：

$$\text{TEE} = \frac{\text{TEI}}{\text{TR}}$$

式中，

TEE：旅游生态效率，单位是千克/元（kg/￥）或兆焦/元（MJ/￥）；

TR：旅游收入，单位是元（￥）；

TEI：旅游环境影响，具体指旅游碳排放或旅游能源消耗，单位是千克（kg）或兆焦（MJ）。

依照此模型方法计算的生态效率值与旅游生态效率第一模型的计算值互为倒数。因此，生态效率值越低，表明单位经济收益的环境影响越小，越有利于区域旅游的可持续发展，本书将此模型称之为旅游生态效率第二模型。

从研究意义上看，旅游生态效率第一模式和旅游生态效率第二模型并无本质上区别。两个模型的差异在于变量的组成结构，也即表达习惯和研究范式的不同，在衡量旅游生态效率水平上，一个是结果值越大水平越佳，一个是结果值越小水平越好，两个模型分析的数值正好是倒数的关系，单位也对应不同。

5.2.3　旅游生态效率模型的指标体系

正是因为旅游产业环境影响变量和旅游经济产出变量的多样性，这些变量相互组合则产生不同的生态效率表达方式。不同的研究对象和研究目的，选取的研究变量不同，形成的生态效率指标体系也不同。例如陆铮岚、陆均良（2011）在研究景区饭店生态效率指标体系时，将经济收入指标、环境影响指标和生态效率指标分为两级进行衡量和计算，采用饭店营业收入、饭店经营天数表示经济收入指标，用能源消耗、土地使用、水消耗量表示环境影响指标，用万元营业收入能源消耗、单位间天数能源消耗、单位间天数水耗、平均每间客房占地面积等指标表示旅游景区饭店生态效率（表5-2）。

表 5-2 旅游景区饭店生态效率指标体系

指标组别	一级指标	二级指标
经济收入指标	饭店营业收入	客房营业收入
		餐饮营业收入
	饭店接待天间数	客房间天数
		餐饮用餐人数
		餐饮出品菜肴份数
环境影响指标	能源消耗	各种能源消耗
	土地使用	饭店建筑使用土地面积
	水消耗量	饭店热水消耗量
		饭店饮用水消耗量
生态效率指标	万元营业收入能源消耗	万元客房收入电耗
		万元客房收入采暖能源消耗
		万元餐饮营业收入能源消耗（厨房用能）
	单位间天数能源消耗	单位间天数能源消耗
		单位用餐人数能源消耗（餐饮总用能）
		单位菜肴用能（餐饮总用能）
	万元营业收入水耗	万元客房营业收入热水消耗量
		万元客房营业收入饮用水消耗量
	单位间天数水耗	单位间天数水耗
	平均每间客房占地面积	单位客房土地占用面积
		单位客房建筑占用面积

资料来源：陆铮岚、陆均良．景区饭店环境影响及其管理 [M]．杭州：浙江大学出版社，2011.

世界商业可持续发展理事会（WBCSD）制作了一个生态效率度量表，用产品销售数量、净销售额、毛利率等表示经济价值的大小，用能源消耗、物质利用、水资源利用、温室气体排放、消耗臭氧层物质排放量等指标表示环境影响的大小。该表可供企业用于测量企业生态效率值，以及提供企业关于生态效率战略表现的信息（表5-3）。

表 5–3　生态效率测量指标

<table>
<tr><td rowspan="3">经济价值（Economic value）</td><td>产品销售数量（Mass of products sold）</td></tr>
<tr><td>净销售额（Net sales）</td></tr>
<tr><td>毛利率（Gross margin）</td></tr>
<tr><td rowspan="6">环境影响（Environmental profile）</td><td>能源消耗（Energy consumed）</td></tr>
<tr><td>物质利用（Material used）</td></tr>
<tr><td>水资源利用（Water used）</td></tr>
<tr><td>温室气体排放（GHG emissions）</td></tr>
<tr><td>消耗臭氧层物质排放（ODS emissions）</td></tr>
<tr><td>垃圾处理耗水（Waste to landfill）</td></tr>
<tr><td rowspan="2">生态效率比率（Eco-efficiency ratio）</td><td>单位产品销售数量的能源消耗、物质消耗、温室气体排放量</td></tr>
<tr><td>单位净销售额的能源消耗、物质消耗、温室气体排放量</td></tr>
</table>

资料来源：Schmidheiny Stephan. *Changing Course*[M]. Cambridge: MIT Press, 1992.

本研究结合案例地实际，旅游经济收益主要采用区域旅游收入作为研究指标，旅游环境影响主要采用旅游碳足迹、旅游能源消耗作为研究指标，旅游生态效率主要采用单位碳足迹的旅游收入、单位能源消耗旅游收入、单位旅游收入的碳足迹、单位旅游收入的能源消耗作为研究变量指标，发展了旅游生态效率指标体系的内容（表5-4）。

表 5–4　旅游生态效率测量指标

经济影响指标	旅游收入
环境影响指标	旅游碳足迹
	旅游能源消耗
生态效率指标	单位碳足迹旅游收入
	单位旅游收入碳足迹
	单位旅游能源消耗旅游收入
	单位旅游收入能源消耗

5.3　旅游生态效率模型的实证研究

5.3.1　数据获取

根据旅游生态效率模型,对目的地旅游生态效率比值进行计算,需要两大类数据资料：一是旅游碳足迹、旅游能源消耗及其他旅游环境影响的数据资料，这类数据直接取自本书前部分章节的研究结论；二是旅游业经济效益的数据资料，本书主要采用旅游者消费支出与目的地旅游综合收入两个指标进行计算，其中，海南省总体旅游收入由官方统计资料进行整理得到，旅游交通、旅游住宿、旅游活动三个旅游部门的收入情况根据旅游总收入与旅游者消费结构进行计算，旅游者消费结构由问卷数据统计得到。

5.3.2　研究方法

旅游生态效率作为本书的核心概念，对案例地进行实证研究采用的研究方法主要有模型分析法、SPSS 软件包的统计分析法、定量研究方法等。应用旅游生态效率计算模型，将旅游收益、旅游能源消耗、旅游碳足迹作为主要变量，计算单位环境影响下的旅游效益，分析案例地旅游生态效率值，并对旅游可持续理念下生态效率的标准进行情景分析，为旅游可持续发展提供一个新的研究工具。同时，旅游生态效率模型可以与碳足迹模型、旅游能源消耗模型相互转化，形成一个关于旅游碳排放、能源消耗、旅游消费、旅游生态效率之间的理论体系，这个理论体系的建立极大地丰富了生态效率和低碳旅游研究的内涵。

5.3.3 旅游收益结构分析

本书结合旅游者消费支出结构与海南省旅游综合收入两个方面的数据，得到海南省旅游市场在旅游交通、旅游住宿、旅游活动三个部门的总收益。海南省旅游者主要消费包含旅游交通费用、旅游住宿费用、旅游餐饮费用、旅游购物费用、旅游娱乐费用、旅游中介咨询费用等几个方面。

旅游收益和消费的统计是一个复杂的过程，也是一个难以准确计算的结果。从旅游者消费的角度看，不同组织形式下旅游者消费水平与支付方式不尽不同。例如，参与旅行社组团的旅游者交通、住宿、景点游览等费用大部分由旅行社代理，自己支配的部分主要是购物、娱乐等项目；散客、自由行旅游者各项消费则由自己支配。从旅游目的地而言，旅游收入包含直接收入，也包含间接收入，主要是旅游者直接消费产生的经济收入，但是交通、中介等环节的消费者支出并非全部归入目的地旅游服务部门。本书通过界定分析旅游者消费结构，确定目的地在交通、住宿和活动中的部门收益，作为旅游经济影响的结果，计算旅游生态效率。

区域旅游市场接待人均收入反映了旅游经济发展水平的高低。2012 年海南省人均旅游收入为 1141.80 元/人，国内市场人均收入为 1101.61 元/人，按照同期汇率计算，海外旅游市场人均收入为 2737.86 元/人（表 5-5）。

表 5-5 海南省 2012 年人均旅游收入

	旅游人数（万人次）	总收入	人均旅游收入
国内旅游者	3238.80	356.79 亿元	1101.61 元/人
海外旅游者	81.56	34802.8 万美元	2737.86 元/人
合计/总平均	3320.36	379.12 亿元	1141.80 元/人

资料来源：数据来自海南省旅游发展委员会统计资料；此处美元对人民币汇率为 6.416

2011 年全国国内旅游出游人均花费 731.0 元，其中城镇居民国内旅游出游人均花费 877.80 元，农村居民国内旅游出游人均花费 471.40 元。2011 年外国入境旅游者在我国平均停留时间为 7.3 天，人均每天花费为 209.22 美元[①]。

2009 年国内游客人均花费 535.4 元/人次。其中，城镇居民人均花费 801.1 元/人次，一日游人均 291.9 元，过夜游人均花费 1550.3 元；农村居民人均花费 295.3 元/人次，一日游人均花费 206.8 元，过夜游人均花费 1209 元，启程前交给旅行社 827 元，占 64%。散客人均花费 267 元，主要用于交通、住宿、购物和餐饮，分别占 45.7%、24.4%、21.3%和 8.6%。

2009 年入境游客过夜游客数占 92.8%，在华平均消费 180.77 美元/天，入境过夜旅游者在境内人均花费 1229.24 美元。入境过夜旅游者花费构成是：交通费占 13.9%，旅游住宿占 26.8%，餐饮费占 13.4%，游览费占 4.5%，娱乐费占 6.5%，购物费占 21.8%，市内交通费占 2.1%，邮电通信费占 2.1%，其他费用占 8.9%[②]。

海南省因为其独特的旅游市场空间结构，旅游者消费支出数量和结构与全国市场存在一定的差异。例如，2012 年海南省国内人均旅游收入比 2011 年全国人均旅游消费高出 410.8 元，而海外旅游者收入消费与全国数值相差不大。一般而言，旅游者消费支出大于目的地直接收入。因此，以海南省旅游收入作为经济指标，应用旅游

① 中国国家旅游局.《2011 年中国旅游业统计公报》.

② 中国国家旅游局.《2010 年中国旅游业统计年鉴》. 北京：中国旅游出版社，2011.

生态效率第一模型，求得的生态效率值偏低。

市场调查的统计结果显示，国内旅游者在旅游消费中支出比例为：交通占45.2%，住宿占30.9%，娱乐活动占7.9%，餐饮占3.2%，购物占11.8%，其他占1%。海外旅游者消费结构比例结合2009年的统计数值进行修订，得到交通、住宿、娱乐活动、餐饮、购物、其他的比例分别为33.1%、26.8%、11.0%、13.4%、10.8%、4.9%。本书将旅游者消费支出比例应用于海南省旅游收入计算，结果显示，2012年海南省旅游交通、旅游住宿、旅游活动的收入分别为168.66亿元、116.22亿元、30.65亿元（表5-6）。

表5–6　海南省2012年旅游者消费结构

消费项目	国内旅游者/比例（%）	海外旅游者/比例（%）	合计（亿元）
交通（亿元）	161.27/45.2	7.39/33．1	168.66
住宿（亿元）	110.24/30.9	5.98/26.8	116.22
娱乐活动（亿元）	28.19/7.9	2.46/11.0	30.65
餐饮（亿元）	11.42/3.2	2.99/13.4	14.41
购物（亿元）	42.10/11.8	2.41/10.8	44.51
其他（亿元）	3.57/1.0	1.09/4.9	4.67
合计（亿元）	356.79	22.33	379.12

资料来源：旅游消费比例根据调研资料统计

5.3.4　旅游交通生态效率

旅游交通业既是重要的能源消耗部门，也是重要的经济产出和收益部门。交通费用在旅游消费中所占比例较高，现代旅游者越来越重视旅游交通给人们带来的体验和感受，因此旅游交通消费与旅游交通碳足迹、旅游能源消耗之间的比值构成了旅游交通生态效率值。

5.3.4.1　基于碳足迹的旅游交通生态效率

旅游交通是旅游过程最大的碳排放来源，因此基于碳足迹的旅游交通生态效率值对旅游环境影响的评价意义最大。海南省 2012 年交通部门的碳足迹总量为 18791.24×10^6 千克，接待海内外过夜旅游者数量为 3230.36 万人次，旅游交通总收入为 168.66 亿元。基于碳足迹的旅游生态效率值为 0.898 元/千克或 1.114 千克/元，也即海南省 2012 年旅游交通每创造 1 元经济收入，要产生 1.114 千克的二氧化碳排放，或者说旅游交通每产生 1 千克二氧化碳，能带来 0.898 元的旅游经济收入（表 5-7）。

表 5-7 基于碳足迹的 2012 年海南省旅游交通生态效率

交通类型	旅游交通碳足迹 $CO_{2\text{-}e}$（10^6千克）
飞机	17330.63
火车	1261.44
城市公交	65.89
步行/自行车	0
出租车	103.69
自驾车	25.26
其他	4.33
合计	18791.24
接待过夜旅游者总数（万人次）	3320.36
人均旅游交通碳足迹（千克/人）	565.94
旅游交通总收入（亿元）	168.66
旅游交通生态效率比值（元/千克）	0.898
旅游交通生态效率比值（千克/元）	1.114

资料来源：作者计算整理

5.3.4.2 基于能源消耗的旅游交通生态效率

旅游交通消耗大量的能源，也是旅游消费的重要环节。海南省 2012 年旅游能源消耗总量为 260770.11×10^6 兆焦，旅游交通收入为 168.66 亿元，基于旅游能源消耗的旅游交通生态效率比值为 0.0647 元/兆焦，或者 15.461 兆焦/元，也即每兆焦的能源消耗消耗能产生 0.0647 元的旅游收入，反之，每元旅游经济收入需要消耗 15.461 兆焦的能源（表 5-8）。

表 5-8　基于能源消耗的 2012 年海南省旅游交通生态效率

交通类型	旅游交通能源消耗（10^6 兆焦）
飞机	215945.62
火车	43249.48
城市公交	627.55
步行/自行车	0
出租车	682.68
自驾车	221.74
其他	43.04
合计	260770.11
接待过夜旅游者总数（万人次）	3320.36
人均旅游交通能源消耗（兆焦/人）	7853.67
旅游交通总收入（亿元）	168.66
旅游交通生态效率比值（元/兆焦）	0.0647
旅游交通生态效率比值（兆焦/元）	15.461

资料来源：作者根据调研计算整理

5.3.5　旅游住宿生态效率

5.3.5.1　基于碳足迹的旅游住宿生态效率

旅游住宿部门在创造一定经济收益的同时，也成为旅游碳足迹和旅游能源消耗的重要来源。计算显示，海南省 2012 年旅游者因为住宿产生的碳足迹总和为 2330.56×10^6 千克，旅游住宿经济收入为 116.22 亿元。

海南省 2012 年基于旅游碳足迹的生态效率值为 7.13 元/千克或者 0.14 千克/元。也即旅游住宿部门每产生 1 千克的二氧化碳形成的经济收入为 7.13 元，或者每元旅游住宿收入会产生 0.14 千克二氧化碳的排放量（表 5-9）。

表 5–9 基于碳足迹的 2012 年海南省旅游住宿生态效率

住宿类型	游客过夜数（万晚）	碳足迹 CO_{2-e}（10^6 千克）
星级酒店	9821.64	2023.26
社会宾馆	876.58	122.72
度假村	903.18	129.14
家庭旅馆	348.64	55.43
住宿过夜数与碳足迹合计	11949.97	2330.56
接待过夜旅游者总数（万人次）	3320.36	
旅游住宿人均碳排放（千克/人）	70.19	
旅游住宿总花费（亿元）	116.22	
旅游住宿生态效率比值（元/千克）	7.13	
旅游住宿生态效率比值（千克/元）	0.14	

资料来源：作者计算整理

5.3.5.2 基于能源消耗的旅游住宿生态效率

旅游住宿是重要能源消耗部门。海南省 2012 年住宿接待部门总能源消耗为 14486.49×10^6 兆焦，旅游住宿部门总体接待收入为 116.22 亿元。基于能源消耗的旅游住宿生态效率值为 0.80 元/兆焦或者 1.25 兆焦/元，说明每获得 1 元的旅游住宿收入，需要消耗 1.25 兆焦的能量，或者每消耗 1 兆焦能源旅游住宿产生的经济收益为 0.8 元（表 5-10）。

表 5–10 基于能源消耗的 2012 年海南省旅游住宿生态效率

住宿类型	游客过夜数（万晚）	住宿能源消耗（10^6 兆焦）
星级酒店	9821.64	12768.13
社会宾馆	876.58	762.62
度假村	903.11	812.80
家庭旅馆	348.64	142.94
住宿过夜数与能源消耗合计	11949.97	14486.49

续表

住宿类型	游客过夜数（万晚）	住宿能源消耗（10^6兆焦）
接待过夜旅游者总数（万人次）	3320.36	
旅游住宿人均能源消耗（兆焦/人）	436.29	
旅游住宿总收入（亿元）	116.22	
旅游住宿生态效率比值（元/兆焦）	0.80	
旅游住宿生态效率比值（兆焦/元）	1.25	

资料来源：作者计算整理

5.3.6　旅游活动生态效率

5.3.6.1　基于碳足迹的旅游活动生态效率

旅游活动产生的碳足迹和能源消耗所占比例不大，但是旅游活动作为目的地主要吸引物，是旅游者体验感知的主要内容，相应地旅游活动的生态效率分析十分重要。2012 年海南省各类旅游活动产生的碳足迹综合为 187.8×10^6 千克，旅游活动总收益为 30.65 亿元，基于碳足迹的旅游生态效率值为 16.32 元/千克或 0.0613 千克/元，说明每千克二氧化碳的碳足迹排放产生的旅游娱乐活动部门经济收益为 16.32 元，也即每元旅游活动经济收入产生 0.0613 千克的二氧化碳排放量（表 5-11）。

表 5-11　基于碳足迹的 2012 年海南省旅游活动生态效率

旅游活动类型	旅游者数量（万人次）	碳足迹 $CO_{2\text{-}e}$（10^6千克）
植物园	597.66	3.74
主题公园	1195.33	6.98
自然观光	2158.23	11.7
文化景观	498.05	1.8
观看演出	531.26	1.28
节庆会展	298.83	0.62

续表

旅游活动类型	旅游者数量（万人次）	碳足迹 $CO_{2\text{-}e}$（10^6 千克）
垂钓	265.63	14.64
潜水/游泳	1228.53	38.53
冲浪/沙滩	962.9	25.88
温泉/休闲度假	431.65	13.54
高尔夫	132.81	50.8
游轮/游艇	66.41	18.29
旅游活动参与人数与碳足迹合计	12331.80	187.8
旅游者总数	3320.36	
旅游活动人均碳排放（千克/人）	5.66	
旅游活动总收入（亿元）	30.65	
旅游活动生态效率比值（元/千克）	16.32	
旅游活动生态效率比值（千克/元）	0.0613	

资料来源：作者计算整理

5.3.6.2　基于能源消耗的旅游活动生态效率

海南省 2012 年各类旅游活动能源消耗总量为 3499.45×10^6 兆焦，旅游娱乐、旅游活动服务项目的总收入为 30.65 亿元，基于旅游能源消耗的生态效率值为 0.876 元/兆焦或 1.142 兆焦/元，说明每元旅游活动经济收入需要消耗大约 1.142 兆焦的能源和资源，也即旅游娱乐活动每消耗 1 兆焦能源产生的相应经济收入为 0.876 元（表 5-12）。

表 5–12　基于能源消耗的 2012 年海南省旅游活动生态效率

旅游活动类型	旅游者数量（万人次）	旅游活动能源消耗（10^6 兆焦）
植物园	597.66	110.27
主题公园	1195.33	230.94
自然观光	2158.23	238.48

续表

旅游活动类型	旅游者数量（万人次）	旅游活动能源消耗（10^6兆焦）
文化景观	498.05	36.61
观看演出	531.26	123.46
节庆会展	298.83	49.49
垂钓	265.63	232.29
潜水/游泳	1228.53	1154.08
冲浪/沙滩	962.9	405.57
温泉/休闲度假	431.65	78.56
高尔夫	132.81	315.76
游轮/游艇	66.41	523.94
旅游活动参与人数与能源消耗合计	12331.80	3499.45
旅游者总数	3320.36	
旅游活动人均能源消耗（兆焦/人）	105.39	
旅游活动总收入（亿元）	30.65	
旅游活动生态效率比值（元/兆焦）	0.876	
旅游活动生态效率比值（兆焦/元）	1.142	

资料来源：作者计算整理

5.3.7 旅游总体生态效率

5.3.7.1 基于碳足迹的旅游总体生态效率

旅游生态效率是一个比率性指标，应用旅游碳足迹与旅游收益进行生态效率计算是本书的关注重点之一。分析显示，海南省 2012 年旅游交通、旅游住宿、旅游活动过程中产生的碳足迹的总和为 21209.6×10^6 千克，旅游总收入为 379.12 亿元，基于碳足迹的旅游生态效率值为 1.787 元/千克或 0.559 千克/元，也即每元旅游经济收入产生的碳足迹排放量为 0.559 千克，或者旅游消费每产生 1 千克二氧化碳的排放量形成的旅游经济收入为 1.787 元（表 5-13）。

表 5-13 基于碳足迹的 2012 年海南省旅游生态效率

旅游三大部门	二氧化碳排放量 $CO_{2\text{-}e}$（10^6 千克）
旅游交通	18791.24
旅游住宿	2230.56
旅游活动	187.8
合计	21209.6
人均碳足迹（千克/人）	638.77
旅游总收入（亿元）	379.12
旅游生态效率比值（元/千克）	1.787
旅游生态效率比值（千克/元）	0.559

资料来源：作者计算整理

5.3.7.2 基于能源消耗的旅游总体生态效率

利用旅游能源消耗与旅游收益进行旅游生态效率计算，是本书的一个理论研究创新，拓展了旅游生态效率的研究视角，将旅游能源消耗与旅游经济效益首次整合起来，将两者的比值作为旅游可持续发展能力的衡量指标。分析显示，2012 年海南省三大旅游部门能源消耗总量为 278756.05×10^6 兆焦，旅游总收入为 379.12 亿元，基于旅游过程能源消耗的生态效率值为 0.136 元/兆焦或 7.353 兆焦/元，也即旅游部门每消耗 1 兆焦的能源能产生 0.136 元经济收益，或者说，旅游业每获得 1 元旅游经济收益，消耗的能源为 7.353 兆焦（表 5-14）。

表 5-14 基于能源消耗的 2012 年海南省旅游生态效率

旅游三大部门	旅游能源消耗（10^6 兆焦）
旅游交通	260770.11
旅游住宿	14486.49
旅游活动	3499.45
合计	278756.05
人均旅游能源消耗（兆焦/人）	8395.36
总收入（亿元）	379.12
旅游生态效率值（元/兆焦）	0.136
旅游生态效率比值（兆焦/元）	7.353

资料来源：作者计算整理

5.4 可持续视阈下旅游生态效率分析

5.4.1 可持续视阈下最优生态效率

提高旅游生态效率是旅游可持续发展的一个方向，以基于碳足迹的生态效率原理为例，提高生态效率的路径主要有：（1）经济收益不变，降低碳足迹；（2）碳足迹不变，提高经济收益；（3）碳足迹下降的同时，经济收益增大。

将旅游生态效率作为目的地可持续发展能力评价的一个工具，是旅游生态效率研究的一个基点，也是旅游生态效率模型的重要应用之一。换言之，通过确定一个旅游生态效率的可持续性临界阈值，即可判断旅游发展模式是否具有可持续性。反之，以可持续性为标准，可以获得旅游目的地最优生态效率值。

根据 Hasselmann（2003）①等人的研究，可持续发展的旅游目的地二氧化碳排放水平应该是在现有基础上降低 80%。以海南省 2012 年旅游生态效率为例，判断区域旅游发展是否可持续的门槛是在 0.559 千克/元基准值的基础上下降 80%，即在旅游收益率一定的前提下，旅游目的地旅游生态效率小于或等于 0.1118 千克/元时，被视为可持续旅游发展情景。但是该方法存在一定的局限性，因为不同区域、不同时段、不同环境下旅游生态效率处于动态变化之中，用一个静态指标衡量旅游发展可持续性显得较为绝对，可靠性和科学性不强，该评价方法只能在特定的条件下才能适用。特别是，随着区域旅游经济发展水平的不断提升，旅游经济收入也会持续增加，相应地，旅游生态效率水平也趋于优化。

① Grapl H., Kokott J., Kulessa M., Luther J., Nuscheler F., Sauerborn R., Schellnhuber H. J., Schubert R., Schulze E. D. Climate protection strategies for the first century: Kyoto and beyond[R]. Special report. WBGU, Berlin. 2003.

5.4.2 旅游生态效率部门差异对比

由前分析可知，旅游交通部门的碳足迹和能源消耗比例最大，特别是对于海南省而言，长距离旅行旅游者占很大比例，旅游者出入境采用能源消耗较高的飞机出行人数较多，因此旅游交通对环境影响最大。旅游生态效率的比值不仅与旅游碳排放和能源消耗有关，也与各部门的消费支出和收益紧密相关。

2012 年海南省旅游总体生态效率为 1.787 元/千克，旅游活动的生态效率为 16.32 元/千克，旅游住宿生态效率为 7.13 元/千克，旅游交通生态效率为 1.114 元/千克，显然旅游活动的生态效率大于旅游住宿和旅游交通。这一方面说明了旅游娱乐和活动、旅游住宿对目的地经济的拉动作用更大，另一方面说明了在旅游交通外部距离既定的情况下，旅游者停留时间越长、人均消费越高、旅游活动参与频次越多，旅游生态效率值越大，旅游经济的可持续能力越强。

特别地，旅游部门之间的生态效率虽然存在差异，但是相比较旅游碳足迹和旅游能源消耗的部门差异而言，旅游生态效率的部门差异显著减小，说明旅游生态效率一定程度上减小了部门变量差异的幅度，有利于实践上的推广应用。

5.4.3 旅游生态效率区域差异对比

旅游生态效率的研究方兴未艾，国内外部分学者通过实证研究计算了不同旅游目的地的旅游生态效率值。Stefan Gössling（2005）计算了美国落基山国家山地公园（Rocky Mountain National Park）和塞舌尔的旅游交通生态效率、旅游住宿生态效率、旅游活动生态效率值，研究结果显示落基山国家山地公园、塞舌尔的旅游生态效率值分别为 2.43 千克/欧元、7.6 千克/欧元，进行单位换算之后，两地的旅游生态效率值分别为 0.3046 千克/元、0.953 千克/元[①]。国内旅游学者在旅游生态效率定量计算上也有一些涉足，例如肖建红等

① 欧元与人民币汇率为 7.9784。

（2011）计算得出舟山群岛地区旅游生态效率值为 0.0369 千克/元，章锦河等（2008）计算的黄山旅游风景区和九寨沟旅游区旅游生态效率值分别为 0.2019 千克/元和 0.3059 千克/元，显然不同旅游地的旅游生态效率值不尽相同（表 5-15）。

表 5–15　旅游生态效率区域比较

地区	生态效率值（千克/元）
海南	0.559
塞舌尔	0.953
落基山国家山地公园	0.3046
九寨沟	0.3059
黄山	0.2019
舟山群岛	0.0369

资料来源：作者计算整理

比较而言，海南省 2012 年的旅游生态效率值低于塞舌尔，而高于其他四个地区（依照旅游生态效率第二模型的标准）。海南省生态效率值略高的原因主要是海南省旅游市场中大于 2000 千米的长距离旅游者比例较高，而且外部交通的主要交通形式为乘坐飞机，另外旅游统计资料中人均旅游收入的数值比实际旅游者消费要低。因此，按照旅游生态效率的评价标准，从实现可持续发展模式上看，海南省旅游节能减排的空间很大。

5.5　本章小结

本章在分析生态效率概念、理论、原理的基础上，构建了旅游生态效率模型，将旅游收入作为经济影响变量，旅游碳足迹和旅游能源消耗作为环境影响变量，完善了适合本书研究的旅游生态效率指标体系，以海南省为例，分别计算了 2012 年旅游交通生态效率、旅游住宿生态效率、旅游活动生态效率的值，并且结合已有研究成果，应用旅游可持续发展的理念，将生态效率作为评价旅游目的地可持续发展能力的指标，界定了可持续性发展情境下的生态效率临界值。

旅游生态效率概念的提出旨在促进旅游经济产出最大化的同时，实现旅游环境影响最小化。本书在理论分析过程中，将能源消耗作为环境影响的一个指标，扩展了生态效率的内涵，增加了生态效率模型的应用范围。通过案例地的实证研究发现：

（1）以 2012 年海南省旅游生态效率为标准，旅游可持续发展的门槛值为 0.1118 千克/元，旅游部门生态效率等于或者低于该值，被认为是可持续旅游发展状态。以这个旅游生态效率值评定区域旅游可持续发展能力，具有一定的局限性：一方面，特定案例地的旅游生态效率的影响机制特殊，与类比地区可能存在差异；另一方面，以特定时间节点的旅游效率值作为可持续发展评定的标准值，时效性也相应地需要考虑。但是，无论从研究方法和操作工具上看，典型案例地毕竟具有一定的示范意义，其研究结论可以作为旅游可持续发展能力判断的一个参考。

（2）从旅游三大部门的生态效率值比较看，海南省旅游活动生态效率和旅游住宿生态效率大于旅游交通生态效率。因此，在旅游出行距离既定的情况下，提高旅游目的地旅游生态效率的措施在于：提高人均消费水平、延长平均停留时间、增加平均参与活动频次。总之，“短距离、长停留、高消费”的旅游市场结构有利于提升旅游生态效率，反之，“长距离、短停留、低消费”的旅游市场结构则拉低了旅游生态效率值。

（3）由于旅游生态效率受到平均旅游消费、平均出行距离、平均停留时间、旅游交通模式等诸多因素的影响，而且是一个相对比值，因此单纯利用生态效率评价旅游目的地的可持续发展能力，也存在一定的不足，需要通过更为完善的后续研究进行完善。

（4）与美国落基山国家山地公园、塞舌尔、黄山风景区、九寨沟等地相比较，按照旅游生态效率第二模型的标准，海南省 2012 年总体旅游生态效率低于塞舌尔，高于黄山、九寨沟和落基山，这与海南省外部交通平均距离较大、乘坐飞机旅游者比例较高、旅游收入数值相比实际消费较低等原因有关。经济收入偏低、旅游能源消耗和碳足迹偏高，两方面的原因叠加起来使得海南省的旅游生态效率水平略次于部分旅游地。另外，以水资源利用、其他温室气体排放等作为环境影响变量，则能更为完善地反映旅游生态效率的研究价值。加强不同时期旅游生态效率差异的研究，有利于探索影响旅游生态效率运行的内在机制。

第六章　低碳旅游生态效率感知与态度研究

我国生态环境、资源状况不容乐观。推动我国生态文明建设，必须着力推进绿色发展、循环发展、低碳发展这一经济范式，建立科学的生态观，提高人类的生态自觉。低碳经济要求人们从理念到行为的低碳化调整。低碳旅游研究的目标是减少碳足迹，增加旅游碳汇，甚至达到旅游过程零排放的阶段。

基于生态效率的原理，旅游过程温室气体排放减量化、能源资源消耗节约化、旅游经济效益扩大化有利于提高旅游生态效率水准，降低单位旅游经济收入的环境影响，实现低碳旅游发展模式，促进区域旅游经济增长方式转型，增加旅游业对地方经济社会发展的贡献。

旅游生态效率的大小取决于旅游经济效益与环境影响的相对比值，在旅游收益既定的前提下，旅游消费过程的节能减排成为提升旅游生态效率的关键，旅游节能减排也因此成为行业和学术界的关注焦点。但是与此紧密相关的另外三个问题不可忽视：其一，旅游业实施节能减排措施之后是否能满足旅游者需求，是否会降低旅游者满意度，关系到旅游目的地可持续发展潜力；其二，旅游能源消耗与碳排放受到旅游者选择决定的直接影响，旅游者对低碳旅游模式的感知、态度和行为如何，直接影响了旅游能源消耗的多重决策结果；其三，低碳旅游模式、旅游生态效率提升需要企业经营者的大力支持，因此旅游企业经营者的感知、态度和投资意愿直接决定了旅游节能减排的未来前景。

心理学认为，需要和动机是驱动人类行为的基本要素。Woodside（2001）提出的旅游决策模型认为，旅游者在离开常住地之前和回来之后均会做出系列影响旅游选择和行为的决策，包含旅游交通路线的选择、旅游住宿的选择、旅游吸引物和活动的选择等。这些旅游消费环节的决策行为极为复杂，受到旅游者个人价值观、旅游动机、旅游偏好、支付能力等社会因素的影响。不同的交通、住宿和旅游活动的选择决策，直接形成了旅游者碳足迹和能源消耗的组合清单，直接决定了旅游生态效率的高低。

总之，旅游生态效率不仅与外界硬性环境有关，更与旅游者、企业经营者、旅游规划者等利益主体的感知、态度、行为紧密相连。在分析旅游生态效率影响机制的前提下，研究旅游者、企业经营者对待低碳旅游生态效率提升措施的态度和行为规律，有利于更好地制定生态效率规划战略，提高旅游者满意度和支持度，为政策制定者与行业规划者提供参考。

6.1 旅游生态效率影响因素与机制

6.1.1 旅游系统结构分析

不同环境下旅游生态效率具有一定的差异，影响旅游生态效率的因素相互作用，构成一个旅游生态效率影响要素系统，从旅游活动的系统构成看，旅游生态效率在特定时空范畴内的差异与三个要素相关，即旅游主体因素、旅游客体因素、旅游环境因素（图 6-1）。

图 6–1　旅游生态效率要素系统分析

（1）旅游主体，也就是旅游者。相同的旅游产品、相同的旅游环境、相同的旅游载体，不同的旅游者因为自身文化、社会、经济背景因素的差异，会选取不同的旅游消费方式，最终导致旅游生态效率的差异。例如根据旅游者人口学统计特征，旅游者可以分为高收入旅游者、年轻旅游者、发达国家旅游者、冒险性旅游者等类型，这种隐性的主体差异对旅游选择与决策起着重要的支配作用。旅游生态效率模型设计过程中，旅游消费、旅游收益、旅游决策等变量均为旅游主体的衍生变量，基于旅游者感知—态度—决策的旅游生态效率模型设计是一个理论研究上的创新。

（2）旅游客体。旅游客体就是旅游过程消费的对象，也就是旅游产品。差异化的旅游产品具有不同的价格、碳排放和能源消耗水平，旅游产品类型不同则生态效率不同，旅游目的地提供的旅游产品具有典型的区域特征。自然旅游、生态旅游、文化旅游、冒险旅游、度假旅游的产品类型的碳足迹和能源消耗强度不同，这是旅游产品的客体性差异。旅游碳足迹和旅游能源消耗的重点在于旅游交通、旅游住宿、旅游活动三个领域，本质上的部门差异就是旅游产品的不同。

（3）旅游环境。旅游系统中链接旅游主体和旅游客体的是旅游环境，旅游环境本身是一个复杂的系统，旅游外在环境不同则生态效率不同，旅游者达到旅游目的地以及在目的地消费的过程必然受到环境的制约。旅游交通工具的能源消耗性能、旅游产品供给的丰富程度、企业对旅游者采用低碳模式的宣传力度、国家低碳旅游政策等都直接或者间接影响旅游生态效率值的大小。旅游环境涉及的要素较多，各方面的利益在可控制的环境内不断进行博弈，最终取得暂时性的博弈均衡。

6.1.2 旅游生态效率因素

地区之间、行业之间、部门之间旅游生态效率呈现一定差异的原因很多，有的是显性因子，有的是隐形因子，有的因素作用大，有的因素作用小。结合旅游交通生态效率模型、旅游住宿生态效率模型、旅游活动生态效率模型的原理，影响区域旅游生态效率的因素划分为：

（1）时间因素。一般地，旅游者平均停留时间越长，旅游消费数量越大，在交通等情况不变的条件下，旅游生态效率越大。Sussane Becken（2003）认为旅游者在目的地的停留时间是影响能源消耗总量的主要变量，而且随着住宿人数的增加，能源利用效率也相应增加。

（2）空间区位。客源地与目的地之间的距离越大，旅游外部交通形成的环境负担也越大，特别是长距离的飞行旅游条件下，旅游生态效率水平一般会降低。在斐济的研究案例中，地理区位是旅游能源消耗一个重要影响因子，位于外围的住宿设施能源强度是中心岛的 2～3 倍。

（3）消费因素，主要包括旅游者人均花费、参与旅游活动频次等，这与旅游者家庭平均收入、旅游消费观念、旅游产品丰度等有关。在旅游外部交通一定的条件下，旅游者平均消费水平越高，旅游生态效率越高。旅游者节能意识越强，越有利于形成良好的旅游节能行为。

（4）政策因素，主要包含政府在低碳旅游、节能减排、旅游消费、旅游购物、市场开拓等方面的政策。任何新兴产业和理念发展的初期均有赖于政策的启动和激励，政策导向既可以降低旅游交通、旅游住宿、旅游活动的单位能源消耗，也能扩大旅游消费能力，从而促进旅游生态效率的提升。

（5）技术因素，主要包含低碳技术和节能设施的应用、绿色饭店的推广及其标准的制定、交通工具排放系数降低、发动机燃烧率的提高等技术因素。技术因素主要取决于创新推动，旅游及其相关产业的技术进步能无形地促进旅游生态效率的提升，交通、低碳、节能技术的是社会进步的重要领域，必将对旅游生态效率的提升优化产生连锁反应。

6.1.3　旅游决策影响模型

旅游者最终采用什么交通方式、住宿方式，参与什么旅游活动，消费水平如何，归根结底是一个旅游消费多重选择与决策过程。旅游者或者旅游中介机构在旅游交通、住宿、购物、娱乐活动等环节的选择，构成一个旅游能源消耗的账单。因此，旅游者决策模式从根本上影响旅游能源需求和碳足迹排放，同时也决定了旅游消费水平的高低。

旅游者的消费是由不同的旅游交通、住宿接待、吸引物和活动组成的集合。明显地，旅游者和经营者对待低碳旅游、旅游生态效率、气候变化等问题的感知、态度和行为深刻影响了目的地旅游生态效率的水平，也关系着目的地可持续发展的能力。El-Fadel 和 Bou-Zeid（1999）计算了从客源地到利伯农的二氧化碳排放量，采用的情景分析方法研究了多个与二氧化碳排放相关的影响因子，其中旅游者的低碳意识及其行为决策发挥了重要作用。

当旅游者形成一个旅游决策时，会考虑的因素有：便捷性、时间、成本、交通模式等。Seddinghi（2002）等认为目的地选择是一个多步骤过程，旅游者对目的地的感知与情感在旅游决策中起到关键作用，并建立了理论模型研究旅游者行为与目的地决策之间的关系。旅游者因为自身年龄、收入、文化背景等内在原因，在感知与态度的影响下，选择不同的度假模式和消费内容，导致最终的旅游能源消耗、碳足迹与生态效率产生较大差异，形成一个旅游者决策机制与旅游生态效率之间的关系模型（图 6-2）。

旅游者选择决策与旅游动机、旅游感知、旅游形象紧密相关。Sussane Becken（2003）认为旅游决策选择组合的不同形成了能源需求的差异，但是关于旅游者决策选择与能源利用之间的关系研究较少，国内旅游者与国际旅游者在旅游模式、旅游能源需求、旅行选择等方面存在较大差异。Sanjay（2008）认为影响旅游能源消费模式的主要因素有：旅游者态度、接待容量、能源成本、能源资源的多样性、节能技术、政策法规等，旅游者是否会做出有利于气候变化的选择取决于其心理因素。

基于旅游者和经营者对旅游生态效率、低碳旅游感知、态度重要性的认识，本书将旅游者和经营者放在一个更为自主能动的范畴之内，着重分析了旅游者与经营者的态度、行为对生态效率的影响及其形成机制，为提升旅游者满意度和目的地可持续发展能力提供理论依据。

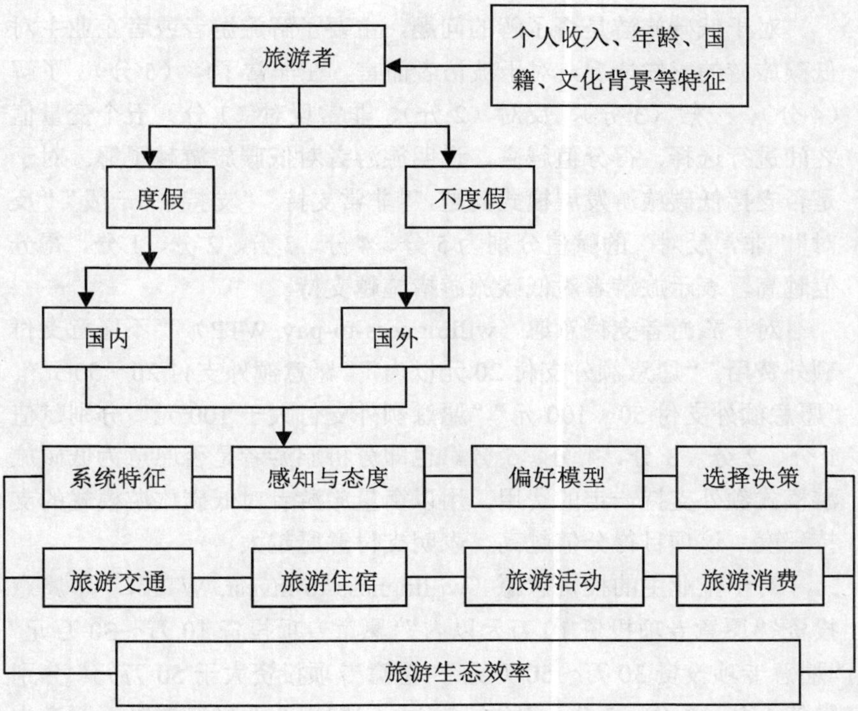

图 6-2 旅游者决策与生态效率关系模型

6.2 旅游者对低碳旅游的感知与态度

6.2.1 研究方法与思路

（1）变量的选取

准确选取研究变量是进行定量分析的第一步，为了分析旅游者和经营者对低碳旅游和生态效率的感知与态度，通过对“您对低碳旅游是否了解”“您是否支持低碳旅游发展模式”“您愿意为旅游节能支付或投资多少费用”三个选项的调查，采用里克特量表对结果进行赋值。

对于低碳旅游是否了解的问题，主要了解旅游者或者企业主对低碳旅游的感知情况，对于被访者而言，在非常了解（5 分）、了解（4 分）、一般（3 分）、反对（2 分）、非常反对（1 分）五个变量值之间进行选择，得分值越高，说明旅游者对低碳旅游越了解。对于是否支持低碳旅游发展模式问题，“非常支持”“支持”“一般”“反对”“非常反对”的赋值分别为 5 分、4 分、3 分、2 分、1 分，得分值越高，表示旅游者对低碳旅游措施越支持。

对于旅游者支付意愿（willingness-to-pay, WTP），“不愿意支付额外费用”“愿意额外支付 20 元以内”“愿意额外支付 20～50 元”“愿意额外支付 50～100 元”“愿意额外支付大于 100 元”分别赋值 1 分、2 分、3 分、4 分、5 分。也即分析旅游者是否愿意为低碳旅游模式额外支持一定的费用，用以衡量旅游者对低碳旅游模式的支持程度，该项目得分值越高，表明支付意愿越大。

对于企业主的投资意愿（willingness-to-invest, WTI），“不愿意投资”“愿意专项投资 10 万元以内”“愿意专项投资 10 万～30 万元”“愿意专项投资 30 万～50 万元”“愿意专项投资大于 50 万元”分别赋值 1 分、2 分、3 分、4 分、5 分。也即用企业经营者是否愿意为低碳旅游模式、低碳绿色旅游设施进行专项资金投入来衡量其对低碳旅游的支持程度，该项目得分值越高，表明经营者投资意愿越大，对低碳旅游模式的支持态度越强烈。

一般而言，里克特量表的等级评价平均值在 1～2.5 之间表示反对，在 2.5～3.4 之间表示中立，在 3.4～5 之间表示赞成。对市场调查一手资料进行统计，通过旅游者和企业主的得分值，分析对待气候变化、低碳旅游、旅游生态效率规划措施的态度与行为，为提升旅游可持续发展能力提供理论依据。

（2）信度检测

进行数据分析之前，需要进行样本数据的信度检验。信度检测结果主要用于评价问卷的可靠性，信度分析结果体现的是问卷测试结果的一致性与稳定性。一般用于进行信度检测的指标是克朗巴哈系数（Cronbach's alpha 或 Cronbach's α），克朗巴哈 α 系数是一个统计量，是指量表所有可能的项目划分方法得到的折半信度系数的平均值，是最常用的信度测量方法。一般来说，克朗巴哈 α 系数值越大，说明信度越高，一般认为克朗巴哈 α 系数低于 0.35 就是低信度，应该予以拒绝。本研究中，旅游者低碳旅游感知与态度、经营者低碳旅游感知与态度、旅游者支付意愿、经营者投资意愿等变量的克朗巴哈 α 系数均大于 0.6，因此本次市场调查问卷的结果信度较高（表 6-1）。

表 6-1　统计量克朗巴哈 α 系数

变量	问卷项目	克朗巴哈 α 系数
旅游者低碳旅游感知与态度	对低碳旅游是否了解	0.689
	是否支持低碳旅游发展模式	0.871
经营者低碳旅游感知与态度	是否了解低碳旅游模式	0.775
	是否支持低碳旅游发展模式	0.743
	是否支持低碳旅游计划	0.752
旅游者支付意愿（WTP）	不愿意支付额外费用	0.750
	愿意额外支付 20 元以内	0.698
	愿意额外支付 20～50 元	0.759
	愿意额外支付 50～100 元	0.702
	愿意额外支付大于 100 元	0.810
经营者投资意愿（WTI）	不愿意投资	0.775
	愿意专项投资 10 万元以内	0.629
	愿意专项投资 10 万～30 万元	0.664
	愿意专项投资 30 万～50 万元	0.684
	愿意专项投资大于 50 万元	0.636

资料来源：问卷统计分析结果

6.2.2 旅游者对气候变化的感知与态度

6.2.2.1　相关结论

旅游者是旅游活动的主体，旅游者的感知和态度直接决定了旅游产业发展的态势。旅游者对减缓气候变化相关政策的反应决定了气候变化对旅游需求模式的影响模式，了解旅游者对气候变化的感知及其反应，对于预测旅游市场需求变化十分关键。欧美旅游者认为影响海外度假选择的五个最主要因素是：价格/成本、天气、家庭和朋友、最少的旅行时间、旅游活动。Andrew Hares（2010）研究了旅游者对于旅行对气候变化影响的意识，探讨气候变化在多大程度上影响旅游决策，践行低碳旅游行为存在那些障碍，结果发现大部分旅游者安排度假时没有考虑气候变化问题，旅游者对气候变化与旅游之间关系意识不足，使得旅游行业向可持续发展的排放路径转型存在一定的挑战。英国交通部（Department for Transport，2002，2006，2008）系列关于公众对空中旅行态度的研究表明，66%的被访者认为航空旅行对环境有破坏作用，44%的被访者特别提到了气候变化，64%的被访者愿意为响应环境的负面影响额外付费，62%的被访者愿意为了减少对环境的影响尽量减少乘飞机出行次数。

6.2.2.1 研究发现

互联网技术与经济全球化使得服务业越来越呈现网络化特征，旅游业作为世界上重要的服务业，旅游者的感知和态度直接决定了旅游行为的规律。研究分析显示，旅游者低碳旅游的感知和支持度较高，几乎全部的旅游者对低碳旅游概念都有一定的了解，但是不同人群对于低碳旅游的感知与态度存在差异。从年龄上看，15～24岁和25～44岁的年轻人对低碳旅游的感知较高，均值分别达到4.01和3.43，25～44岁和45～60岁的旅游者对低碳旅游支持度最高，均值分别为4.03、3.98。从文化程度看，学历层次较高的研究生、本科生、大专生对低碳旅游感知度最高，均值分别达到4.02、3.87、3.85，对低碳旅游支持度也较高，达到3.88、3.76、3.91。从家庭月收入看，收入水平在4000～4999元、3000～3999元、5000元以上三个档次的旅游者对低碳旅游感知均值分别为4.12、4.08、3.98，对低碳旅游支持度分别达到3.42、2.97、4.01，感知度与支持度较高（表6-2）。

表 6-2　旅游者对低碳旅游生态效率感知与态度分析

		低碳旅游感知		低碳旅游支持度		支付意愿（WTP）	
		均值	标准差	均值	标准差	均值	标准差
年龄	14 岁以下	3.44	1.05	3.43	0.88	2.53	1.43
	15～24 岁	4.32	0.97	3.65	0.93	2.67	0.98
	25～44 岁	4.01	0.68	4.03	0.63	3.89	0.89
	45～60 岁	3.43	0.84	3.98	0.71	3.45	0.96
	61～69 岁	2.54	0.56	2.42	0.77	2.41	0.94
	70 岁以上	2.51	0.94	2.51	0.67	2.19	1.04
文化程度	小学及其以下	2.08	0.94	2.38	0.92	2.36	1.23
	初中	2.56	1.03	2.95	0.94	2.48	1.04
	高中或中专	3.41	0.84	3.84	0.87	2.98	0.79
	大专	3.85	0.95	3.91	0.68	3.95	0.78
	大学本科	3.87	0.89	3.76	0.93	3.87	0.92
	研究生及以上	4.02	0.82	3.88	0.95	3.43	0.81
家庭月收入（元）	5000 以上	3.98	0.95	4.01	0.98	3.67	0.78
	4000～4999	4.12	0.93	3.42	0.87	3.54	0.96
	3000～3999	4.08	0.79	2.97	0.88	3.41	1.03
	2000～2999	3.44	0.64	3.03	0.69	2.58	0.95
	1000～1999	3.59	0.94	2.59	0.85	2.53	0.88
	500～999	2.57	0.96	2.54	0.63	2.46	0.74
	500 以下	2.53	0.87	2.50	0.91	2.10	0.99

资料来源：作者计算整理

6.2.3　旅游者对选择节能住宿设施的态度

6.2.3.1　研究综述

根据社会交换理论（Social Exchange Theory），旅游者对是否选择节能型住宿设施的态度取决于利益权衡的结果，正面积极的感知带来强烈的支持态度和行为，负面消极的感知形成反对的态度和行为。社会交换理论模型提出，旅游者做出选择决策之时，考虑的是经济、环境、社会等方面的因素。

旅游者对节能住宿设施感知的影响变量，有的是直接的影响因子，有的是间接的影响因子。理论模型中的外生变量包含负面的社会因素、负面的环境因素、负面的经济因素、正面的社会因素、正面的环境因素、正面的经济因素、收益和支持意愿，这些变量之间形成复合型理论感知关系（图 6-3）。

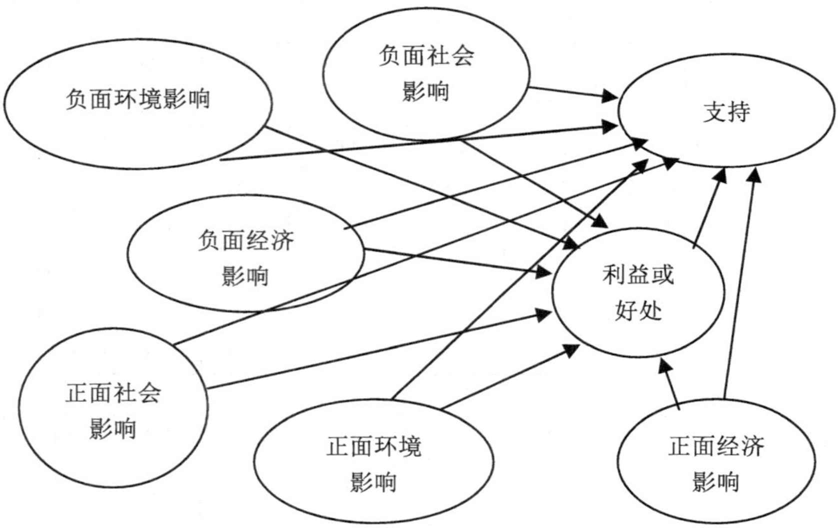

图 6–3　旅游者对节能住宿设施感知和支持度理论模型

6.2.3.2　相关结论

世界旅行与旅游理事会（World Travel and Tourism Council）与世界旅游组织合作发布的《旅游与旅行业 21 世纪议程》中，将资源管理和能源使用作为重要议题之一。旅游可持续发展的一个终极目标是培养旅游从业人员和旅游者的环境/能源消费行为的责任感。酒店能源利用效率对于旅游部门的能源消耗至关重要。长期以来，酒店企业采用传统的“资源—产品—废物”线性开放式运行模式，显示出“高投入、高消耗、高污染”的特征。我国酒店能源消耗普遍高于发达国家，其中，仅电力消耗的平均值就高于发达国家25%左右。虽然旅游行业是高能源消耗产业，但是利益相关者对于旅游节能和可更新能源利用的态度的研究成果不是很多。Dalton 等（2008）发现旅游者更加喜爱环境友好型和使用可更新能源的住宿设施，配备能源节约设施或使用可再生能源的酒店在市场上更受欢迎。Becken（2005）的研究表明旅游者愿意为酒店改善环境影响措施支付一定数量的额外费用，支付意愿的数额是旅游者对待节能设施态度的反应。

Konstantinos 等（2011）研究了旅游者选择能源节约设施型（Energy Saving Installations，ESI）酒店或者使用可再生能源资源型（Renewable Energy Sources，RES）酒店的偏好。结果表明，86%的旅游者喜欢选择装备有能源节约设施（ESI）的酒店，87%的选择使用可再生能源资源（RES）的酒店，而且愿意为酒店装备的 ESI 或者 RES 支付额外费用的旅游者比例分别为75%和77%。来自能源节约意识越高国家的旅游者，选择 ESI 和 RES 酒店并为之付费的意愿越强烈。对 RES 和 ESI 进行了投资的酒店，被旅游者选择的几率更大。这个结论对于试图增加酒店吸引力、扩大规模的酒店经理来说非常有益，因为进行 RES 和 ESI 投资不仅能降低能源成本，也能因为树立环境友好型酒店形象而增加收益。另外，旅游者愿意为入住在能源节约和可再生能源上进行了投资的酒店而支付高价格。

6.2.3.3　研究发现

采用支付意愿（WTP）分析旅游者对节能型旅游住宿设施的态度，得分值越高说明旅游者越愿意为提高旅游生态效率做出自己的贡献，从这个角度也能了解旅游生态效率的提升潜力。旅游者对节能住宿设施额外费用的支付意愿直接反映了旅游者对低碳旅游模式的支持程度，当旅游者愿意自己支付部分旅游减排费用时，说明旅游者真正愿意对低碳模式做出自己的贡献，是一种直接的行动和意愿的体现，很具有代表性和研究价值。

6.2.4 旅游者低碳旅游态度—行为鸿沟问题

6.2.4.1 相关结论

旅游者态度与实际行动之间存在一定的距离。不少研究显示旅游者关注到气候变化的态度与行为之间存在很大的不一致，这个差距习惯称之为“态度—行为”鸿沟（attitude-behavior gap）。至于态度—行为鸿沟产生的原因，Spaargaren（2000）认为，社会心理模型强调人们保持价值观和信念一致的重要性，但是由社会结构决定的个人实际行动与价值理念之间常常存在差距。

Hares 等（2010）认为，旅游者对于飞行与气候变化之间关系的认识和关注度很高，但是减少个人飞行频率的意愿却不强烈，其原因主要有：（1）部分旅游者认为旅行不是经常发生的事情，产生的碳排放根本不会影响个人。（2）当旅游者做出长距离旅行的决策时，往往经过了长时间的精心准备，因此对碳排放的考虑不会对最终的决策产生明显影响。（3）旅行对气候变化的影响比较模糊，真实影响还没有被证实。（4）个人旅游碳配额和自愿性碳补偿（voluntary carbon offsetting）的确定过于抽象，除非采用强制性措施，碳补偿用于抵消个人的负罪感还难以实现。这样就产生一个态度—行为鸿沟，旅游者一方面认识到飞行旅行对气候变化产生影响，而且这个问题必须引起重视，另一方面又不愿意减少飞行旅游的频率和距离，以承担个人社会责任，形成一个有趣的脱节（disjuncture）反应现象。

在挪威，大部分旅游者认为人类活动与气候变化之间存在直接联系。旅游者对于飞行旅游对气候变化的影响具有一定的觉醒甚至是负罪感，但是没有证据显现旅游者愿意缩短飞行距离。改变旅游行为习惯存在三大障碍。第一是交通模式难以改变，出境旅游到达许多旅游目的地选择飞机是最现实的交通方式，例如英国人到法国就可以乘坐火车轮渡，但是火车太慢且贵，因此大部分人还是乘坐飞机。如果更多英国旅游者选择国内而不是海外度假，会增加更多的旅游交通选择，例如火车、马车，这样也能减少对气候的影响。

第二是因为旅游者将度假的重要性看得很高，不愿意改变旅行习惯去适应气候变化，旅行自由的价值在旅游者心中根深蒂固，因此种种限制显得难以接受。第三个不愿意改变旅行习惯的障碍在于认为气候变化的责任在于他人，政府、商业机构、其他国家被认为应该是主要的责任承担方。碳补偿计划不受欢迎的一个很大原因在于，该方案将焦点集中在普通民众而不是真正的问题制造者——航空公司。

6.4.2.2　研究发现

现实中，旅游过程的碳税、生态补偿等手段并未实施。因此，将旅游者对节能型酒店的额外支付意愿与低碳旅游支持度之间的均值差，作为旅游者态度—行为鸿沟的评价指标。也就是说，旅游者参与到旅游节能减排之中与旅游者对低碳旅游模式的支持意愿之间存在分离的现象。一方面，很大部分旅游者是低碳旅游、绿色旅游的积极倡导者；另一方面，现在旅游行业运行过程中，或者因为旅游者态度的转变，或者因为参与低碳旅游模式的条件不具备，旅游者并没有真正实施低碳旅游行为。

分析显示，旅游者对于低碳旅游支持度与支付意愿表达之间，存在一定的差距，而且不同旅游者群体的态度差异也不尽相同。低碳旅游模式支持度表示旅游者的态度，旅游者的支付意愿表示旅游者的行为，两者的差距显示的是旅游者对于低碳旅游模式在态度和行为上的一致性。当低碳旅游支持度与支付意愿的差距为零时，表明旅游者对低碳旅游生态效率等感知、态度和行为具有一致性；当旅游者对低碳旅游支持度与支付意愿的差为正值时，表明旅游者对于低碳旅游的支持态度较为积极，但是行为上没有落实；当旅游者低碳旅游支持度与支付意愿之差为负值时，表明旅游者的支持态度转化为了实际行为，具有较强的“感知—态度—行为”一致性。

分析显示，被访者人口统计学特征对旅游低碳旅游、旅游节能减排、旅游生态效率规划措施等变量具有显著影响。学历层次为大专、大学本科的旅游者均值之差分别为-0.04、-0.11，家庭月收入在4000～4999元、3000～3999元的旅游者均值之差分别为-0.12、-0.44，预示这类旅游者采取积极节能减排行动的潜在可能较大（表 6-3）。

表 6-3 旅游者对低碳旅游生态效率感知与支付意愿的差距

		低碳旅游支持度		支付意愿（WTP）		均值之差
		均值	标准差	均值	标准差	
年龄	14 岁以下	3.43	0.88	2.53	1.43	0.90
	15～24 岁	3.65	0.93	2.67	0.98	0.98
	25～44 岁	4.03	0.63	3.89	0.89	0.14
	45～60 岁	3.98	0.71	3.45	0.96	0.53
	61～69 岁	2.42	0.77	2.41	0.94	0.01
	70 岁以上	2.51	0.67	2.19	1.04	0.32
文化程度	小学及其以下	2.38	0.92	2.36	1.23	0.02
	初中	2.95	0.94	2.48	1.04	0.47
	高中或中专	3.84	0.87	2.98	0.79	0.86
	大专	3.91	0.68	3.95	0.78	-0.04
	大学本科	3.76	0.93	3.87	0.92	-0.11
	研究生及以上	3.88	0.95	3.43	0.81	0.45
家庭月收入（元）	5000 以上	4.01	0.98	3.67	0.78	0.34
	4000～4999	3.42	0.87	3.54	0.96	-0.12
	3000～3999	2.97	0.88	3.41	1.03	-0.44
	2000～2999	3.03	0.69	2.58	0.95	0.45
	1000～1999	2.59	0.85	2.53	0.88	0.06
	500～999	2.54	0.63	2.46	0.74	0.08
	500 以下	2.50	0.91	2.10	0.99	0.4

资料来源：作者计算整理

6.3 旅游者对生态效率规划的感知与态度

6.3.1 生态效率规划战略的影响

提高旅游生态效率不仅是一个技术问题，更是一个相关利益者的态度问题。旅游目的地生态效率规划措施是否能够获得较大程度的支持，取决于利益相关者的价值观和利益诉求。例如，实践中推行生态效率规划措施具有一定的难度，因为生态效率规划得到多大程度支持不甚明确。目的地相关利益者之所以对生态效率的支持度不同，主要因为旅游生态效率规划战略通过不同途径会对旅游业、旅游者产生深刻影响（表 6-4）。

表 6–4　旅游生态效率战略对旅游者的潜在影响

生态效率潜在的正面影响	生态效率潜在的负面影响
紧凑型的发展带来更具生机的空间和社交互动	加快城市化
减少非美学的景观蔓延	减少隐私，增多拥挤与噪音
步行与骑自行车带来更多的自然亲近性	致密化发展带来视野的缩小
减少交通堵塞	汽车通行与停车受到限制
减少汽车带来的噪声与光污染	旅游者因为要穿行于汽车道，安全性较低
增强中转服务	因为相关技术的使用，舒适性降低（例如淋浴的水流速度降低）
更易获得某些休闲追求，例如教育、文化活动	美学景观的消失
减少环境污染	部分休闲活动受到限制，例如高尔夫、摩托车、游艇等
减少健康问题	定向资金用于相关设施建设
增加更多的完整区域和野生动物栖息地	增加费用和税务支出

资料来源：Bode S., Hapke J., Zisler S. Need and options for a regenerative energy supply in holiday facilities [J]. *Tourism Management*, 2003, (24): 257-266; Inskeep E. Environmental planning for tourism [J]. *Annals of Tourism Research,* 1987, 14(1): 118-135; Quilici A. A tourist resort on the island of Porto Santo, Portugal: Attempting a natural development [J]. *Urban Design International*, 1998, 3(1): 53-64; Lumsdon L. Transport and tourism: Cycle tourism—A model for sustainable development? [J]. *Journal of Sustainable Tourism*, 2000, 8(5): 361-377; Thrasher S. A., Hickey T. R., Hudome R. J. Enhancing transit circulation in resort areas: Operational and design strategies [J]. *Transportation Research Record*, 2000, (1735): 79-83.

6.3.2 旅游者对生态效率规划感知与态度

要想成功实施目的地生态效率规划措施，不仅需要技术手段的创新，更需要旅游者在改变休闲度假习惯、改变旅游行为上给予实质性支持。旅游者对生态效率的感知和态度极可能是肯定，也可能是否定，其规律是目的地规划者和管理者制定政策与措施的依据。

特别是，旅游者作为旅游行为的主体，其对目的地生态效率战略的支持度，直接影响旅游生态效率的实施结果。因此，有必要分析旅游者总体上是不是支持生态效率战略及其行为，在旅游生态效率战略的子选项中，哪个选项支持度最高。

许多生态效率分析的方法和工具被应用于旅游经营和目的地管理，但是这些方法基本没有考虑旅游者的反应。Joe Kelly（2007）发现旅游者对旅游生态效率规划方案的支持度较高，整体上看，旅游者十分支持有利于提高目的地生态效率的策略，旅游者也愿意支付额外费用以抵消旅游活动带来的环境影响。

6.3.3 旅游者对生态效率规划感知与态度偏好

不同旅游者对于旅游生态效率战略支持度存在差异，但是这个差异的大小如何、差异产生的原因在哪里，是值得研究的问题，其分析结论有利于采取有针对性的措施，提升生态效率管理工具的效度。通常情况下，旅游者对生态效率规划措施的偏好差异取决于以下几个方面的因素：个人旅游需求、旅游动机、需求满足的边际价值。

另外，不同旅游者群体对生态效率的反应不同。已有研究表明，旅游者对生态效率措施的偏好因个人特征不同呈现系统性差异，这些特征包括：（1）人口社会统计特征，例如性别、年龄、收入、教育程度等；（2）居住位置特征，例如长期居住地与目的地之间距离；（3）旅游动机，例如体验游艇、水上摩托的旅游者一般会反对推行生态效率规划战略；（4）个人价值观与态度；（5）逗留时间；（6）旅游住宿位置与旅游活动类型等。

6.4　企业主对生态效率规划的感知与态度

6.4.1　企业主对生态效率的感知与态度

从经济学的角度看，旅游企业经营者的动机在于寻求利润最大化。只有当旅游者消费意愿能增加经营者利益时，经营者才会主动采取迎合低碳潮流的举动，例如进行节能设施设备更新、积极宣传低碳旅游理念、加大低碳旅游相关投资。因此，企业主对旅游接待设施的投资意愿代表了企业主对生态效率规划的支持度。低碳意识强的企业率先将低碳作为营销的重点，响应“绿色旅游”的倡议，使得企业贴上“绿色旅游企业”“低碳旅游企业”的标签，从而提升企业的核心竞争力，形成独特性卖点。

分析显示，旅游业企业主对于低碳旅游的感知度和支持度总体上较高，具有一定的投资意愿，但是不同人口统计学特征企业主也呈现一定的差异。具体而言，从年龄上看，15～24 岁、25～44 岁、45～60 岁的企业主对低碳旅游感知较为强烈，均值分别达到 4.01、3.92、3.87；25～44 岁、45～60 岁企业主对低碳旅游支持度较高，均值分别为 3.96、3.85，对低碳旅游设施的投资意愿也较强，均值分别达到 3.87、2.54。从文化层次上看，具有本科和研究生学历的旅游者低碳旅游感知最强，均值分别为 4.01 和 3.98，对低碳旅游的支持度也最高，均值分别为 4.05 和 4.12；学历较高者也更愿意为节能减排进行投资，均值分别为 3.95 和 3.90（表 6-5）。

表 6–5　企业主对低碳旅游与生态效率的感知与态度分析

人口统计特征变量		低碳旅游感知		低碳旅游支持度		投资意愿（WTI）	
		均值	标准差	均值	标准差	均值	标准差
年龄	15～24 岁	4.01	0.89	3.69	1.03	2.47	1.03
	25～44 岁	3.92	0.95	3.96	0.84	3.87	0.78
	45～60 岁	3.87	1.23	3.85	0.76	2.54	0.65
	61～69 岁	2.46	1.10	2.35	0.85	2.46	0.86
	70 岁以上	2.01	1.17	2.13	0.99	2.40	0.93

续表

人口统计特征变量		低碳旅游感知		低碳旅游支持度		投资意愿（WTI）	
		均值	标准差	均值	标准差	均值	标准差
文化程度	小学及以下	2.89	0.87	2.43	1.05	2.37	1.00
	初中	2.76	0.99	2.82	1.21	2.80	1.25
	高中或中专	3.78	0.84	3.63	0.97	2.98	0.94
	大专	3.83	0.89	3.97	0.86	3.23	0.74
	大学本科	4.01	0.85	4.05	0.94	3.95	0.88
	研究生及以上	3.98	0.90	4.12	0.78	3.90	0.93

资料来源：作者计算整理

6.4.2 企业实施生态效率规划的动力机制

6.4.2.1 旅游生态效率规划驱动力

Raymond Côté（2006）分析认为，企业采用生态效率原则和实践具有很多的推动机制，部分是企业内部的动力，是企业主动性实践生态效率规划的结果，部分属于企业获得外部压力的结果，属于被动推动生态效率原则与理念。政府积极推动企业践行低碳旅游原则，提升旅游生态效率水平，需要同时发挥企业的内部驱动力与外部驱动力的效果（表 6-6）。

表 6–6 生态效率的内部与外部驱动力

内部驱动力	外部驱动力
降低成本	顾客与消费者对“绿色产品”的需求
提升产品服务质量	利益相关主体的要求
创新	获取资本
提高员工积极性	提升竞争力
个人对社区的承诺或者责任	政府规章
风险与债务管理	公众压力
保持或者增加市场份额	全球性压力（例如应对气候变化）

资料来源：Raymond Côté, Aaron Booth, Bertha Louis. Eco-efficiency and SMEs in Nova Scotia, Canada [J]. *Journal of Cleaner Production*, 2006, (14): 542-550.

6.4.2.2　旅游生态效率规划阻碍力

旅游生态效率规划战略推行过程中必然存在系列主观和客观上的障碍。相关研究分析了采用环境管理与生态效率规划实践的障碍。Young（2001）认为生态效率战略实施的阻力主要包含：缺乏相关信息、缺乏训练、管理知识的限制、缺乏建立信息网络的资源、短期性的经济不景气、难于获得金融支持等[①]。Vernon 等（2003）发现中小企业认为自身对环境影响很小的认识是一个重要障碍，另外对于中小型企业而言，存在其他一些不利因素：对生态效率相关规则意识淡薄、对环境管理及其工具的适应不够、对环境影响的反应不够积极、企业发展最大的动机在于降低成本而不是减少环境影响、缺乏必要的资源利用与环境管理工具、不愿意与中介代理机构合作等。

6.5　本章小结

日益严重的全球气候变化给社会经济的各个方面提出了巨大挑战，低碳旅游模式、旅游生态效率的提升对于目的地可持续发展至关重要。旅游者、企业主对于低碳旅游、生态效率的态度和行为，直接影响了生态效率战略的实施效果。

在挪威，对于气候变化的关注，已经从质疑变成了接受和积极应对，大部分旅游者认为人类活动与气候变化之间存在直接联系。挪威人坐飞机到新西兰的远距离旅游是一种地位的象征，但是随着时间的推移，旅游者对于旅游航空产生环境压力的担忧逐渐增加。在旅游决策理论、旅游生态效率影响因素分析的基础上，实现低碳旅游模式、提高旅游生态效率水平是一个复合过程，不仅需要政府的政策激励与支持，更需要旅游企业和旅游者的实质性支持行为。本书将旅游者、企业主作为市场经济的主体，放在一个更为自由能

① Young Rebekah. SMEs and Sustainable Development: A scoping paper. Geneva: World Business Council for Sustainable Development, 2001.

动的范畴，研究其对旅游生态效率的感知、态度与行为的规律及其差异。

旅游者主要通过对不同交通模式、不同住宿类型、不同旅游活动的选择影响旅游能源消耗与碳足迹排放，而旅游者的选择又取决于其对低碳旅游的态度。旅游企业采取绿色发展、生态效率规划战略，通过提供低碳化旅游产品与服务，降低旅游碳足迹与旅游能源消耗。研究分析发现：

（1）旅游消费是一个多重决策的过程，旅游者和企业主对低碳旅游和旅游生态效率的感知、态度直接决定了旅游者的消费结构和强度，因此旅游者的态度和决策成为影响旅游目的地生态效率水平的重要因素。

（2）总体上看，旅游者对气候变化、低碳旅游理念、节能型旅游设施具有较高水平的了解，并且对低碳旅游模式、旅游生态效率提升战略的支持度较高，愿意为旅游节能减排支付一定的额外费用，但是不同的旅游者群体差异较大，并且态度与行为之间存在一定的不一致。

（3）企业主对低碳旅游的感知和支持度较高，但是不同群体对低碳旅游、旅游生态效率、旅游节能的感知度、支持度和投资意愿也不尽相同。另外，旅游生态效率规划战略在实施过程中动力与阻力并存。

第七章　基于生态效率的低碳旅游政策与对策

政策均衡是利益主体重复博弈的结果，实现政策均衡的目的是降低交易成本及促进旅游政策与制度的契合。旅游生态效率的核心理念在于利用最小的环境代价，获得最大的经济收入，转变旅游经济增长方式，使区域旅游发展走上内涵式增长道路。旅游生态效率的上升不能简单依赖于旅游者数量扩张带来的规模效应，需要更多依赖于旅游消费模式的转型、低碳技术的创新和低碳旅游意识的增强。

要实现旅游节能减排的目标，政府、企业、非政府组织（NGO）、旅游者等利益相关主体，需要共同行动，发挥协同效应，促进政策创新，实施低碳旅游发展的相关政策和对策，保障低碳旅游开发模式能够落到实处，取得成效。

7.1　基于生态效率的低碳旅游模式

关于碳排放的研究主要集中于碳排放与经济增长关系和碳排放影响因素两个方面，关于碳排放与经济增长是否呈倒 U 型曲线关系（环境库兹涅茨曲线，EKC）的讨论尤为激烈。我国现阶段碳排放与经济增长呈正相关关系，我国政府的目标是以最小的经济转型成本实现碳减排。

低碳旅游模式很大程度上是以旅游业节能减排为目标的行动方案，诸多成熟的做法可以成为旅游行业减排和节能的理论借鉴。例如 Sun（2002）以《京都议定书》为依据，提出了减排目标公式：

$$E^{2010} = I^{1997}(1-\beta)^{13}GDP^{1997}(1+\lambda)^{13} \leq E^{1990}(1-k^*)$$

式中，E^{2010}指 2010 年的排放目标（《京都议定书》第一承诺期从 2008 年到 2012 年）；I^{1997}指 1997 年的排放强度（t/ $）；$GDP^{1997}$指 1997 年的 GDP 值；$E^{1990}$指 1990 年基础年的排放值；β指年均温室气体强度减排比率；λ指年均 GDP 增长率；k*指相比 1990 年基础年的 2010 年目标年的整体减排比率①。

但是作为低碳发展模式的一个重要研究领域，旅游生态效率更多从平衡旅游经济增长与环境影响的角度进行展开。基于低碳旅游节能减排对旅游消费的约束性作用，旅游经济成为低碳经济的前提是旅游能源消耗与碳排放处于合理化水平，根据碳足迹、旅游经济收益与旅游生态效率之间的关系，将低碳旅游发展模式分为三种类型，即低碳陷阱模式、增长过剩模式、脱钩发展模式。

7.1.1 低碳陷阱模式

区域旅游可持续发展战略提倡低碳旅游模式，力争通过立法、政策、产业、税收、金融、理念等途径实现旅游碳排放强度的降低。在旅游消费市场驱动下，理性化节能减排指标显得至关重要，非理性的节能减排约束可能使得二氧化碳强制性减排指标过高，或者通过经济杠杆（例如碳税）使得旅游能源消耗的价格过高，对旅游消费和经济效应增长存在潜在的制约不当，产生经济上的“锁定效应”，使旅游发展背上沉重的包袱，难以实现旅游发展的帕累托最优状态。这种情形下，旅游碳排放和能源消耗的减速快于旅游消费的增速，旅游经济增长乏力，旅游产业发展步入“低碳陷阱”模式，即使旅游生态效率水平较好，但是旅游发展并不理想，“低碳陷阱”模式带来生态效率机制失灵。

7.1.2 增长过剩模式

应对气候变化的节能减排要求对旅游发展产生深远影响，旅游

① Sun, J. The Kyoto negotiations on climate change—an arithmetic perspective. *Energy Policy*, 2002(30): 83-85.

业需要抑制单位经济收益下的碳排放量。假设旅游碳足迹减量化的强制性指标过低，旅游消费的经济效应可能为气候变化的负面后果所抵消，难以产生旅游消费的外部性和经济溢价，而旅游业对全球气候变化起到加剧的作用。也就是说，当二氧化碳排放量指标过低时，旅游消费的经济发展过快，实际产生的碳足迹与能源消耗大于约束指标值较多，可能推动气候变化的"增暖加剧"，旅游经济增长呈现"过热"状态，旅游发展形成"增长过剩"模式，即便旅游生态效率处于较好水平，但是环境影响难以控制，甚至得不偿失，也可能带来生态效率的理论扭曲。

7.1.3　脱钩发展模式

当旅游发展的二氧化碳排放量指标适中时，旅游经济增长与旅游节能减排均衡发展，在旅游经济效益获得最大化的同时，旅游环境的负面影响最小，旅游生态效率值最佳，单位经济产出的碳排放强度位于理想区间，促进旅游产业的可持续发展。也即旅游过程的能源消耗与碳排放水平理性下降，物质消耗比经济增长处于略低水平，旅游碳足迹、物质消耗与经济产出之间出现倒U型的关系曲线，这就是"脱钩发展"模式。为了实现旅游消费的脱钩发展状态，需要在政策、技术、意识、立法等方面积极提高保障水平。旅游生态效率的研究要在可持续发展目标的指引下，积极探索旅游生态效率的合理区间及其影响机制。

7.2　低碳旅游相关政策现状分析

7.2.1　国际低碳旅游相关政策

2005年2月16日，《京都议定书》正式生效，这是人类历史上首次以法规的形式限制温室气体排放。《京都议定书》建立了旨在减排温室气体的三个灵活合作机制——国际排放贸易机制、联合履行机制和清洁发展机制。为了促进各国完成温室气体减排目标，议定书允许采取以下四种减排方式：

（1）两个发达国家之间可以进行排放额度买卖的排放权交易。

（2）以“净排放量”计算温室气体排放量，即从本国实际排放量中扣除森林所吸收的二氧化碳的数量。

（3）采用绿色开发机制，促使发达国家和发展中国家共同减排温室气体。

（4）可以采用“集团方式”减排，有的国家削减、有的国家增加，在总体上完成减排任务。

关于温室气体减排的标准和管制政策工具主要有法律、规章、标准、指令、授权等。国际上尚未有针对低碳旅游的专项法律、法规，但是旨在减缓气候变化、提高节能减排能力、增加可再生能源利用等方面的政策、规划和法律均有助于低碳旅游的推进，例如英国、日本、意大利、美国等国家在应对气候变化方面均有一定的行动和措施（表 7-1）。

表 7–1　国外低碳旅游系列相关政策、法律、法规

国别	低碳旅游相关政策、法案、规划	核心内容
英国	2008 年颁布《气候变化法案》	实施气候变化税制度，提出碳预算概念，制定碳减排规划，启动温室气体贸易机制
	《英国能源白皮书 2003》	最早提出创建低碳经济：提高能效，采用低碳零碳能源或“去碳”技术的经济
美国	40 多个州出台减排温室气体的法规	提高能源利用效率，鼓励利用可再生能源
	2007 年 7 月，美国参议院提出了《低碳经济法案》	低碳经济的发展道路有望成为美国未来的重要战略选择
	2007 年 11 月，美国进步中心发布《抓住能源机遇，创建低碳经济》报告	承认美国已经丧失在环境和能源领域关键绿色技术优势，提出创建低碳经济的十步计划

续表

国别	低碳旅游相关政策、法案、规划	核心内容
德国	2000 年颁布《可再生能源法》	促进可再生能源的发展和利用，优化能源利用结构和效率
日本	2006 年实施《节能修正法》	提高能源的整体利用效率，强化节能标准，制定可再生能源研究利用计划
	2007 年 2 月颁布《日本低碳社会模式及其可行性研究》	以日本 2050 年碳排放在 1990 年水平上降低 70%为目标，提出了可供选择的低碳社会模式，并在 2008 年 5 月进一步提出《低碳社会规划行动方案》
	2008 年 6 月，日本首相福田康夫以政府的名义提出日本新的防止全球气候变暖的对策，即著名的“福田蓝图”	这是日本低碳战略形成的正式标志，它包括应对低碳发展的技术创新、制度变革及生活方式的转变
西班牙	2006 年实施《城市太阳能法令》	提高太阳能设备的使用，提高能源利用效率
意大利	1999 年之后实施绿色证书，2005 年开始实行白色证书制度制度	通过政府激励与能源效率确认制度节能减排，完善技术保障，推广农业示范项目
印度	2008 年发布《气候变化国家行动计划》	将提高能源效率作为城市规划的核心组成部分，提出绿色印度项目
澳大利亚	2008 年发布酝酿已久的《减少碳排放计划》政策绿皮书	提出了减碳计划的三大目标：减少温室气体排放，立即采取措施适应不可避免的气候变化，推动全球实施减排措施

资料来源：秦奕莹. 低碳旅游公共政策支持研究. 长沙：湖南大学硕士学位论文，2009：33-36；肖文燕. 国外低碳经济的发展历程、策略选择及对中国的启示[J]. 江西财经大学学报，2011，(6)：108-114；胡雪萍、周润. 国外发展低碳经济经验及对我国的启示[J]. 中南财经政法大学学报，2011，(1)：16-20.

2010 年底引人注目的墨西哥坎昆气候变化谈判中，各国希望在哥本哈根会议上没有解决的问题能在这次谈判中得到解决。全球主要温室气体排放国谈判立场与目标如下：

（1）欧盟：承诺到 2020 年将温室气体排放量在 1990 年基础上减少 20%，并表示视其他国家承诺情况可能将减排量增至 30%；发达国家应确立新的减排目标。到 2020 年，发达国家总体排放量在 1990 年基础上应降低 30%，到 2050 年降低 80%至 95%；遏制发展中国家排放增加。中国、印度、南非、巴西等国应重新确定 2020 年前的减排目标，除最不发达国家外，所有发展中国家均应在 2011 年年底前实施低碳发展战略；力争将国际航空业、海运业和氟化气体的减排目标纳入国际协议。欧盟是气候变化谈判的发起者，也是最积极的推动者和领跑者。为实现减排目标，欧盟各成员国达成一个约束性指标，即到 2020 年可再生能源在欧盟终端能源消费中比例增加到 20%，在燃料消费中生物燃料至少占 10%，并且在 2020 年前将能效提高 20%。

（2）美国：承诺到 2020 年仅比 1990 年减排 3%～4%；但是至今没有签署《京都议定书》，参议院在 2010 年 7 月暂停气候立法；要求中国等发展中国家国内自主的减缓排放行动也应遵循“可测量、可报告、可核查”（简称 MRV，即“三可”）的要求，并且拿出了一套相当细致的流程；在美国国内的失败受到越来越多国际社会关注的时候，美国还试图通过聚焦中国来转移大众视线。

在退出《京都议定书》后，美国虽一直坚持以发展中大国参与作为自身行动的先决条件，但并没有放弃在气候变化问题上的话语权。在《联合国气候变化框架公约》框架外，美国分别发起“主要经济体能源安全与气候变化会议”“亚太地区清洁发展与气候变化伙伴计划”等论坛及活动，成为《联合国气候变化框架公约》外机制的主导者。

（3）中国：承诺到 2020 年，单位 GDP（国内生产总值）二氧化碳排放将比 2005 年下降 40%～45%，并将其作为约束性指标纳入国民经济和社会发展中长期规划，但不接受“三可”和强制性减排目标；在减排指标上，在《京都议定书》第二承诺期（2013 至 2020 年），要求发达国家进一步提高减排承诺，支持其他发展中国家提出的发达国家必须减排 40%以上的要求；发达国家应尽快落实在哥本哈根会议上做出的为发展中国家提供 300 亿美元快速启动资金的承诺；在资金和技术问题上，中国明确表示，发展中国家团结在一起，争取发达国家多出钱，多出技术；但在如何分配资金和技术的问题上，中国不会与发展中国家争，尽管中国是对气候变化脆弱的国家，对技术需求也很大。

（4）日本：承诺到 2020 年，将日本的温室气体排放量减少到 1990 年时 25%的水平，但前提条件是所有主要排放国应就积极的减排目标达成协议；反对《京都议定书》第二承诺期的减排义务。

（5）俄罗斯：承诺到 2020 年温室气体排放量比 1990 年减少 10%至 15%；新的气候变化协议要想获得俄罗斯的支持，必须满足两个前提条件：其他主要工业国家都要做出相应的承诺，并且提出各自量化的减排目标，要把俄罗斯境内森林对二氧化碳的巨大吸收能力考虑在内。由于俄罗斯目前的温室气体排放量仍远低于 1990 年，仅相当于 1990 年水平的 70%左右，俄罗斯即便不采取任何新的减排措施，也可轻轻松松地完成《京都议定书》的减排任务。因此，俄罗斯对气候变化谈判并不积极。

（6）印度：承诺到 2020 年二氧化碳排放强度将比 2005 年减少 20%至 25%，但不接受“三可”和强制性减排目标；强调发达国家对现今气候变化及其不利影响负有最大的历史责任，应率先减排，并为发展中国家提供资金援助和技术转让；主张世界人均排放趋同，呼吁建立满足公约下资金义务的融资机制，反对纳入未来的官方发展援助或依靠市场渠道作为融资的主要来源，反对欧美对发展中国家采取边界调节税等贸易保护手段。

（7）巴西：承诺到 2020 年将温室气体排放量在 2005 年的基础上减少 20%，但不接受“三可”和强制性减排目标；其中 20%的减排量依赖于 REDD（Reducing Emissions from Deforestation and Forest Degradation in Developing Countries，减少发展中国家砍伐森林产生

的温室气体排放量）项目实现；发达国家应承担责任，率先大幅减排。

（8）墨西哥：承诺到2020年在2000年基础上减排50%；坎昆气候变化谈判应坚持《联合国气候变化框架公约》和《京都议定书》所确立的“共同但有区别的责任”原则；发达国家应强制性减排，并为发展中国家应对气候变化提供资金和转让技术，发展中国家则在发达国家提供支持的情况下，根据自身发展和国情自愿采取适应和适当减缓气候变化的行动；国际社会不需要制定新条约来规定上述已经明确的内容。

（9）澳大利亚：承诺到2020年在2000年基础上减排5%至25%，其中 5%是无条件减排，另外 20%的减排目标要视其他国家的行动而定；反对《京都议定书》第二承诺期的减排义务。

（10）加拿大：到2020年在1990年基础上减排约2%；反对《京都议定书》第二承诺期的减排义务。

（11）南非：承诺到2020年在现有水平的基础上削减34%的排放量，但前提条件是达成新的全球气候协定以及国际社会在技术、资金等方面给予南非支持；不接受“三可”和强制性减排目标。

（12）英国：英国想在气候变化问题上取得领导地位，发挥重要作用，因此非常重视气候变化问题。英国分别从重视研究、科技计划、加强立法、组建专门机构、采取多种手段、加强国际合作等方面，对于应对气候变化采取积极的对策措施。特别是英国先后发布了一系列研究报告，实施了大量的科技计划，鼓励可再生能源与低碳经济发展（表7-2）[①]。

① 孟浩、陈颖健. 英国能源与 CO_2 排放现状、应对气候变化的对策及启示[J]. 中国软科学，2016（6）：25-35.

表 7-2 英国低碳经济系列相关政策、法律、法规

年份	计划	内容	备注
2002	可再生能源与能源效率合作计划（REEEP）	英国在约翰内斯堡可持续发展世界首脑会议上率先提出，是为发展全球可再生能源和能源效率体系的市场而建立的世界性的合作关系网络，旨在消除能源项目市场化障碍，帮助创新的可再生能源和能效项目寻找资金来源，并在国际组织中推广合理的能源与环境政策，从而提高全球能效和发展可再生能源	反映了英国政府具有先见之明
2003	英国政府未来的能源：创建一个低碳经济体	强调利用科学创新优先发展包括风能、水能（海浪、潮汐）、生物质能、能源作物、太阳能、燃料电池等可再生能源，确立碳吸收、能源效率、氢的生产和存储、核能、潮汐能等 6 个最有可能实现实质性突破的技术领域，着手解决全球变暖问题，使英国 2050 年的碳排放量减少到目前的 40%	这是英国政府发表的能源白皮书
2004	能效：政府行动计划	进一步核实了节能潜力，计划在此基础上通过提高能效在 2010 前再额外多减排二氧化碳 4400 万吨，其中家庭用户多减排 1540 万吨碳能源，商业与公共服务业多减排 2895 万吨。因此，提高能效和加强节能将对气候变化和能源安全起到主导作用	为了响应 2003 年能源白皮书
2005	气候变化行动计划	目标是到 2010 年碳排放在 1990 年的基础上减排 20%，主要包括通过实施排放贸易计划，提高能源工业的效率，减少排放；鼓励使用高效能源资源，到 2010 年“热电联产”使用增加一倍；实施 10 年交通规划，未来 10 年英国将增加 1800 亿英镑用于改善交通堵塞和减少交通工具排放；实施新住宅节能计划及建造百万“绿色房屋”的新计划；减少肥料使用量，保护森林和植被，减少农业温室气体排放；通过设定地方政府、学校和医院的节能目标，提高公共实施的能源管理，实施“绿色旅行”计划，加强公立机构的引导作用	这是英国首次出台的碳减排战略

续表

年份	计划	内容	备注
2005	确保未来：英国可持续发展战略	提出了可持续发展的战略目标：在不牺牲有限容量的条件下，确保社会的公正和健康，促进经济的可持续发展；确定了新的优先行动领域，包括可持续的消费和生产、气候变化和能源、保护和利用自然环境、创造可持续发展的社区；建立了包括20个框架指标和 48个进展监测指标的指标体系	完善了1999年可持续发展战略
2006	低碳建筑计划	鼓励建筑中提高能效和使用小型热电技术，计划 3 年中（2006—2009 年）拨出8600万英镑，首拨 3000万英镑，再追加5000万英镑用于学校、政府及商业等公共建筑安装小型热电技术，2007年追加 600万英镑支持住宅小型热电技术	是《小型热电战略》的对策
2006	退税与补贴计划	凡通过英国天然气公司安装保暖墙的家庭都可申请100英镑的退税；政府对使用节能锅炉、家用电器以及节能灯的家庭提供补贴的政策	主要是鼓励家庭节能
2007	应对能源挑战	进一步明确了实现低碳经济的能源总体战略：提高能源效率以节约能源，开发清洁能源，确保可靠的能源供应，重点支持可再生能源，特别对波浪能、生物燃料和风能的利用进行研发和示范，到 2020 年力图实现提高能效 35%、减少电力消耗8%～15% 和天然气消耗 13% 的目标	新的能源白皮书
2007	英国能效行动计划2007	对非高耗能行业引入碳减排承诺方案；继续改善现有家庭住房的能源效率，平均每个家庭每年减少 0.5 吨碳排放，到 2016年实现所有新型住宅“碳中性”（Carbon Neutral），并根据能源使用效率评定星级，对住宅的碳排放实行严格管制；提高家用电器的能效标准，推广智能计量表和实时能耗显示，促进供应商与用户合作以节能降耗；在交通领域，实施新车能效强制目标，推动将航空业纳入欧盟排放交易机制；2012 年实现中央政府办公房“碳中性”，推动节能型福利住房、公共部门建筑资助计划，实施政府采购能效标准	节能减排的纲领性文件，规定 2016 年达到节能 9% 的目标

续表

年份	计划	内容	备注
2008	应对能源挑战：核能白皮书	出台新的能源法案，提出有关核废料及核反应堆退役资金储备指导的意见，筹建新的独立顾问机构，加强欧盟排放交易机制等措施，鼓励核能投资，在未来 12 年大力发展核能，积极应对气候变化	为重启核电做铺垫
2008	国家可再生能源计划	通过提高使用可再生能源的标准，到 2020 年 30%～35% 的发电量来自可再生能源，补贴新电网消除入网障碍，鼓励开发可再生能源技术，提高供暖与交通领域使用可再生能源的水平，使可再生能源利用水平在现有基础上提高 10 倍，实现 2020 年可再生能源占能源消耗总量 15% 的目标	有效降低碳减排放与化石能源依赖
2009	清洁煤炭发展框架草案	新建煤电厂必须提供具有碳捕捉和储存能力的证明，每个项目要具有在 10～15 年内储存 2000 万吨二氧化碳的能力，并要及时更新相关设备；要求电网中间商必须购买一定份额的“清洁煤炭电力”，并对每度电收取专门的税费；该计划将在工程、制造等领域提供 3 万到 6 万个就业岗位，到 2030 年它对英国经济的价值将达到每年 40 亿英镑	燃煤火电厂目前占英国发电总量 37%
2009	低碳转型计划	包括《可再生能源战略》《低碳工业战略》和《低碳交通战略》等。《低碳转型计划》要求：到 2020 年，英国的碳排放量在 1990 年基础上减少 34%，120 多万人从事绿色职业；700 万栋房屋进行节能改造，150 多万户家庭将得到政府资助自产清洁能源；40% 的电力将来自低碳能源；新车的平均碳排放量将减少 40%	是英国低碳发展战略文件及其配套方案

资料来源：作者整理

7.2.2　我国低碳旅游政策现状

中国作为负责任的发展中国家，主张通过切实有效的国际合作，共同应对气候变化。中国政府坚持《联合国气候变化框架公约》和《京都议定书》基本框架，坚持“共同但有区别的责任”原则，主张严格遵循巴厘路线图授权，加强《联合国气候变化框架公约》及《京东议定书》的全面、有效和持续实施，统筹考虑减缓、适应、技术转让和资金支持。2014 年，国务院批复《国家应对气候变化规划（2014—2020 年）》，明确通过该规划实施，到 2020 年，实现单位国内生产总值二氧化碳排放比 2005 年下降 40%～45%，非化石能源占一次能源消费的比重达到 15%左右。中国政府承诺将节能减排变量作为约束性指标纳入国民经济和社会发展中长期规划，并制定相应的国内统计、监测、考核办法。

我国始终高度重视气候变化问题，坚定不移地走可持续发展道路，从国情和实际出发，制定应对气候变化国家方案，积极推进经济和产业结构调整，优化能源结构，实施鼓励节能、提高能效等政策措施，不断增加应对气候变化科技研发投入，努力减缓温室气体排放，增加森林碳汇，提高适应能力，取得了积极成效。通过大力发展可再生能源、积极推进核电建设等行动，到 2020 年我国非化石能源占一次能源消费的比重将达到 15%左右；通过植树造林和加强森林管理，森林面积将比 2005 年增加 4000 万公顷，森林蓄积量将比 2005 年增加 13 亿立方米。这是我国根据国情采取的自主行动，是我国为全球应对气候变化做出的巨大努力。制定配套的法律法规和标准，完善财政、税收、价格、金融等政策措施，健全管理体系和监督实施机制。加强国际合作，有效引进、消化、吸收国外先进的低碳和气候友好技术，提高我国应对气候变化的能力。增强全社会应对气候变化的意识，加快形成低碳绿色的生活方式和消费模式。

我国通过 973、863 计划组织开展了系列与气候相关的项目，并积极参加全球环境变化的国际科技合作。2007 年 6 月，科技部、发改委等 14 个部委联合发布《中国应对气候变化科技专项行动》，提出了中国在应对气候变化研究方面的“十一五”期间阶段性目标和 2020 年中长期目标，并制定了一系列保障措施。

2007 年，中国政府正式批准签署《京都议定书》，积极参与到全球性减少碳排放的行动之中，关注气候变化，推进低碳城市建设。中国在应对气候变化上的贡献主要有：通过法律法规促进节能减排，加大植树造林与生态建设，开展系列与气候相关的研究项目，制定系列规章制度。特别是，我国先后颁布了系列法律法规。旅游业也积极投身应对全球气候变化的大潮之中，有力地促进了低碳旅游模式的发展（表 7-3）。

表 7–3　我国低碳经济系列相关政策、法律、法规

时间（年）	政策、法律、法规	颁布单位
2007	《能源节约法》	国务院
2005	《中华人民共和国可再生能源法》	全国人大
2007	《节能减排综合性方案》	国务院
2000	《中华人民共和国大气污染防治法》	全国人大
2005	《关于加快循环经济的若干意见》	国务院
2007	《国务院节能减排综合性工作方案》	国务院
2008	《关于旅游业应对气候变化问题若干意见》	国家旅游局
2016	《中华人民共和国节约能源法》	全国人大
2012	《节能减排综合性工作方案》	国务院
2007	《节能减排统计监测及考核实施方案和方法》	国务院
2002	《清洁生产促进法》	全国人大
2009	《循环经济促进法》	全国人大

资料来源：秦奕莹. 低碳旅游公共政策支持研究. 长沙：湖南大学硕士学位论文，2009：33-36.

7.3　基于生态效率的低碳旅游政策与应对

提高旅游生态效率与实现低碳旅游模式，从节能减排和旅游可持续发展的目标上看是一致的。根据生态效率的影响机制和原理，特定时空范畴内，提高旅游生态效率的政策和对策主要体现在以下几个方面：提高低碳旅游行动意识、旅游过程节能减排、旅游生态效率规划战略、低碳技术创新、旅游消费有序增长。

7.3.1 提高低碳旅游行动意识

7.3.1.1 教育培训

旅游者、经营者、管理者的决策受到旅游者消费意识的影响，提高旅游生态效率，发展低碳旅游，首先需要提高旅游者、企业主等利益主体的低碳意识。通过政府和行业的一致性行动，采用培训、教育、引导等措施增强旅游者消费低碳化意识，自觉抵制“高排放、高能源消耗、高污染”的生活方式，崇尚简约主义，推动低碳文化建设。

很明显，旅游者旅行过程中的能源消耗取决于个人旅游行为和旅游供给因子。当旅游者形成一个旅游决策时，他会考虑的因素有：便捷性、时间、成本、交通方式、度假模式等。因此，旅游者的消费习惯组成了一个旅游决策菜单，这个菜单直接决定了旅游能源消耗强度、规模、量级的大小，而且国内旅游者与国际旅游者在旅游模式、旅游能源需求、旅行选择等方面存在差异。

正是基于对旅游者选择决策对低碳旅游影响的认识，在实施旅游低碳化过程中，旅游生态效率的提升有赖于政府、行业协会、旅游者组织等进行的教育和培训，将低碳旅游、旅游生态效率规划的原则、意义、内容、措施等进行推广和传播，促使旅游低碳化意识深入人心，保障具有领先性的生态效率规划措施能落实到位。总之，培养旅游者对低碳经济、低碳生活、低碳旅游的认知度，构建全社会共同参与的低碳旅游教育模式，是提升旅游低碳化能力的重要途径和手段。

7.3.1.2 慢旅游

也有学者提出“慢旅游”的理念，通过低碳绿色出行，减少旅行距离，降低旅游活动强度，减缓旅游对气候变化的影响。“慢旅游”的特征在于交通上尽量在目的地周边停留以获得更真实的体验，包含美食和饮品等，而且旅行距离更短。与“慢旅游”一起流行的概念有“慢食品”“慢城市”等。“慢旅游”这个概念从意大利风靡全欧洲，在北美也激发了浓厚的兴趣，火车、马车、自行车、徒步被视为慢旅游，“慢旅游”的关键体现在其旅游动机在于减少旅游环境影响。

“慢旅游”理念更加突出的是旅游过程的节奏降下来，旅游体验的质量升上来，旅游过程的能耗减下去。在竞争日趋激烈、生活节奏不断加快的今天，很多旅游者希望通过“慢旅游”的形式，深度体验旅游目的地的旅游文化内涵，获得更多亲近自然、解读文化的机会。这种旅游的形式更为灵活，对旅游目的地的环境压力更小，在提高旅游产品消费品质的同时，旅游生态效率和节能减排的效果更佳，逐渐成为一种时尚和趋势。

7.3.1.3　低碳意识阶梯

研究发现，大部分旅游者计划度假旅游的时候没有考虑气候变化问题，旅游者对气候变化与旅游之间关系的意识不足，加上旅游行为变化存在诸多障碍，使得旅游行业向可持续发展的排放路径转型存在一定的挑战。到目前为止，关于旅游者是否意识到他们的度假和旅行对气候产生影响的研究仍然较少。部分研究表明，飞行旅游者对气候变化影响的意识比较淡薄①。中国实施绿色经济发展战略需要加强绿色理念宣传，积极倡导绿色消费。旅游者、政府、企业、非政府组织、协会、环保组织等的节能减排意识是低碳旅游战略能否实施的关键性因素之一。从旅游者对减少旅游消费产生的碳足迹意愿的强烈上看，旅游“低碳”意识可以分为 5 个阶段：

（1）第一阶段为碳觉醒阶段（carbon awareness）。这个阶段旅游者的典型心理状态是，通过相关宣传和知识的了解，认识到人类行为与气候变化之间存在一定程度上的直接关系，旅游消费过程中也存在同样的碳排放问题。

（2）第二阶段为碳罪感（guilty sentiment）阶段。旅游者认识到自己的旅行决策也存在负面影响，而且这个环境影响的承担者是整个旅游区域，其中的碳足迹转移产生的环境伦理使得旅游者产生内

① Shaw S., Thomas C. Discussion note: social and cultural dimensions of air travel demand—hyper mobility in the UK? *Journal of Sustainable Tourism*, 2006, 14(2): 209-215.

心的负罪感。

（3）第三阶段为碳良知（carbon conscience）阶段。这个阶段的旅游者不仅对旅游行为的环境负面影响有了深刻认识，更加认为需要采取积极行动，才能改变环境恶化的趋势。

（4）第四阶段为碳补偿（carbon offsetting）阶段。当旅游者和管理部门对碳觉醒、碳罪感、碳良知等观念取得共识时，集体性的反思要求进行碳排放的生态补偿，以抵消碳排放产生的罪恶感，获得心理层面上的解脱，具体的方式有碳交易、碳汇、碳税、碳补偿等手段。

（5）第五阶段为低碳旅游行为（low carbon tourism behavior）阶段。当思想变成行动之后，行动则转化为习惯，习惯则成为文化。低碳旅游的意识和行为成为一种风气，影响和改变区域旅游增长的模式，低碳行为成为时尚，旅游者自觉用实际行动参与旅游节能减排之中，大大提高旅游者低碳意识的实践效果。政府在这个过程中发挥积极作用，制定低碳旅游规范和标准，宣传低碳价值和意义，引导旅游者从事低碳旅游行为，将全社会的力量整合起来，践行旅游低碳化路径模式（图 7-1）。

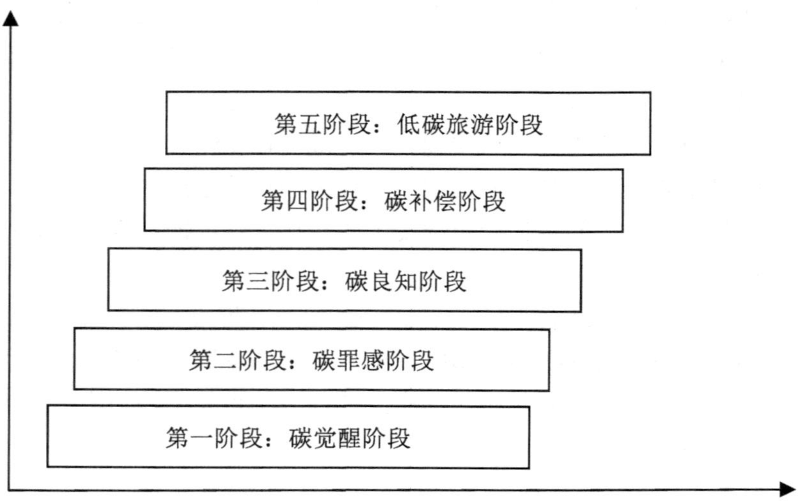

图 7–1 旅游者低碳意识阶梯

低碳意识阶梯对于旅游管理者的最大启发在于：通过低碳旅游宣传、旅游者行为方式引导、低碳旅游政策激励等措施，积极提高旅游者低碳意识的级别，树立旅游者强烈的低碳环保意识，无论在旅游过程的哪一个环节中，使旅游者都意识到自己的行为对于旅游影响十分重要，特别是对于青少年旅游者而言，从最开始的旅游出行，就让低碳旅游的“碳觉醒”“碳罪感”“碳良知”等认知获得广泛的传播和认可，促进管理部门和旅游者愿意通过节能行为实现“碳补偿”和“低碳旅游”模式。

地方企事业单位要在主动承担低碳化义务的同时，向社会广泛宣传低碳文化，努力形成全社会关注、参与和支持低碳发展的浓厚氛围。政府管理部门要动员社会各方面力量，充分发挥新闻媒体的舆论监督和导向作用，大力宣传国家和地方低碳发展的各项方针政策，提高全社会对低碳发展的认识，鼓励和倡导人们在日常生活各方面采用低碳消费、生活方式，引导游客选择低碳的旅游产品和服务，有效控制和减少“奢侈消费”等行为，从需求端引导低碳产业发展，努力降低二氧化碳排放，形成绿色、低碳的科学消费模式，真正实现低碳旅游发展模式的转型，推进旅游可持续发展的实践。

7.3.2　完善低碳旅游政策体系

对温室气体进行减排的方法有两种：一种方法是从气候保护的角度出发，每年从国内生产总值中提取一部分用于改进能源技术、改善能源结构和增加碳汇，保护气候。这种政策一方面可以保护环境，有利于国家的可持续发展，另一方面可以创造就业，在一定程度上解决发展中国家的就业问题，但是需要大量资金投入。另一种方法就是征收碳税，这在一定时期内会影响经济的发展速度。低碳制度上，重点加快建立和健全促进低碳经济发展的法律法规体系，出台扶持低碳经济的财税、金融、产业政策，提升低碳经济宏观调控能力和水平，不断创新低碳经济的行政管理体制和社会公众参与机制。

低碳旅游模式的倡导、推动、激励、管理等环节需要国家政策的大力支持。旅游业的涵盖面较广，在旅游行业内部推行低碳旅游模式，鼓励旅游者采用低碳旅游行为，实施旅游低碳化政策，需要构建一个科学合理的政策体系。整个政策体系里包含旅游交通、旅游住宿、旅游活动、旅游购物、旅游餐饮等多个部门，在政策的侧重点上包含旅游行业管理、旅游者行为管理、旅游经营者激励、旅游低碳化标准及规范等内容。

7.3.2.1 碳汇政策

“碳汇”指生态系统净吸收二氧化碳的大小、过程或机制。陆地植被能减缓大气二氧化碳年度的增加。减少旅游过程碳排放归根结底就是两个途径：一是增加碳汇，二是减少碳源。植物生长吸收二氧化碳，一部分构筑自身的躯体（生物量），一部分进入土壤（土壤有机质），起减缓二氧化碳浓度增加的作用，即起着碳汇作用。森林在降低温室气体浓度、减缓全球气候变暖中具有十分重要的独特作用。陆地森林生态系统虽然只占陆地面积的三分之一，但是森林植被区的碳储量占陆地碳库总量的77%左右。通过有计划地植树造林、开展绿化运动等手段可以增加碳汇，例如海南省积极开展“绿化宝岛行动”，提高森林覆盖率和城市绿化率。2009 年 11 月 25 日，国务院常务会议决定通过植树造林和加强森林管理，到 2020 年中国森林面积比 2005 年增加 4000 万公顷，森林蓄积量比 2005 年增加 13 亿立方米。增加旅游碳汇主要立足点在于利用旅游景区规划、政府资金补贴等手段，积极增加碳汇载体，提高旅游目的地碳吸收、碳储存能力，提升旅游碳中和（carbon neutral）水平，降低旅游碳排放的环境影响。

2009 年 9 月，胡锦涛主席在联合国气候变化峰会大会上承诺，我国将进一步应对气候变化纳入经济社会发展规划，并继续采取强有力的措施：一是加强节能，提高能效工作，争取到 2020 年单位国内生产总值二氧化碳排放比 2005 年有显著下降；二是大力发展可再生能源和碳汇，争取到 2020 年森林面积比 2005 年增加 4000 万公顷，森林蓄积量比 2005 年增加 13 亿立方米；三是大力发展绿色经济，积极发展低碳经济和循环经济，研发和推广气候友好技术。据第六次全国森林资源清查，中国人工造林保存面积达到0.54亿公顷，蓄积量15.05亿立方米，人工林面积居世界第一。全国森林面积达到17491万公顷，森林覆盖率从20世纪90年代初期的13.92%增加到2005年的18.21%。除了植树造林外，中国还积极实施天然林保护、退耕还林还草、草原建设和管理、自然保护区建设等生态建设与保护政策，进一步增强了林业吸收温室气体的能力。

海南省计划大力发展林业产业，增加林业碳汇。进一步加大植树造林力度，加强防护林、生态林和天然林保护工程建设，继续推进城市绿化和绿色通道建设，加快森林资源培育，加强低效人工林改造，提高森林质量，扩大森林面积，增加森林蓄积量，提高森林的固碳能力与碳汇总量。海南省着力加强对海洋、红树林及湿地等生态环境保护。合理开发利用海洋，发展各种适用的海洋污染防治技术，控制海上污染排放，加强对珊瑚礁、红树林、湿地等脆弱生态系统的保护与生态修复，增加"蓝碳"量。海南省强调实行严格的生态环境保护制度，坚定不移走绿色发展之路，大力发展绿色经济，积极发展循环经济和低碳经济。大力开展城镇、海岸线、园林和交通干线绿化建设，加大园林绿化建设力度，采取点、线、面相结合的办法，推动公园、道路、单位庭院、社区等的绿化建设。海南省在"十三五"期间充分利用本地乔木、灌木等覆盖所有海岸带和高速公路等交通干线。

7.3.2.2 碳补偿政策

通过国家和地方政府制定的法律、规定努力推进，可以大力促进低碳旅游模式的发展。重点措施包含政府主导的市场激励、碳汇、产业结构调整、森林环境保护、财税政策、国际碳减排的参与和责任义务的承担。中国旅游产业调整升级与增长方式转型可以与低碳经济的发展结合起来。低碳旅游模式节能减排政策在具体操作中将强制减排和补偿机制结合起来。

碳补偿（Carbon Offset）是一种交易，指个人或组织向二氧化碳减排事业提供资金，以冲抵自己的二氧化碳排放量。碳补偿属于生态补偿的一种，早期生态补偿是对生态环境破坏者的惩罚性措施，主要目的在于提供一种减少生态环境损害的经济刺激手段。2008年，中国首个官方碳补偿标志——中国绿色碳基金碳补偿标志发布。碳补偿涉及复杂的空间关系，其地理特征是温室气体可以在全球范围内实现空间转移，一处增加，另一处可以减少。碳排放和其他许多商品一样，在发达国家的“生产”成本很高，而在一些工业化程度低、森林碳汇资源丰富、清洁能源成本低、劳动力和土地成本小的发展中国家碳排放成本较低。旅游景区设立碳补偿示范林，积极与碳补偿相关组织合作，促进旅游者自愿进行碳补偿活动潜力很大。

7.3.2.3 碳交易政策

建立碳交易市场，构建长期、透明、具有确定性的市场机制，推动碳减排，发掘中国碳市场的巨大潜力，拉动低碳经济增长已经成为当务之急。2011 年 10 月，国家发改委下发《关于开展碳排放权交易试点工作的通知》，开展碳排放权交易试点工作。结合国外建立碳交易管理体制的经验与启示，张帆、李佐军（2012）构建了国务院、国家部委、地方政府、交易所、中介机构、专家组织组成的协调分工管理体系。旅游业虽然不属于重点实施碳交易政策的行业，但是在旅游碳排放的统一平台下，可以尝试区域旅游运营单位的碳排放权交易工作，促进旅游碳排放的减量化。旅游碳交易市场的建立可以成为我国碳交易平台的重要组成部分，推动旅游行业碳排放的区域均衡发展。

7.3.2.4 碳税政策

人类给大气层制造了足够多的温室气体，以至于全球温度上升到了一个非常危险的高度，同时这又极大地增加了世界各地干旱、热浪和暴雨的发生频率。二氧化碳排放是引起全球升温的主要原因，二氧化碳税（简称碳税）是为了控制二氧化碳排放而征收的一种环境税，二氧化碳税不是直接对二氧化碳的排放征税，往往是对煤炭、石油、天然气等燃料按照含碳量设计税率征收。二氧化碳税最早于1990 年在芬兰开征，其计税依据为二氧化碳的排放量及浓度。碳税是学术界和国际组织极力推荐的一种温室气体减排措施。国外一些学者主张通过征收碳税来实现全球二氧化碳减排的目标，并提出了不同的设计构想。Baranzini 等（2000）提出可以利用边境调节税制度减轻国内碳税对本国竞争力的不利影响。Metcalf 等（2009）在研究美国碳税的设计时，将边境调节税作为碳税的一部分。碳税主要目的是通过减少使用含碳量的燃料，从而减少二氧化碳的排放。

旅游过程中的碳税主要运用经济杠杆，征收旅游生态碳税，提高旅游设施能源价格。生态碳税的征收在增加旅游收益的同时，也有利于旅游基础设施与环境的改善。当然任何改革都必须以不能损害公民的整体社会福利为着眼点，碳税政策决不能让公众的利益受损，这是评判碳税政策改革成败的重要标志。更为重要的是，在防止碳税向老百姓转嫁上，国家应鼓励相关企业积极进行技术创新，消化因税赋增加带来的经济负担；与此同时，政府部门加大资源产品价格的监控力度，避免企业强势地位掌控定价博弈，恣意转嫁税负担。

7.3.2.5　碳金融政策

碳金融（Carbon Finance）是指由《京都议定书》而兴起的低碳经济投融资活动，或称碳融资和碳物质的买卖。碳金融在学术界目前没有统一的概念，一般而言，碳金融泛指所有服务于限制温室气体排放的金融活动，包括直接投融资、碳指标交易和银行贷款等。实际上，碳金融也就是把碳排放当作一个有价格的商品，可以进行现货、期货等的买卖。“碳金融”的兴起源于国际气候政策的变化，准确地说是涉及两个具有重大意义的国际公约——《联合国气候变化框架公约》和《京都议定书》。积极规范旅游过程碳排放交易、碳税等制度平台，创新低碳旅游财税政策，优化旅游碳金融环境，有利于旅游节能减排。

国际碳交易市场形成了两大类型：一种是以项目为基础的交易市场，清洁发展机制（CDM）和联合履行机制（JI）是其最主要的交易形式；一种是以配额为基础的交易市场，可分为强制碳交易市场和自愿碳交易市场，欧盟排放交易机制（EU ETS）是其主要的交易形式。强制碳交易市场是由强制性减排指标产生的，如欧盟碳排放交易体系（EUETS）。自愿碳交易市场是基于一些国家或组织自已确定的减排体系，并没有得到《京都议定书》的认可，其参与者是自愿做出减排承诺并出资抵偿其超额的排放量，如芝加哥气候交易所（CCX）。有了《京都议定书》的法律约束，各国的碳排放额开始成为一种稀缺的资源，因而也具有了商品的价值和进行交易的可能性，并最终催生出一个以二氧化碳排放权为主的碳交易市场。

7.3.3 推进旅游节能减排措施

7.3.3.1 一致性行动

由于全球生态环境的日益恶化，保护环境、保障人类健康已受到全世界的关注。各国、各地区、各行业都颁布了相应的法律、法规，出台了各种政策、措施，制定了相应的行业准则以约束并促进组织的环境行为。因此，各类组织越来越重视自身活动、产品和服务对环境的影响。为减少碳排放，在地区层面，中国政府已经开始了低碳发展路径的探索。旅游节能减排是一个系统工程，需要政府、企业、旅游者等利益相关者的联合行动。政府必须采取相应行动响应《京都议定书》的承诺，提高气候观测网络的质量和提供高效信息。气候变化对人类活动会有何影响的问题首次出现在国际议题是在 1979 年的世界气候大会（WCC），此次大会呼吁各国政府预见和阻止人为影响的对人类活动造成负面效应的气候变化（UNEP and UNFCCC, 2002）。旅游者的度假习惯、低碳环保意识、旅游行为等都深刻影响了旅游碳足迹与能源消耗强度。企业在两种情况下会采取积极行动：一是外部的监管及其压力，被动实行低碳旅游发展模式；二是采用绿色发展模式重塑企业形象，带来新的市场机遇，主动推进节能减排。非政府组织（NGO）则是旅游节能减排的积极宣传者和实践者。

7.3.3.2 耗能技术创新

减排量背后蕴藏的实际上是未来的技术选择。技术在应对气候变化当中发挥着一个非常关键的和核心的作用，通过研发低碳技术、加大绿色投资、倡导绿色消费，促进绿色增长。旅游过程消耗的能源有多种划分，依据可再生情况，可以分为可再生能源和不可再生能源，可再生能源是不断产生、永续利用的能源，包括太阳能、风能、水能、生物质能、地热能和海洋能等；按照能源的来源和存在形式可以分为一次能源、二次能源等，一次能源是指直接取自自然界没有经过加工转换的各种能量和资源，主要包括：原煤、原油、天然气、油页岩、核能、太阳能、水力、风力、波浪能等，二次能源是在一次能源的基础上进行加工而获取的能源类型；另外，按照能源出现时间可以分为传统能源、新兴能源等。低碳旅游模式要求旅游过程能源消耗结构尽可能提升可再生能源的比例，减少不可再生能源的消耗。

低碳旅游模式有赖于节能减排技术的创新和突破。Dalton 等（2009）重点研究了中小型旅游接待设施（小于 100 个床位）的可再生能源供给（renewable energy supply，RES）问题。使用 RES 评估软件 HOMER（美国国家再生能源实验室）比较单一柴油发动机、单一再生能源、再生能源/混合配置的能源供给情况，发现最经济的 RES 是风能保护系统（WECS），对于使用独立电力供应的中小型旅游接待设施而言，可再生能源不仅技术上可行而且操作性也很理想。中小型旅游接待设施大部分位于外围地区或者环境敏感地区，例如世界遗产地和国家公园等。对旅游者的调研表明，重视节能环保的旅游接待部门相比其他主流的接待设施更希望“环境友好”，而且对温室气体（GHG）的敏感意识更强。但是，利用可再生能源发电减少温室气体排放的造价比较昂贵，因此促进旅游节能技术创新，需要政府在资金、技术、人才、机制上给予大力支撑。另外，提高旅游目的地生态效率，需要加强在旅游、资源管理工程、建筑学等专业领域的教育，因为很多减缓气候变化的措施都与旅游设施的设计有关。

7.3.3.3　优化交通结构

绿色交通的主要特征是高效、低碳、以人为本。控制客运交通碳排放的关键在于对以私人载客汽车和单位载客汽车为主的个体交通进行管理与控制，形成以公共交通为主的交通结构。旅游交通模式直接决定了旅游交通的能源消耗强度。很明显，旅游公交是最为节能的交通方式，乘坐飞机出行是能源消耗最大的旅游交通形式。因此，从旅游节能的角度看，外部交通方式中乘坐飞机的比例越低，旅游能源消耗的总量和均值越小；旅游内部交通中，旅游公共交通越发达，旅游者交通能源消耗总量与均值也越低。因此，积极开拓近中程旅游市场，降低旅游者平均出行距离，大力发展公共旅游交通，优化旅游交通结构，是最为主要的旅游交通节能途径。

根据旅游交通的碳足迹和能源消耗模型，相同的旅游者数量，产生的碳足迹和能源消耗也不同。首先，旅游者采用不同的交通方式则碳排放因子与能源消耗系数不同；其次，提高燃烧效率和载荷系数对于降低排放系数很重要。情景分析法显示，减少交通碳排放量的方法有：提高交通运载率、旅游者更多搭乘公交车而不是私家车、旅游者选择就近的旅游目的地，这些目标可以通过旅游管理部门的旅游活动行为管理、规章制度控制和价格杠杆调整来实现。世界各国的实践证明，政策制度的创新与发展是推动旅游道路交通碳排放减量化的重要驱动因素。

海南省以提高旅游者满意度为目标，以市场化和企业化改革为方向，对旅游交通要素进行国际化改革，逐步实现交通运输方式之间“零距离换乘”和旅游交通服务业的集团化、网络化发展。在开通环岛客运的基础上，开通环岛旅游专列，为开展海南岛特色环岛旅游创造便利条件，积极推行“绿色交通”计划，增加低耗能旅游交通方式比重，优化旅游交通线路结构，减少必要旅游交通碳足迹和能源消耗。

大城市的交通拥堵问题、交通能源消耗也成为环境持续恶化的主要推动因素之一，交通领域的节能减排是旅游低碳化的难点和重点。英国交通节能的许多做法值得借鉴学习，其交通节能主要措施有：汽车燃效提高、铁路运输系统的电动化、生物燃料的使用、电动车充电交换站等；计划到 2050 年公路、铁路交通要大部分去碳化，航空、海运也要大幅提高能效。

借鉴共享经济的理念，在旅游交通发展过程中，积极引入 ofo、摩拜等企业的加入，促进旅游交通过程的节能减排，方便旅游者的交通出行，解决“最后一公里”的出行难题。

7.3.3.4 旅游住宿节能

能源消耗是旅游住宿发展的重要的代价，特别是化石能源的燃烧和利用。旅游住宿能源消耗不仅关系温室气体的稳定排放，也是对国家区域旅游政策产生影响的变量。旅游能源消费因人而异，这也意味着未来旅游节能减排的空间很大。旅游住宿领域具有提升能源利用效率的潜力，例如改善建筑能效、提高旅游管理效率、改变旅游者的消费习惯、制定并实施绿色酒店标准、增加酒店可再生能源的利用率、加大旅游节能设施的投资和使用等。住宿及其服务节能减排需要注重细节问题，例如减少洗衣和淋浴中的热水消耗以及降低水温就是一种节约措施。有的经济型住宿（Budget Accommodation）只提供冷水，减少空调的数量或者仅限夜间使用。其他的减排措施包括使用节能灯、感应灯、太阳能灯泡等。

海南省一方面要积极发展旅游住宿业，增加旅游接待业的容量和服务项目，提升旅游服务质量和游客满意度；另一方面要积极推进旅游节能措施，逐步建立与市场需求相适应、具有海南特色、环境友好型的旅游住宿接待体系。海南省各地积极创建“绿色饭店”，推动住宿业转型升级，在商务酒店、滨海度假酒店、温泉度假酒店、乡村旅馆、汽车旅馆、家庭旅馆等经营过程中，倡导绿色住宿行为，促进旅游者为海南省旅游低碳化做出贡献。

旅游业的发展依赖于当地的环境状况，饭店业作为旅游业的支柱产业，在有效保护环境和合理利用资源方面的努力直接关系到旅游业的健康发展，并影响到社会的可持续发展。所以，饭店的环境管理工作被提上议事日程，而创建“绿色旅游饭店”是饭店环境管理的重要环节。

绿色旅游饭店是一种新的理念，它要求饭店将环境管理融入饭店经营管理中，以保护为出发点，调整饭店的发展战略、经营理念、管理模式、服务方式，实施清洁生产，提供符合人体安全、健康要求的产品，并引导社会公众的节约和环境意识，改变传统的消费观念，倡导绿色消费。它的实质是为饭店宾客提供符合环保要求的、高质量的产品，同时，在经营过程中节约能源、资源，减少排放，预防环境污染，不断提高产品质量。绿色饭店是一种方向和目标，是一个不断发展的概念。为指导现阶段的实践，我国《绿色旅游饭店标准（LB/T007-2006）》把绿色旅游饭店定义为：以可持续发展为理念，坚持清洁生产，倡导绿色消费，保护生态环境的饭店。其核心就是在生产经营过程中加强对环境的永续保护和资源的合理利用。

绿色旅游饭店的创建、实施与保持是一个不断发展的过程，在实践过程中应与饭店其他管理体系的运行相协调，是一个与饭店各方面的发展相互促进的过程。饭店建成的年代有长短，经营的规模有大小，建筑的形式各不同，设备设施技术性能也有差别，因此在创建、实施过程中，需要根据饭店各自的实际情况采取不同的措施，并积极引入先进的环保技术和设备，获得环境绩效的持续改进。

7.3.3.5 旅游活动节能

研究表明，不同的旅游活动类型的碳足迹系数与能源消耗系数不同。基于自然和文化景观的观光、鉴赏、体验等活动碳排放强度较低，能源消耗也较少。相反，基于大功率能源消耗的运动类旅游活动碳足迹强度和能源消耗系数较大，例如水上摩托艇、水上飞机、游船、游艇、高尔夫等项目，能源消耗和碳足迹的均值较大。因此，从节能减排的角度看，应鼓励更多的节能型旅游活动的开发。

海南省的旅游活动和娱乐项目十分丰富，节庆会展、体育赛事、文化交流、文化演艺等十分受旅游者欢迎，特别是滨海型、地方文化型旅游项目最具海南省特色，是旅游者参与度最高的项目。政府举办的大型会议会展具有国际化影响力，也带来了大量的客源。从旅游活动依托资源和参与方式看，一般将旅游活动划分为基于自然的旅游活动、基于文化的旅游活动和基于设施的旅游活动。研究显示，基于自然的旅游活动、基于文化的旅游活动在能源消耗上强度较低，人均值较小，是可以大力发展和积极鼓励的项目类型；基于旅游设施开展的旅游活动，旅游碳足迹和能耗的强度以及均值较大，需要限制在一定的比例范围之内。

7.3.4　实施生态效率规划战略

7.3.4.1　旅游土地利用发展规划

土地利用方式通过复杂的物理和化学过程剧烈影响目的地碳排放，改善旅游目的地土地利用，进行基于生态效率的旅游土地利用规划，有利于提高生态效率水平。很多旅游目的地制定了系列土地发展政策和规划策略，具体包括分区规划调整、增长管理计划、环境友好型建筑设计标准，也有一些经济杠杆工具，例如征收环境影响费、给予住房补贴、给予实施增长管理计划者金融补助等。整体上说，通过创新设计，加上采用更为紧凑节约的发展模式，能够减少旅游过程中能源、水、服务和建筑材料的消耗。

7.3.4.2　休闲娱乐活动管理措施

许多旅游休闲娱乐活动消耗大量的自然资源，产生大量的废弃物，特别像高尔夫（灌溉、施肥、病虫控制）、水上刺激性旅游项目、空中冒险性游憩项目等均对旅游目的地资源容量产生巨大压力。旨在提升旅游生态效率的娱乐活动管理包括：确定部分资源消耗上限、建立和强化适当的能源消耗标准、鼓励参与资源和能源消耗强度低的旅游活动（例如增加文化与教育活动比例）、大力发展新兴的低能源消耗旅游项目（例如自行车、滑水、垂钓等）。

7.3.4.3　提高旅游交通生态效率

许多交通服务措施对于旅游交通生态效率十分有效，这些措施聚焦于如何减少私人汽车使用和国际旅游交通距离，具体措施有：发展步行与非机动车道供旅游者和本地居民使用；设立汽车禁行区和低速行驶区、限制停车位数量以减少汽车使用的几率；建立低廉便捷的公共交通系统，激励旅游者从私人交通工具转向公交系统。这些措施不仅可以降低旅游耗能、噪音、污染，而且有利于塑造绿色时尚的形象，营造更为放松和休闲的氛围。

旅游交通是旅游碳排放和能源消耗的重头部门，因此也是旅游生态效率提升的关键领域。旅游交通生态效率优化在于减少单位距离人均旅游者的碳足迹和能源消耗值，实现这个目标有赖于交通工具制造技术的突破和旅游者交通方式的选择，特别是旅游交通公共服务系统的规划设计。

7.3.4.4　加强固体废弃物的管理

固体废物管理是指运用环境管理的理论和方法，通过法律、经济、技术、教育和行政等手段，鼓励废物资源化利用和控制废物污染环境，促进经济与环境的可持续发展。旅游生态效率规划要求尽可能减少对环境的破坏，对环境敏感型固体废弃物的管理通过再利用、减量、循环、合成等措施使得垃圾厂需要处理的废弃物最少化。具体措施有：设立废物交换与再利用中心、强化可循环利用物质的回收设施系统、设立区域废弃物合成中心、增加对于旅游者和本地居民减少废弃物的专项规划。这些措施能直接减少固体废弃物的数量，也能降低温室气体的排放，因此可以提高旅游目的地生态效率。

7.3.4.5　可再生能源开发与投入

一次能源可以进一步分为再生能源和非再生能源两大类型。再生能源包括太阳能、水力、风力、生物质能、波浪能、潮汐能、海洋温差能等。旅游发展过程中，可再生能源供应开发系统通过能源结构优化，增加可再生能源的比例，直接降低温室气体的排放量，这类措施包括：开发利用太阳能、氢能；利用本地风力、水电发电厂的电力；采用光伏热泵设施代替其他能源形式等。在旅游服务开展区域采取类似措施，不仅能减少对环境和健康的负面影响，而且能创造经济节约型发展模式，在增加本地就业机会、带动地方经济增长的同时，提高能源自给率。

7.3.4.6　实施保护绿色空间战略

绿色空间也称绿色生态空间，泛指森林、草地、湿地的面积总和。维护目的地的绿色空间和完整生态系统，有利于提高生态效率，因为绿色空间作为二氧化碳的吸收体，能够起到增加碳汇的作用，增强对空气的净化能力，减少温室气体的环境影响。保护旅游目的地绿色空间的具体措施有：空气过滤、微气候调整、雨水排水控制、污水处理等。另外，对被保护区域进行二氧化碳隔离和存储、最小化空气制冷加热需求等手段，也可以减少二氧化碳排放量。

研究案例地海南省主要通过生态文明建设，提高区域绿色空间战略水平。海南将继续推进海防林恢复和建设工程、天然林保护工程，巩固退耕还林成果，完善海南国家级公益林补偿机制；在提高森林覆盖率的同时，加强水土保持工作；加强自然保护区、森林公园、重点水源地、重要海域的保护和管理，有序开发利用土地、森林、矿产、海湾、岸线、海岛、水域等重要资源，提高资源开发利用水平和效益。这些措施都直接或者间接有利于提升旅游生态效率水平。

7.3.4.7　生态效率环境管理系统

政府可以进行能源审计，实施环境管理系统（Environmental Management Systems）并且提供激励，例如设立可再生能源资源基金，提高旅游生态效率比值。旅游局和环境保护部门推行的生态效率战略危机管理计划都是为了实现双赢目标，既能适应气候变化、减少碳排放、加强环境管理和发展，也能推动经济可持续发展，这些措施包括人工造林、保护水资源、使用可再生能源等。

对于旅游生态效率的提升、旅游过程的节能减排问题，现在更多研究强调适应和减缓气候变化的措施不能孤立地进行，必须整合成一个可持续发展的理论框架。同时，制定规划需要综合考虑气候、旅游、环境之间的相互影响，形成合力。旅游生态效率环境管理需要发挥各个部门、多种措施的作用，形成长效机制，促进生态环境保护有序发展，旅游生态效率优化提升。

生态环境管理需要关注更多的旅游部门能源消耗与碳排放，例如在发展中国家，农村地区的能源消耗在国家层面占很大的比例，木材是乡村地区最主要的燃料，这也是导致森林减少的重要原因之一。Stefan Gössling 等（2010）在研究食品生产、消费和气候变化的关系时，认为获取不同旅游食品的 GHG 强度值、加强食品管理，可以减少对气候变化的影响，也能为旅游可持续发展适应气候变化提供条件。

旅游目的地的自然资源管理的假设一般是“代理免费搭便车”理论，旅游企业为了实现自身利益最大化，往往过度利用自然资产，进而在提升企业竞争力和促进旅游业可持续性的两个导向中进行选择。但是，在旅游行业内也有很多主动采取环境管理取得成功的案例。

7.4 海南省低碳旅游管理

海南省作为我国度假旅游的著名目的地，旅游业在国民经济和社会发展中作用显著。近年来，海南省将低碳旅游发展模式作为旅游开发的重要导向，采用低碳旅游管理，促进旅游节能减排。根据《海南国际旅游岛建设发展规划纲要》，海南省将大力实施低碳技术的应用与推广。

7.4.1 提高清洁能源比重

清洁能源比重越高，社会各部门能耗强度越低，越有利于旅游及其相关行业的节能减排，促进整个“低碳社会”“绿色旅游”“绿色酒店”计划的实施。而且交通、住宿、购物、娱乐等部门的能源使用与旅游者观念、政府的政策导向紧密相关，互相影响，一定条件下可以形成全社会节能减排的氛围与合力，提升清洁能源的比重和效应。

海南省积极发展清洁能源和可再生能源，推进核电、液化天然气、燃料乙醇、风电、太阳能光伏发电等项目建设，实施太阳能利用和建筑节能工程。推进“太阳能风力路灯照明示范工程”，2015年全面覆盖海口、三亚、琼海等重点旅游城市、各滨海度假区和4A级以上旅游景区。大力推广液化气（LNG）燃气汽车和新能源汽车。继续扩大推广沼气利用，提高农户沼气使用比例。到2020年，全省清洁能源在一次能源消费中的比例将达到50%以上，汽车尾气排放标准将达到全国先进水平。

7.4.2 转变经济发展方式

继续调整优化经济结构，大力发展以旅游业为龙头的现代服务业，积极发展热带特色的现代农业、新型工业和高技术产业。严格履行规划环评及建设项目环评要求，严格执行环境准入制度，严禁高耗能、高耗水、高排放和产能过剩行业的发展，用先进技术改造传统产业，坚决淘汰落后产能。2020年基本形成以低碳技术为特征的工业、建筑和交通运输体系。建立完善有利于低碳技术应用与推广的政策和监督管理机制。将单位地区生产总值（GDP）碳排放指标纳入地区国民经济和社会发展中长期规划，建立相应统计、监测和考核办法；制定鼓励清洁能源、可再生能源发展政策，大力推进各类减排工程设施建设，增加"以奖代补"专项转移支付。

7.4.3　推广应用低碳技术和产品

低碳技术相关产品的使用是实现低碳旅游模式的必要前提。国家大力推广应用低碳技术产品，一方面是发展低碳经济的需要，另一方面也能培育新兴产业，形成新的经济增长点。加强蓄能、变频、洁净煤、新能源汽车、节能灯、建筑节能灯等低碳技术及产品在旅游领域的推广应用；加强国际国内的合作与交流，有效引进、消化、吸收先进的低碳技术。大力发展绿色建筑、绿色交通，倡导和培养低碳生活方式和旅游方式，加快形成绿色低碳的生活方式和消费模式。

7.4.4　打造低碳模式国际旅游岛

以旅游业为龙头的现代服务业是有海南特色、具有潜力和竞争力的产业，也是单位经济产值温室气体排放最低的一个产业。大力发展以旅游业为龙头的现代服务业，是实现海南可持续发展的必然选择。在全面提升低碳化旅游业管理服务水平的同时，积极推进金融保险、文化体育、会议会展、时尚博览、购物中心、教育培训、文化娱乐、现代物流等低碳型的服务产业，着力打造面向世界的低碳旅游品牌，将低碳作为推介海南国际旅游岛的一张名片，建设低碳旅游目的地，将海南国际旅游岛建设成为具有示范意义的国际化旅游目的地。

7.4.5 构建低碳节能型旅游交通体系

优化全省交通网络结构以及城市公共交通布局。优先发展和完善高效优质的慢行交通设施和城市低碳公交系统。完善旅游交通系统及配套设施，促进旅游交通低碳化。在海口被列入全国第二批“十城千辆”节能与新能源汽车应用示范城市的基础上，适时建设一批低碳交通示范项目。加快淘汰陈旧交通工具和强化机动车报废工作，鼓励发展和使用高效节能型车辆，推广使用清洁环保交通工具，逐步提高车辆燃油经济性标准。旅游交通是旅游能耗和旅游碳排放最重要产生来源，构建低碳节能型旅游交通体系，是解决旅游节能减排问题的关键手段，也是旅游产业实现“绿色发展”的必由之路。

7.4.6 推进低碳旅游试点工作

推进海南省低碳景区试点。选择保亭黎族苗族自治县呀诺达热带雨林景区为试点景区，重点开展低碳景区评价机制、相关标准及统计监测体系探索，推动景区开发和运营低碳化操作，特别是景区内建筑和交通系统的低碳化，努力营造低碳旅游文化环境，为其他地区的旅游低碳化景区建设提供示范和经验。海南省作为我国最大的经济特区和旅游产业发达地区，在旅游行业的各个环节之内积极实施低碳试点工作，具有十分重要的典型示范意义，可以为国家其他地区的低碳旅游发展积累经验，树立典型。

7.4.7 建立低碳旅游预警机制

低碳旅游目标的实现有赖于各种基础单位的共同努力，也有赖于政府的规制、专门机构的监督、旅游运营企业的自觉、国家的低碳法制建设、旅游者低碳意识提升等因素，超出承受范围的旅游行为和活动必须有良好的反馈机制，这就必须建立反应灵敏、调节及时、运行有效的预警机制，规范和制约不符合低碳旅游理念的行为与活动。旅游行业涉及范围广，旅游经营主体多，在低碳旅游实施过程中，以生态效率作为共同的指标，构建规范一致的旅游可持续发展路径，有赖于旅游管理部门建立科学合理的低碳旅游预警机制。一方面，将区域旅游碳足迹和能源消耗控制在预定的范围之内，实现旅游消耗指标的可监测、可调整、可控制；另一方面，通过预警机制的设立，将不能完成旅游节能减排标准，或者不能达到旅游生态效率水平要求的经营主体及时淘汰，形成良好的优胜劣汰机制，凸显旅游生态效率理论模型的工具效能。

7.5　刺激旅游消费有序增长

旅游消费有序增长是旅游经济增长的内在需求，从旅游生态效率的本质上讲，旅游经济效益的有序扩张和旅游节能减排是并行不悖的，在旅游碳足迹和旅游能耗既定的前提下，旅游经济效益水平越高，旅游生态效率水平也越高，预示着区域旅游可持续发展的现状更优，潜力更足。从区域旅游经济发展的角度看，刺激旅游消费有序增长的手段和方式主要有：发展旅游免税购物、延长旅游者平均停留时间、增加旅游消费热点、优化旅游消费环境、扩大旅游有效总需求。将这些行之有效的手段结合起来，一定阶段和时间范围内，案例地的旅游生态效率水平必将呈现优化增长的状态。

7.5.1　发展旅游免税购物

购物与旅游已经越来越密不可分，旅游购物增加旅游者的体验内容，购物旅游成为一项旅游产品，旅游景区实施免税购物制度，能带动旅游商品产业链的发展。以海南省为例，2009 年开始，海南省已经在三亚、海口、琼海、万宁市内设立免税店，取得较为明显的带动作用。因此，加大免税购物、购物出境退税等工作力度，有利于旅游消费水平的整体提升。

7.5.2　延长旅游停留时间

延长旅游者平均停留时间，可以增加旅游者总体消费能力，有利于提高旅游生态效率，特别是对于远距离的客源市场而言，延长旅游者停留时间对于发展旅游经济十分重要。例如，海南省为了方便海外旅游者的停留，2012 年海南省旅游团免签证国家数量已经达到 26 个，国务院原则同意实行俄罗斯、韩国、德国免签证旅游团人数放宽至 2 人（含）以上，停留时间延长到 21 天。国内外旅游者平均停留时间的增加带来连锁效应，一方面旅游产业要素的消费能力不断提升，另一方面旅游的规模和效益也相应提高，大大增加了旅游生态效率优化的可能性，扩大了旅游产业的经济带动性。

7.5.3 增加旅游消费热点

旅游市场不断变化，随着经济社会的发展，旅游者的需求呈现出多样化的市场格局和形态。增加旅游消费热点，重点发展能源消耗低、吸引能力强、特色鲜明的旅游活动，参与性、体验性、时尚性、文化性强的旅游娱乐活动越来越受到市场的欢迎，地方味浓郁的旅游产品更容易获得市场的认可。在积极响应市场最新需求、开发适销对路的旅游产品、扩大旅游市场拓展能力的同时，为旅游者消费创造更多的选择机会，增加旅游消费热点。

7.5.4 优化旅游消费环境

旅游消费市场的优化、净化是旅游管理的重要内容，良好的市场秩序、诚信的经营氛围、丰富的旅游产品、规范的市场监管，共同构成了稳健的旅游消费环境。积极进行旅游营销规划，利用重大事件提高旅游消费优惠措施，能够大力促进旅游消费市场的有序增长，带动相关产业的协同发展，助推区域旅游经济发展方式转型。另外，利用经济杠杆的调节作用，积极进行旅游宣传，增加旅游产品服务的优惠力度，也有利于提振旅游消费景气指数。

7.5.5 扩大旅游者总需求

在旅游者数量和旅游外部交通模式既定的情况下，也就是保持旅游环境影响一定的条件下，旅游生态效率水平的提升主要依靠旅游消费的增加，扩大旅游产品和服务的总需求能够增加旅游者消费总量。旅游消费具体体现在旅游价值链的各个环节上，旅游住宿产品消费、旅游娱乐产品消费、旅游休闲产品消费、旅游度假产品消费、旅游活动产品消费构成旅游消费的主力。扩大旅游者总需求的途径有：（1）转变未使用者。对于很多旅游项目和旅游消费产品的市场而言，通过宣传和引导，能够将潜在消费者转化为实际购买者，增加旅游消费的潜力和总量规模。（2）开辟新的细分市场。旅游产品销量不佳的主要原因在于供销不对路，旅游产品和市场需求存在明显的偏差，开辟适销对路的旅游细分市场能够促进旅游消费的增加。（3）增加旅游活动项目的使用量。旅游活动的空间和使用频率决定了旅游产品和设施的使用量，通过增加旅游者的使用频率、增加每次消费量、扩大旅游消费空间等措施，能有效增加旅游项目的使用量和强度。

7.6 海南省低碳旅游实施保障

先进的制度需要有效的体制机制才能保障实施，特别地，旅游政策执行过程中，需要将普适性原理与区域实际结合起来，做到有的放矢，将政策的优势和地方的特色整合起来，将旅游政策与其他政策结合起来，形成低碳旅游政策体系框架，推动案例地旅游低碳化措施落到实处，产生积极可行的实际效果，使得旅游生态效率水平提升的对策和建议具有前瞻性、科学性、可行性，让具体的管理部门和操作人员有策可依，有策可行。

海南省将低碳发展与建设国际旅游岛、推进生态省建设和控制温室气体排放结合起来，以制度创新和技术创新为动力，创新发展模式，调整产业结构，提高能源效率，优化能源结构，引领低碳生产、消费和生活方式，努力打造“低碳海南、生态海南、休闲海南”的旅游品牌。

1. 组织保障。海南省低碳发展工作由省发展改革部门牵头负责，省直有关部门全力配合。省发展改革部门负责制定低碳发展的重大战略、方针、政策和相关规划，统一部署低碳发展工作，协调解决低碳发展中的重大问题，组织、指导和推动低碳发展的相关研究等，为低碳发展提供坚实的保障。逐步建立各级政府推动、企业和公众广泛参与低碳型国际旅游岛建设的联动机制。

2. 法规体系。建立健全与低碳发展相关的法规和制度，研究制定促进低碳发展的金融、产业、碳汇等政策和措施。贯彻落实《中国应对气候变化国家方案》《海南省森林保护管理条例》等与低碳发展相关的法律法规、部门规章和规范性文件，抓紧健全完善海南相关的地方性法规和规章。

3. 资金投入。建立促进低碳发展的资金投入机制，用足用好国家节能减排、发展可再生能源、推广节能建筑以及生态补偿等方面的优惠政策，积极争取国家资金支持；逐步建立省级财政专项资金，扶持低碳产业发展；市、县政府和相关部门要对低碳重大项目、低碳试点等给予资金支持；充分发挥企业作为技术创新主体的作用，引导企业加大对低碳发展领域技术研发的投入；积极开展国际合作，拓宽融资渠道，争取外国政府、国际组织的资金支持。

4. 技术支撑。加强生产和消费领域高能效、低排放技术研发和推广，确保新上项目碳排放水平处于国内领先水平。支持重点高校和相关科研机构开展低碳发展政策与产业技术研究，加大人才培养和引进力度，加强与国外及省外相关机构的合作，逐步建立多元化低碳技术体系，为经济发展方式转变和走低碳发展之路提供强有力的技术支撑。

5. 评估考核。探索政策导向明确的奖惩机制，将低碳发展目标纳入海南全省国民经济和社会发展中长期规划，建立和完善有关温室气体排放的统计、监测和考核体系。根据国家要求，从温室气体增量入口源头加强管理，把温室气体排放目标分解落实到各级政府、重点工业园区和重点企业，加强对目标责任、工作进度的跟踪检查，确保海南低碳发展积极、健康、有序。

7.7　本章小结

政策是旅游节能减排、提高旅游生态效率的保障。政府作为区域旅游发展的相关利益主体，参与低碳旅游行动、承担区域和国际碳足迹减排义务的主要手段就是通过政策进行激励、规制，促进旅游者低碳化行为，实现区域旅游生态效率水平的优化提升。基于生态效率理论的低碳旅游需要确定合理化的节能减排区间，实现旅游消费与旅游生态效率的同步增长，避免非理性减排带来的“低碳陷阱”和“增长过剩”状态。因此，在分析国内外低碳旅游相关政策现状的基础上，本章重点研究了基于生态效率的低碳旅游政策对策，以期通过政策实施将低碳旅游、旅游可持续发展、旅游生态效率优化提升等目标和理念落实到实处，经过归纳和总结分析发现：

（1）提高旅游生态效率水平的主要方向在于减排、节能、增收，具体措施有：提高低碳旅游意识、完善低碳旅游政策体系、推进旅游节能减排措施、实施生态效率规划战略、刺激旅游消费有序增长。具体而言，各个大的方向下面有细化的措施对策进行支撑。

（2）低碳旅游政策主要包含碳汇政策、碳补偿政策、碳交易政策、碳税政策、碳金融政策等，政府通过法律控制、旅游活动管理和价格杠杆，可以有效减少旅游碳足迹，提升旅游生态效率。这些关于低碳旅游的政策不是孤立的，而是相互影响、相互促进，形成一个科学化的政策体系框架。

（3）旅游节能减排要求优化交通结构，选择更近的旅游目的地，减少私家车和出租车的使用比例，发展公共交通，改进汽车发动机的性能，增加电动车比例等，提高交通工具载荷因子；对旅游住宿设施增加节能化投资，改变旅游者消费习惯；同时减少高耗能旅游活动的开发，增大低耗能、低碳化旅游活动的比例。

（4）国内外关于低碳经济、绿色发展、节能技术等方面的政策和措施纷纷出台，以应对日益严重的环境问题。低碳旅游的政策和对策性建议，是旅游可持续发展的基础保障，构建完善的旅游节能减排安全网，对于旅游规划、旅游政策制定而言，具有重要的意义和价值。

另外，由于旅游者在空间上具有流动性，碳足迹也会产生区域转移和扩散，这就要求在合作基础上进行责任分摊。基于环境伦理概念，促进环境保护中的公平与正义也十分重要。

第八章　旅游生态效率基本原理

现在广为接受的一个观念就是区域旅游开发对环境存在负面效应，因此需要按照可持续发展的标准进行旅游目的地维护。自然资源的减少和能源过度使用造成的温室气体排放对全球环境构成严重的威胁与挑战。正是基于此种认识，世界旅行与旅游理事会联合世界旅游组织和地球理事会（Earth Council）将资源管理和能源利用看成一个关键问题（WTTC, WTO & Earth Coucil, 1995）。其中，生态效率是一个具有普适性意义的环境政策和管理工具。

生态效率逐渐成为可持续性“人类—环境”互动系统的认知和制度基石。在认知层面，生态效率原理认为个人对环境的关注可以与物质上对生态服务的依赖脱钩；生态效率模型的基本原理及其应用对旅游行业具有重要的导向作用，生态效率的概念是旅游生态效率研究的起点，旅游生态效率是生态效率概念在旅游行业的延伸，一定意义上说，生态效率原理具有较为广泛的普适性，在诸多地区和行业都有重大应用和发展，自成一体。充分了解和分析旅游生态效率相关原理与应用，对本研究具有重要的理论支撑作用。

本章主要进行生态效率原理及其应用的系统化梳理，试图从其他行业领域生态效率的概念、模型、实践等方面找到旅游生态效率应用的突破口和技术路径。旅游生态效率的原理主要包含旅游生态效率度量原理、旅游生态效率评价原理、旅游生态效率影响原理、旅游生态效率应用原理。旅游生态效率原理落实于旅游生态效率规划战略，而旅游生态效率规划是实现趋于旅游可持续发展，以生态效率基本原理为基础进行旅游目的地管理活动。旅游生态效率规划的过程需要遵循一定的方法、原则和技术路线，争取将旅游经济效益发挥到最大的同时尽可能降低旅游业环境影响。

生态效率分析的终极追求是辅助实现从微观决策到宏观最优的过渡。旅游生态效率的理论框架是基于生态效率原理在旅游业中的应用，要科学合理地分析旅游生态效率及其运行机制，必须更好地研究生态效率原理以及生态效率模型在其他行业的应用情况，将生态效率的运行规律进行总结，特别是对生态效率模型在不同行业的适用性进行比较，为之后旅游生态效率的分析打下理论基础。

8.1 旅游生态效率原理

旅游生态效率不仅是一个变量体系，也是一种研究的思维理念，基本目标在于用更少的投入获取更大的收益，促进区域旅游可持续发展，实现旅游经济、社会、环境效益的统一，将旅游经济的发展和社会事业的全面进步结合起来，形成一个良性循环的旅游发展局面。总体上看，基于生态效率概念的旅游生态效率原理可以从以下几个方面展开：旅游生态效率度量原理、旅游生态效率评价原理、旅游生态效率影响原理、旅游生态效率应用原理。

8.1.1 旅游生态效率度量原理

国内外旅游生态效率度量一般采用经济/环境单一指标比值法。旅游生态效率属于复合型变量，通常使用旅游经济产出指标和旅游环境影响指标的比值来衡量。从旅游生态效率的直接构成来看，在旅游环境影响不变的情况下，旅游经济产出越大，旅游生态效率值越高；反之，在旅游经济产出不变的前提下，旅游环境影响越小，旅游生态效率水平越高。

在旅游可持续发展研究之中，有很多学术概念和指标用来衡量区域旅游可持续发展的能力，例如旅游竞争力、旅游碳足迹、旅游环境负荷、旅游生态足迹等，但是与国民经济低碳化的要求对应最佳的变量还是旅游生态效率，因为我国可持续发展、绿色发展的一个核心目标就是降低单位 GDP 的碳排放，也就是尽可能调整产业部门的能源消耗强度和碳排放强度，而旅游生态效率与这个理念最为接近。

8.1.2　旅游生态效率评价原理

对于旅游生态效率的评价重点从两个角度进行考虑：一是旅游生态效率的理论评价，突出强调旅游生态效率的变化规律；二是旅游生态效率水平优化的实践操作，突出强调旅游生态效率规划及其保障，旅游生态效率的理论评价是重点。对不同区域旅游生态效率进行评价的结果直接来自区域比较。旅游生态效率作为一个复合变量，其优势主要体现在评价的方便性和有效性。

旅游生态效率的评价分为直接评价和间接评价，直接评价主要按照旅游生态效率的模型展开。很显然，在旅游部门经济收益一定的情况下，旅游环境影响越小，旅游生态效率越高；反过来，在旅游环境影响一定的情况下，旅游收益越高，旅游生态效率越大。按照这个旅游生态效率模型进行直接评价，主要考虑旅游业的要素输入和输出，将旅游生态效率看成一个狭窄系统，在这个系统内部进行两因素的变量分析。而旅游生态效率的间接评价则将旅游系统看成一个复杂系统，将旅游者的消费行为看做一个综合行为，将旅游生态效率的影响因素置于更为广泛的系统之内进行分析，例如区域经济发展水平、旅游者决策偏好、旅游基础设施投入、旅游政策环境等。

8.1.3　旅游生态效率影响原理

旅游生态效率研究在国内尚处于起步阶段，相关研究成果数量不多，研究范围比较小，研究采用借鉴、引用、论证等方法思路，特别是对于旅游生态效率的影响因素和影响机制的分析不够深入，尚未从外生影响因素的角度全面分析旅游生态效率的影响机理。从旅游生态效率研究的理论体系看，探索影响旅游生态效率各类因素和机制是优化旅游生态效率水平的基础，因为，要有针对性地提升旅游生态效率水平，就必须搞清楚三个本质问题：一是，旅游生态效率的影响因素有哪些；二是，这些影响因素在什么情况下发挥作用；三是，这些影响因素其内在作用机制如何。

8.1.4 旅游生态效率应用原理

经济学中供给学派的“拉弗曲线”假说认为，高税率抑制了经济活动，从而缩减了税基。也就是说，高税率不一定带来税收的增长。与此类似，旅游产业发展到一定阶段，必然受到各种因素的制约。制约因素过大则旅游业裹足不前，形成旅游产业发展的衰退；制约因素过小，旅游能源消耗和碳足迹的强度影响旅游可持续发展能力，旅游的综合效益下降，难以承担“战略性支柱产业”的任务和角色。区域旅游业发展过程中，旅游经济产出相当于正面效应，旅游环境影响相当于负面效应。从一定意义上说，只有当旅游正面效应大于负面效应时，旅游业才属于可持续发展行业，可以大力鼓励发展，否则，旅游业难以形成可持续状态。因此，旅游发展有必要依托一定的理论和实践度量工具，实现可持续发展目标。目前的研究成果显示，旅游生态效率可以承担这一衡量旅游可持续发展能力的任务，对旅游决策者和旅游者提供理论支撑，获得区域旅游发展的理想化状态（图 8-1）。

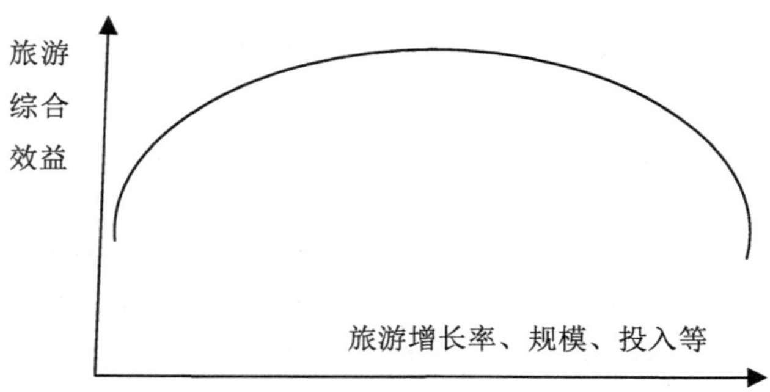

图 8–1 最佳旅游发展状态

（1）对于旅游规划者的应用：旅游规划者需要充分考虑旅游活动开展的环境效应，只有将旅游活动的规模和强度限制在合理的水平之内，区域旅游才能实现可持续发展模式，因此以可持续旅游生态效率为指标进行划分，能够有效指导区域旅游可持续发展能力的评价及其应用。

（2）对于旅游政策制定者的应用：政府作为旅游发展的相关利益主体，需要在旅游发展过程中起到平衡器的作用：一方面要通过宏观规划和调控，实现旅游经济的发展；另一方面也要通过一定的手段和工具，确保旅游发展的有序、高效。旅游生态效率正是一个适用面很广的理论工具。

（3）对于旅游者的应用：旅游者的态度和行为对旅游生态效率的实际情况影响很大，因为作为一个比例型复合变量，旅游者的决策和消费模式直接决定了旅游生态效率值的大小。现代旅游者也是环境的关注者，有着很强的自然主义倾向，只要有合适的度量指标和数据，旅游者的自觉性节能减排行为将是旅游低碳化模式的最大助推器。旅游者的低碳意识和觉醒也成为我国旅游低碳化转型的催化剂，起着不可替代的作用。

8.2 旅游生态效率部门结构原理

旅游消费是一个复杂的系统过程，并且这个过程包含的子系统较多，十分难于精确统计。根据旅游消费的结构原理，按照旅游过程中必不可少的消费环节进行分析，旅游生态效率等于部门生态效率叠加之和。具体而言，在旅游生态效率模型的构建过程中，旅游交通部门、旅游住宿部门、旅游活动部门、旅游餐饮部门、旅游购物部门、旅游观光部门等构成了旅游消费过程的部门结构，这个结构具有一定的可变性。在特定研究环境中，旅游生态效率的研究部门可以适当调整，也就是根据研究需要动态调整。通常情况下，根据旅游生命周期（LCA）分析的原理，旅游生态效率主要包含多个部门的生态效率，也即旅游交通生态效率、旅游住宿生态效率、旅游活动生态效率、旅游购物生态效率、旅游餐饮生态效率。在实证研究中，旅游交通、旅游住宿、旅游活动是最为重要的旅游碳足迹、旅游能源消耗的产生领域，同时也是易于收集分析数据的部门，因此往往诸多研究将旅游生态效率看成旅游交通、旅游住宿、旅游活动三部门生态效率之和。本研究根据案例地的实际情况，将旅游六个部门的生态效率原理作为研究的重点，有利于更为深入了解旅游碳足迹、旅游能源消耗、旅游生态效率的部门分布和形成机理。

8.2.1 旅游交通部门生态效率

交通是旅游活动得以开展的前提条件，旅游业最大的特征是旅游者空间上的定向移动和流动性，这个核心特征也是旅游业产生、发展、形成学科规律的根本原因。旅游者的空间移动范围表明了目的地吸引力大小。国际旅游市场的旅游者空间移动距离较大，我国部分资源等级较高的旅游地能够拓展国内、国际两个核心市场。国内旅游市场的空间移动距离也较大，例如海南省国内旅游市场的平均出行距离超过 1000 千米，属于典型的远距离市场为主导的客源结构，旅游者交通方面的花费较高，因此交通移动形成的能源消耗也相对较大。

旅游交通因为交通工具的能源消耗和碳排放产生旅游节能减排的需求，反之，旅游部门的节能也在于旅游交通方式的选择，低能耗的旅游交通模式有利于旅游产业的低碳化发展。例如，自行车、电瓶车等交通工具是最为理想的低碳旅游交通工具，汽车、飞机、轮船、火车等均需要消耗一定的能源，不同交通工具能耗强度的差异体现在旅游交通的能耗系数上。

随着消费者环保意识的增强，步行、自行车等交通方式回归生活和传统，旅游景区越来越多地采取措施限制机动车的进入，在目的地旅游区域内骑车已经成为一种新的时尚。综合而言，旅游交通行业因为经济影响与环境影响形成了旅游交通生态效率，旅游交通部门的生态效率形成机制如图 8-2 所示。

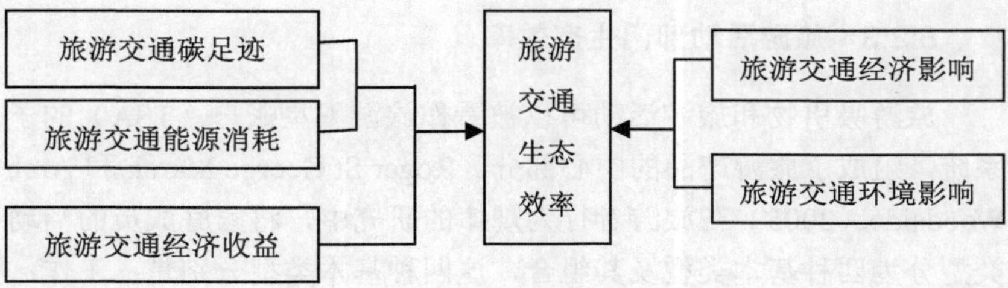

图 8-2 旅游交通生态效率形成机制

8.2.2 旅游住宿部门生态效率

世界旅游组织统计的住宿设施类型超过 80 多种，例如酒店、青年旅社、汽车旅馆、养老公寓、住宿与早餐接待民宿、自治旅馆、平房小屋、家庭度假、度假村、民宿等，目前还出现了共享模式下的旅游住宿平台。旅游住宿项目直接与旅游用地、旅游能源消耗、旅游碳排放有关。旅游住宿的业态不断丰富与创新，旅游住宿接待业的发展和进步为区域经济带来重要贡献，旅游住宿为相关领域创业者提供了发展渠道。旅游者在异地居住过程中能量消耗主要包含建筑设施的建设，为旅游住宿设施运营提供的水、电、燃气等，以及旅游辅助设施配套中产生的能源消耗与碳足迹。

旅游者住宿作为旅游者外出旅行过程中弹性最小的消费项目，占旅游者消费支出中的比例较大，同时也为旅游住宿经营者创造了可观的经济收益。旅游管理部门对旅游住宿经营的收益有比较正规的统计，市场调研中的旅游住宿消费也为旅游住宿生态效率研究提供了基础资料。生态效率可以用于评价旅游住宿部门的可持续性能力，研究中旅游住宿部门单位环境变量创造的经济收益被定义为旅游生态效率。

旅游住宿部门生态效率的提高在于优化住宿行业能耗和碳足迹强度，提高单位旅游能源消耗的经济收益，或者在旅游经济效益一定的情况下尽可能降低旅游碳足迹和旅游能源消耗值。从旅游生态效率的部门结构看，旅游住宿部门生态效率优于旅游交通生态效率。

8.2.3 旅游活动部门生态效率

旅游吸引物和旅游活动可以被看作旅游卫星账户（TSA）的子系统，组成了旅游产品的中心部分。Roger St George March 和 Arch Woodside（2005）在旅游者行为规律的研究中，将家庭成员的活动类型分为四种基本类型及其组合，这四种基本类型分别是：工作：工作表现主要是提供家庭收入的活动；休息与睡觉：工作中的短暂休息、打盹、晚上的入睡时间；生命维持活动：个人卫生保健活动、购物活动、家务活动、找工作等；休闲：爱好活动、休闲旅游、拜访朋友（图 8-3）。

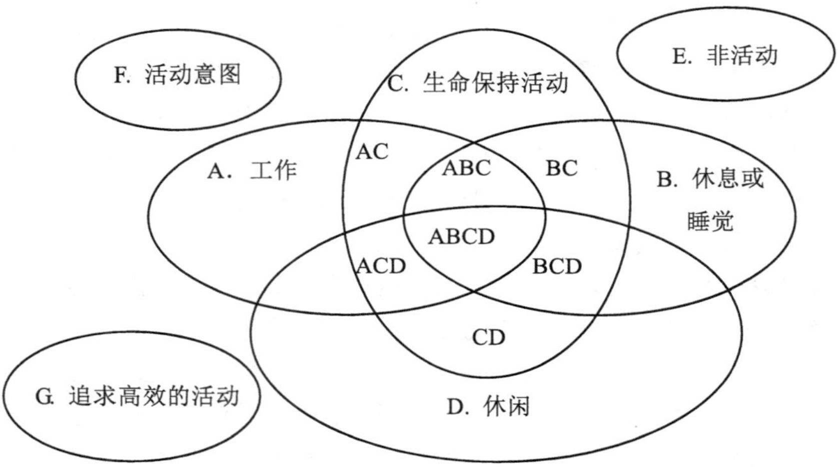

图 8-3 家庭成员活动类型结构

在家庭成员活动类型结构中，旅游者的游憩活动属于休闲类活动，人们在闲暇时间通过观光、旅游、度假等形式满足休闲需求。目的地多样化的旅游活动不仅丰富了旅游者的体验内容，也是旅游行业重要环节，可以增加旅游综合吸引力。从一定意义上讲，旅游活动的丰富程度和新颖程度代表了旅游目的地核心竞争力。

旅游者在旅行过程中和家庭生活中的活动都符合一定的规律性。旅游者参与旅游活动的类型、次数、频率与旅游者的年龄、旅游动机、旅游消费习惯等因素相关。青少年旅游者对刺激、运动、新奇的旅游活动十分感兴趣，喜欢体验旅游娱乐活动参与过程带给人的愉悦感；中年旅游者更喜欢适度运动型旅游活动的体验，在增加旅游参与性和趣味性的同时深入感知旅游活动的休闲享受；老年旅游者参与的旅游活动一般属于低度运动型，旅游规划设计也需要在项目设计过程中充分考虑旅游项目对不同年龄人群的适宜性。特殊的专项旅游活动满足了特定旅游者的需求，也就是旅游动机决定了特定旅游项目的类型，例如会议、商务、展览、论坛、赛事、节庆等活动类型的组织模式和市场结构都具有特定旅游动机。消费水平较高的旅游活动的主要影响因素在于旅游者经济支付能力、消费观念、收入水平等；而收入水平较高、开放型的旅游者更愿意参加小众但是意义重要的旅游活动。

8.2.4 旅游餐饮部门生态效率

（1）旅游餐饮概述

旅游餐饮环节是旅游过程的重要内容，旅游餐饮体验也是旅游者旅行经历的重要组成部分。旅游食品生产和消费具有很广的可持续发展意义，包括对全球温室气体的排放影响。因为很多旅游食品的碳排放量较高，旅游相关食品的利用研究对于减缓气候变化有很重要的意义。虽然旅游食品服务管理能减少温室气体排放，但是因为一方面旅游生产链比较复杂，另一方面旅游食品领域的温室气体强度的相关数据很难获取，相关应用也存在一定的难度。

餐饮部门是旅游行业重要的组成部分之一。食品生产含有广泛的可持续发展含义，影响重大。旅游餐饮能够导致土地利用的转变以及相关的生物多样性和生态系统的损失，甚至促进全球生物化学过程的变化。旅游餐饮过程中相关物质的使用对人类健康产生影响，例如杀虫剂。食品消费同时被广泛认为是一种旅游经历，旅行过程中的美食消费也成为旅游体验的重要内容，地方性的美食、小吃、餐饮街区不仅是旅游吸引物，也是旅游特色魅力所在。

美食旅游是最受旅游者欢迎的一种旅游产品类型。地方特色美食不仅可以作为一种重要的旅游吸引物，其本身也有利于目的地旅游形象的塑造[①]。学术研究认为从现在开始温室气体排放水平必须大幅下降，以避免可能对社会产生严重负面影响的气候巨变。但是，旅游食品生产过程产生的碳足迹预期还会增长，有两个原因：第一，人口增长需要更多的食物；第二，食谱中高等级食品的增多导致温室气体排放增加，例如牛排、猪排等在发达国家消费量大为增长。肉类需求的增长要求更多的灌溉和基础设施，直接增加了能源消耗，同时也导致土地利用的改变。例如，一些地区森林变成草地的过程不可避免地增加了二氧化碳的排放，也即土地利用方式的改变直接产生了碳足迹和能源消耗，对环境形成较大的压力。

诸多文献研究认为，地方化美食产品对区域经济可持续发展大有裨益，有利于形成区域地方认知和农业多样化。旅游餐饮和产品消费对促进旅游可持续发展十分重要，例如基于终端消费（end-use-consumption）理论的一项统计表明，食品消费在挪威整个温室气体排放中所占比例大约为20%强。尽管关于旅游碳足迹的实证研究仍处于初期阶段，但是易于理解的是食品生产和消费对于减少气候变化是一个关键问题，优化食品生产的流程和各个环节有利于旅游可持续发展。Smith 等人（2009）的研究表明，2005 年，农业占人为温室气体排放总量的比例大约为 10%～12%。

（2）食品、旅游和气候变化

旅游与食品消费密切相关，因为每年食品提供商需要为旅游者提供大量的旅游食品，旅游食品提供机构包括食品店、酒店、自助餐、食堂厨房（canteen kitchens）、快餐连锁店、社会餐馆（diners）、火车、航餐、摆渡和巡航船（ferries and cruis ships）。旅游食品提供机构与气候变化减缓措施之间存在巨大的相关性：首先，相对巨大的消费人群数量而言，该类机构的数量较小，食品提供者通过他们的日常行为和决策（提供食品）影响了旅游可持续发展能力；第二，

① Cohen, E. & Avieli, N. Food in tourism: attraction and impediment[J]. *Annals of Tourism Research*, 2004, 31(4): 755-778.

食品提供机构可以提高烹饪效率，降低旅游餐饮的能源消耗；同时，食品提供商制造了大量的食品垃圾。旅游食品的制造和消费直接或间接对气候变化产生影响。

（3）迈向气候可持续性的食品管理

任何关于旅游食品碳排放的相关分析都必须研究“生产—消费”链，并且建立合适的系统边界。食品服务机构通过食品战略管理减缓气候变化有很大的空间，重点探讨食品管理战略，提出 3Ps（purchasing, preparation and presentation）的气候可持续性食品管理模式。在这些环节中，食品供应机构在降低食品碳强度上有很大操作余地。

1）餐饮部门的采购（purchasing）

旅游餐饮部门采购环节对于旅游碳排放而言有三个方面的影响因子：原材料的选择、原材料的运输和季节性问题。餐饮行业属于服务业，提供的产品服务首先从原材料的采购开始，形成系统化的餐饮服务产品之后才能供消费者利用。

2）选择原材料

原材料的选用对于旅游餐饮二氧化碳排放影响很大，不同食材的温室气体强度不同。餐饮主食的温室气体强度一般较低，例如小麦、黑麦、燕麦、大麦等。与温室气体排放相关性最大的食品原料是肉类，与蔬菜相比，肉类作为高等级食品产生更多的温室气体排放。海鲜是另一种重要的原料之一，海鲜一般碳足迹较小。

3）交通运输

食品进口对热带海岛国家而言是另一个重要问题。食品服务供应商为大规模旅游者准备高质量、高蛋白食品，原材料的交通运输意味着大量的温室气体排放。研究显示，采用不同交通方式运输各种类型食品产生的能源消耗各不相同，例如从巴西运送西瓜到德国采用船运的话碳排放明显小于陆运和空运。

4）季节性

世界上许多地区的食品原料生产具有季节性，特别是水果和蔬菜，甚至许多鱼类和肉类。生产季节之外的时间内消费此类食品需要进口或者储藏，进口和储藏的能源消耗强度都较大，长达几个月的冷藏不可避免导致食品数量的减少和成本增加，这样进一步增加了旅游餐饮过程中能源消耗和温室气体排放量。

5）制作/准备

食品制作首先考虑的因素是肉类材料如何选取以及怎么混合在一起；其次是高碳强度食材的使用，特别是肉类；第三是废料的管理问题。这些餐饮制作的环节都需要能源的消耗，因此食品制作/准备也是餐饮部门能源管理的重点领域之一。

6）供应/使用

供应指的是食品服务提供商将准备好的食物提供给旅游者消费的方式。提供肉类食品对于食材选取和食品准备具有重要意义，这对于减少旅游碳足迹发挥重大作用。许多食品服务提供商可能会感到很难将一些食品从菜单上删除，例如海鲜、进口猪排，否则难以满足消费者的口味。改善这个问题的希望在于消费者不再倾向选择那些对气候变化影响较大的食品。当然实现这个战略取决于两个基础条件，一是消费者能意识到他们消费的肉类对气候变化有何影响；二是消费者相应地愿意改变自己的选择。食品服务提供商采取的一些步骤包含在菜单上印刷相关信息，说明消费者选择对环境的影响，潜移默化地对消费者的选择进行引导，促进低碳餐饮消费模式的形成。

（4）旅游餐饮部门能源消耗小结

通过研究旅游食品生产、消费和气候变化的关系，一般认为食品管理可以在减少气候变化上扮演重要角色。同时，获取不同旅游食品的温室气体强度也很重要，食品服务和食品管理为旅游可持续发展适应气候变化提供了条件。Stefan Gössling 等（2010）在研究食品生产、消费和气候变化的关系时，认为获取不同旅游食品的温室气体强度值、加强食品管理可以减少对气候变化的影响，也为旅游可持续发展适应气候变化提供了条件。

实施旅游餐饮部门的低碳化策略，提升餐饮行业的生态效率，主要从三个方面展开：采购环节的节能减排、生产环节的节能减排、服务环节的节能减排。在采购环节需要保证食材、原材料、辅助性材料的生态环保和食品安全性，新鲜食品必须通过特殊化手段保持食用的绝对安全可靠。旅游食材的选购部门尽量购买低能耗的食品，在满足旅游者需求的同时，降低旅游餐饮对环境产生的压力。

《中华人民共和国清洁生产促进法》第十三条明确规定，餐饮、娱乐、宾馆等服务性企业应当采用节能、节水和其他有利于环境保护的技术和设备，减少使用或者不使用浪费资源、污染环境的消费品。在这个指导思想下，旅游餐饮的用水、用电、燃气、污水处理、垃圾收集等工作都需要在低碳节能的原则下进行。

旅游餐饮行业的服务是社会服务的重要组成部分，旅游服务需要人员、包装、运输、信息、电子商务等方面的投入。从旅游食品消费服务的角度看，各个环节内尽量提高效率、降低能耗和减少碳足迹，是进行旅游食品消费生态效率优化提升的主要手段。

8.2.5　旅游购物部门生态效率

旅游购物是旅游者的常见动机之一。在很多旅游经济发展重点区域，购物被认为是旅游综合带动效应的体现。乡村旅游中旅游购物日益盛行，其原因主要有：首先，乡村地区是很多特色产品的原产地，商品的品质和特色能得到保证，很多乡村土特产品属于绿色、有机、无污染的优质农特生态产品，这些生态特产越来越受到市场的欢迎。其次，旅游购物的市场需求不断膨胀，旅游者出游的动机需求具有多元化特征。旅游业发展到今天，旅游出行已经是大众性行为，旅游市场成为了大众市场，旅游者旅行过程中更多追求在体验质量上的提高，强调旅游文化品质的深度体验。旅游购物一方面是物质形态，另一方面也是文化载体，起到了满足旅游者多元化体验的作用。旅游者出于赠送亲朋好友、增加旅游记忆、了解旅游地特色等目的，旅游购物的市场需要也不断增长。再次，政府大力鼓励支持旅游购物的发展，促进旅游购物产业的发展成为一个政策工具，在乡村旅游扶贫、旅游文化复兴、旅游手工艺传承、非物质文化遗产保护、旅游工艺品设计等方面起到不可替代的作用。最后，旅游购物产业的发展完善了旅游产业价值链，旅游购物产业的发展，需要在旅游商品设计创意、旅游商品生产、旅游商品营销、旅游商品销售、旅游商品运营管理等环节进行创新。旅游购物产业部门的发展带动了相关行业的出现和兴盛，也构建了区域旅游完善的产业链，为地方旅游产业价值链的打造提升做出了积极贡献。

既然旅游购物是旅游业重要的产业部门，旅游购物从商品生产、旅游商品运输、旅游商品销售、旅游商品储藏、旅游商品包装等各个环节看，旅游购物在产生经济效益的同时，也必然会形成碳足迹和能源消耗。原材料的选购、加工贸易、仓储物流等过程都需要采取节能减排的措施，提高旅游购物业的生态效率。

8.2.6 旅游观光部门生态效率

观光旅游是旅游产品的主要形式，观光、休闲、度假被认为是三大主要旅游产品类型。我国旅游产品不断发展和转型升级，但是核心旅游资源的开发首先是进行观光旅游产品的开发，高等级的旅游景区基本从观光旅游开发起步。目前较多的旅游目的地实施产品开发转型策略，将旅游休闲、旅游度假、专项旅游等作为旅游发展的重点方向，但不管是作为一种旅游产品形式，还是作为一个旅游过程的基本形态，观光、体验、观赏等都是旅游的重要内涵之一，也是旅游发展过程中需要重点凸显的产业功能。

从供给和需求的角度看，旅游观光部门生态效率研究的关键在于分析旅游观光过程中碳足迹和能源消耗产生的原因，以及怎样进行旅游观光过程的节能减排，将旅游观光的质量体验和旅游节能减排结合起来，形成良性循环，提升整个旅游观光部门的旅游生态效率和可持续发展能力。旅游景区进行旅游观光产品的供给需要进行基础设施建设，需要保证旅游观光活动顺利进行的正常运营，这些设施、活动等均产生碳足迹排放和能源消耗；从需求的角度看，旅游者从常住地到达旅游目的地以及进行观光活动的过程中，旅游碳足迹和能源消耗也必不可少。因此，旅游观光部门的碳足迹、能源消耗、旅游观光经济效益等变量相互作用构成了旅游观光部门生态效率的形成机制（图 8-4）。

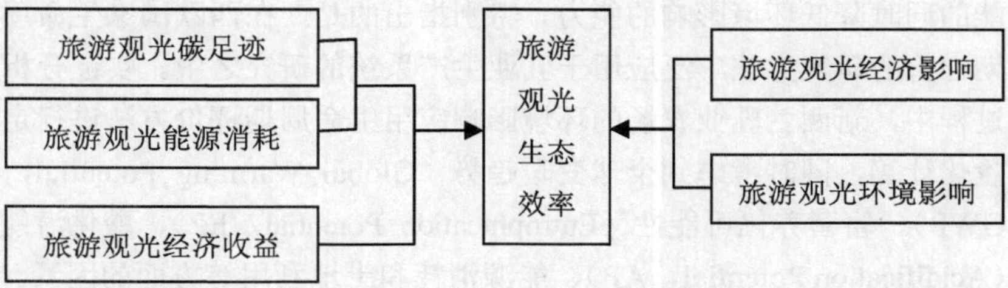

图 8-4　旅游观光生态效率形成机制

8.3　生态效率模型在相关行业的应用

8.3.1　新西兰乳业的生态效率及应用

新西兰的奶牛农场一直是世界上“投入一产出”效率最高的农场，但是过去十余年传统性基于牧场系统的集约化发展模式并没有带来同等化效率增长。新西兰牧场生产主要依赖于适度的气候系统和多年生黑麦草或者白苜蓿等草料，由此获得比欧洲牧场系统更高的生态效率水平。从生命周期评价（LCA）的角度看，新西兰的低投入牧场系统（LA, low input system）具有很高的生态效率值。但是，集约化模式对于新西兰牧场的奶业生产和土地利用具有一定的挑战性。

新西兰牧场生产的主要内容是畜牧生产、奶牛管理和牛奶提取。在新西兰大约有四百万奶农和三百九十万头奶牛，每年能生产一千四百万吨牛奶，其中，生产的牛奶百分之九十五用于出口贸易。随着肥料、水、能量、资本等要素投入的增加，新西兰奶牛牧场的牛奶产量在 21 世纪的头十年大幅度上升，2000～2005 年期间，每公顷牧场牛奶的产量大约增长了 20%。但是，密集化的乳业生产并不一定能带来高效率，而且奶业生产单位还因为环境影响问题承受着来自国际、国内和社区的压力。

基于生命周期评价的乳业生态效率被定义为一种在实现既定功能的同时降低环境影响的能力。特别指出的是，在西欧国家生命周期评价的研究方法广泛应用于乳业生产系统的研究之中。实证分析过程中，新西兰乳业农场的环境影响应用生命周期评价方法进行定量化计算，同时考虑到全球变暖趋势（Global Warming Potential，GWP）、富营养化可能性（Eutrophication Potential，EP）、酸化潜能（Acidification Potential，AP）、能源消耗和土地利用等方面的因素。而牧场生产系统的生态效率采用每千克牛奶产量（或每公顷土地利用）的环境影响来衡量。

通过与欧洲乳业的比较分析发现，新西兰牛奶牧场系统被证实牛奶生产和土地利用的生态效率值较高，但是进一步高度集约化可能带来生态效率的降低和环境的危害。例如从土地利用和能源消耗上看，新西兰乳业单位产量的能源消耗递减率和土地利用效率较小。当然，作为一项宏观指标的对比分析，新西兰与欧洲乳业在生态效率的比较研究有赖于更加综合一致性的分析方法与建立跨区域研究假设。

在新西兰乳业生态效率实证分析中，主要从三个方面进行界定：一是每年牧场土地单位面积的产乳量，单位是千克牛奶/公顷（kg/ha）；二是每年牧场单位能源消耗下的产乳量，单位是千克/兆焦（kg/MJ）；三是乳业牧场单位温室气体排放下的乳业经济效益，单位是元/千克（￥/kg），此变量单位用来描述温室气体的排放数量。专业化乳业生态效率的指标选取和单位对于旅游生态效率的定量研究具有启示作用，有利于案例地旅游生态效率定量模型的构建与测算。

8.3.2 住房建筑业的生态效率及应用

房地产住宅业在提供住宅产品和服务的同时，也产生严重的环境影响问题。住宅业发展的质量和效益可以用生态效率的方法进行衡量。Angela Druckman 和 Tim Jackson（2009）应用一个社会经济学模型对建筑业高效能碳排放进行研究，通过建立基于多地区投入产出模型（quasi-multi-regional input-output model，QMRIO），研究了满足英国家庭需要的产品、服务能源消耗排放的二氧化碳，并且区分这些排放是发生在英国还是海外。

住房建筑业生态效率研究中将二氧化碳计算分为四大板块:（1）隐含在家庭购买的产品和服务中的二氧化碳；（2）家庭直接能源消耗产生的二氧化碳；（3）私家车产生的二氧化碳；（4）个人乘坐飞机产生的二氧化碳。在此研究中“碳足迹”的定义为：为了满足人们的功能需求，因为日常活动能源消耗而产生的二氧化碳数量。但是，Weidema（2008）认为该定义的不足之处在于将一些非二氧化碳的温室气体排除在外，而这些气体对环境产生压力是显而易见的，因此其研究结论的可靠性不高[122]。

建筑行业与环境问题关系紧密，Chen 等人（2005）认为建筑业引起的环境问题主要有土壤和地面污染、地表水和地下水污染、噪音与振动、灰尘、有害气体排放等。Gangolells 等（2009）将建筑业对环境产生的压力分为九大类，分别是：空气中的有害排放、污水排放、废弃物的产生、土壤的改变、资源消耗、地方性问题、交通问题、对生物多样性的影响、潜在的意外事故。国外在建筑业生态效率和环境效率研究中采用了多种方法，例如单位服务材料投入法（Material Input Per Service Method，MIPS）、成本收益法（Cost Benefit Analysis，CBA）、建筑研究与设施环境评价法（Building Research Establishment Environmental Assessment Method，BREEAM）、能源与环境设计领先法（Leadership in Energy and Environmental Design，LEED）、建筑环境效率综合评价法（Comprehensive Assessment System for Building Environmental Efficiency，CASBEE）等。总之，近十年来，生态效率与生态足迹的概念应用于诸多领域，特别是在城市层面的住宅建筑业发展研究中，生态效率模型应用较为广泛，形成了系列化研究成果与方法。

整合生态足迹与生态效率模型，将生态效率的理念进行推广，房地产行业提供的产品和服务用建筑面积衡量，而环境影响用生态足迹来衡量。因此，城市层面的基于城市居民发展的建筑业生态效率模型可以定义如下：

$$EE_b = \sum S_b / EF_b$$

上式中，EE_b 指的是城市层面基于居民发展的建筑业生态效率，单位是平方米/克·公顷（m^2/gha），S_b 指的是城市住宅建筑的建筑面积，单位是平方米（m^2），EF_b 指的是城市住宅建筑业的生态足迹，反映了住宅建筑消耗的能源和资源，单位是克·公顷（gha）。

显然，这个生态效率模型中城市住宅的建设是为了满足居民“安居乐业”而发展的产业，而住宅建筑业也是高能耗的产业，其中的过程十分复杂，消耗的原材料和各类能源、资源数量巨大。将住宅建筑的面积作为产品服务、住宅建筑业的生态足迹作为环境影响的指标，具有较强的合理性和科学性。按照这个研究方法，对中国不同地区城市住宅建筑业的生态效率进行实证分析，得出的结论不尽相同，也就是说住宅建筑业在不同城市的生态效率差异显著，其中的原因和差异机制也是需要进行深入研究的课题，因为这类结论对提升住宅建筑业的生态效率、减少建筑业对环境的负面影响意义重大。

8.3.3 区域经济生态效率模型与应用

国内外将经济投入产出指标按照生态效率的理念模型，计算区域经济生态效率，并且进行区域差异及其成因机制分析的研究成果较多。在工业化、城市化水平不断提升的过程中，经济发展和资源环境之间的矛盾日益突出，这使得人们越来越重视区域生态效率的提高，对区域生态效率水平进行准确评价、分析其影响因素，对于建设“两型”社会、实现可持续发展有着重要的理论意义和政策参考价值。潘兴侠等（2013）基于 2010 年中国各省域资源环境及经济统计数据，采用基于熵值赋权的灰色综合评价法对我国省域生态效率的优劣做出了评价，然后运用空间统计和空间误差模型对我国省域生态效率水平的空间关联机制及其影响因素进行了实证分析。研究中，区域生态效率研究指标体系如下（表 8-1）。

表 8-1　区域生态效率指标体系

一级指标	二级指标	说明
资源效率	劳动效率	GDP 总量/全社会平均从业人数
	土地效率	GDP 总量/建设用地面积
	能源效率	GDP 总量/能源消耗总量
	水资源效率	GDP 总量/全社会用水总量
环境效率	废弃排放效率	GDP 总量/二氧化碳排放量
	废水排放效率	GDP 总量/废水排放量
	固体废弃物排放效率	GDP 总量/固体废弃物排放量
	烟尘排放效率	GDP 总量/烟尘排放量

资料来源：潘兴侠、何宜庆、胡晓峰. 区域生态效率评价及空间计量分析 [J]. 长江流域资源与环境，2013，22（5）：640-647.

王恩旭、武春友（2011）从区域的视角出发，建立了基于 DEA（数据包络分析）模型的生态效率投入产出指标体系，运用超效率 DEA 模型对中国 30 个地区 1995～2007 年的生态效率进行了测度，将测度结果按照东、中、西、东北 4 个区域进行了时空差异分析，并对生态效率变化趋势进行了收敛检验。杨斌（2009）将生态效率看成衡量循环经济的指标，评价了经济发展过程中环境消耗的重要变量，采用 DEA 的方法，从宏观经济的角度，对中国 2000～2006 年期间区域经济效率进行了测度和评价，认为粗放型经济发展方式不利于生态效率提升，推动经济增长方式向集约型转变是提高生态效率、实现可持续发展的根本。成金华等（2014）采用 2000～2011 年统计数据，运用超效率 DEA 模型对中国 30 个省份的生态效率进行了测算，在此基础上，采用空间自相关分析方法，对中国省域生态效率的演化进行了实证分析，进而探索中国生态效率区域差异变化的空间影响机制。

8.3.4　农业生态效率时空差异及演化

农业为人类提供农产品的同时也会对环境产生一定的压力。农业生态效率采用定量化手段评价区域农业可持续发展水平。程翠云等（2014）利用机会成本的经济核算方法对我国2003～2010年的农业生态效率进行了总体分析和评价，并利用回归模型分析了农业生态效率的影响因素。研究显示，我国农业生态效率总体水平较低，但是有逐年好转的趋势，农业生态效率空间分布特征差异显著，区域资源环境禀赋条件有助于农业生态效率的提高，但是农资投入与农业政策支持和农业生态效率呈负相关关系。

洪开荣等（2016）以系统论视角构建了农业生态效率测算的网络结构，利用网络DEA模型对我国2005～2013年30个省农业生态效率值进行了测度，并对其变化趋势进行了收敛检验，进而揭示了农业生态效率的关键影响因素，探索了农业生态效率的提升路径。实证结果显示：我国农业生态效率整体处于较低水平，提升潜力巨大，四大区域差异较大；从收敛检验结果看，经济系统的区域差异呈扩大趋势，社会和生态系统差异性较稳定，并且农业生态效率与机械密度、人均农业GDP呈正相关关系，与农业市场化程度、受灾率、财政支农力度、工业化发展水平呈负相关关系。张子龙等（2014）以庆阳市为例，应用DEA中的非期望产出SBM模型，对2001～2011年间该地区农业生态效率时空演变进行了分析，结果显示，庆阳市农业生态效率总体上呈现下降趋势，其空间差异不断扩大。张子龙等还依据农业生态效率的影响机制，明确了农业生态效率提升的方向。

8.3.5 澳大利亚矿业部门生态效率

资源利用部门越来越认可一个观念，那就是未来行业发展的成功很大程度上取决于可持续发展能力的大小。Rene Van Berkel（2007）以澳大利亚铝业、金矿业、颜料业等为例，提出一个矿业生产部门生态效率框架，分析过程将五种预防性实践活动与五大资源生产效率主题联系起来，其中所谓五种预防性实践活动指设计过程、投入替代、设备改良、室内管理优化、再利用、再循环与再修复，五大资源效率主题指资源效率、能源消耗与温室气体排放、水消耗与影响、细微与有害物质控制、副产品形成。

生态效率是矿业部门环境管理实践的一个重要工具，其核心特征为：降低自然资源消耗、减小对自然环境的影响、提升产品与服务的价值。利用操作创新平台、设计创新平台、技术创新平台这三个创新平台，可以将生态效率的概念延展到生态创新（eco-innovation）的理念。

环境管理实践要求在生态效率理念指导下构建生态效率框架。过去的二十多年内，一系列环境管理的概念不断涌现出来，实践中应用最多的相关定义有废弃物最小化（waste minimisation，WM）、污染防治（pollution prevention，PP）、清洁生产（cleaner production，CP）、生态效率（eco-efficiency，EE）、产业生态（industrial ecology，IE）等，这些概念都指向可持续发展能力。具体的预防性环境管理应用措施包含：废弃物最小、污染防治、清洁生产、生态效率、产业生态等。也就是说，生态效率与环境管理是两个相辅相成、密切相关的理念与应用措施。（表 8-2）。

表 8–2　预防性环境管理应用措施

应用措施	定义
废弃物最小（waste minimisation，WM）	通过改变生产过程与循环经济模式，从源头上减少废弃物数量[①]
	利用系统方法从源头上减少废弃物数量，优化所有环节提高资源效率[②]
污染防治（pollution prevention，PP）	从源头上减少或者消除污染或废弃物，包括减少水、有害物质、能源、其他资源的利用，加强自然资源保护和提高利用效率[③]

① USEPA. Waste minimisation opportunity assessment manual. Cincinnati, USA: United States Environmental Protection Agency, 1988: 26.

② Envirowise. Waste minimisation for managers. *Good practice guides*. Oxford, UK: Envirowise, 2002: 24.

③ USEPA. Facility pollution prevention guide. Washington DC, USA: United States Environmental Protection Agency, 1992.

续表

应用措施	定义
清洁生产（cleaner production，CP）	在产品服务生产过程中持续使用一体化环境保护战略，以增加利用效率和减小对人类与环境的风险①
生态效率（eco-efficiency，EE）	以具有竞争力的价格提供产品和服务，满足人类需求和提高生活质量，并且在产品生命周期内持续地将其生态影响、资源强度降低到与地球预测承载力相适应的程度②
产业生态（industrial ecology，IE）	研究产业过程与消费者活动中物质和能量流及其对环境、经济、政治、监管、社会的影响③

从学术发展的角度看，生态效率概念首先在制造业、贸易和服务部门得到应用，主要强调七个维度：减小产品和服务的物质消耗强度、减小产品服务的能耗强度、减少有害物质扩散、加强物质循环、最大化可更新资源的持续利用程度、增强产品的耐久性、最大化产品服务强度。不同行业和生产部门的侧重点不同，但是生态效率强度的原理和实施路径具有相通的地方，可以从理论模式上加以总结归纳。

现代经济的飞跃发展离不开自然资源和能源的消耗，物质生产的进步建立在原材料、初级生产资料加工、利用、处理的基础上。水资源、矿物质、土地、自然资源等在社会化大生产过程中消耗巨大，是投入产出模型中“投入”的要素。而产品生产的另一个结果是废弃物的形成，大气、水、土壤等环境要素的负面影响，这是工业化进程中需要正视的环境问题，也是区域产业发展的副产品，在生态效率分析中属于“产出”要素。将投入因素与产出因素纳入“投

① UNEP. Government strategies and policies for cleaner production. Paris, France: United Nations Environment Programme, 1994.

② WBCSD. Eco-efficiency: creating more value with less impact. Geneva, Switzerland: World Business Council for Sustainable Development, 2000.

③ White R. Preface. Allenby B., Richards D. (eds) *The greening of industrial ecosystems*. Washington DC, USA: National Academy Press, 1994.

入—产出”分析，构建了生态效率研究的核心理论框架。

矿业生产过程中，生态效率也被认为是追求五大资源生产效率主题：高效资源利用与原材料使用效率、减小废弃物且强化副产品价值、减少水资源消耗与影响、减少能源消耗与温室气体排放、改进与控制微量元素与有害物质（图 8-5）。

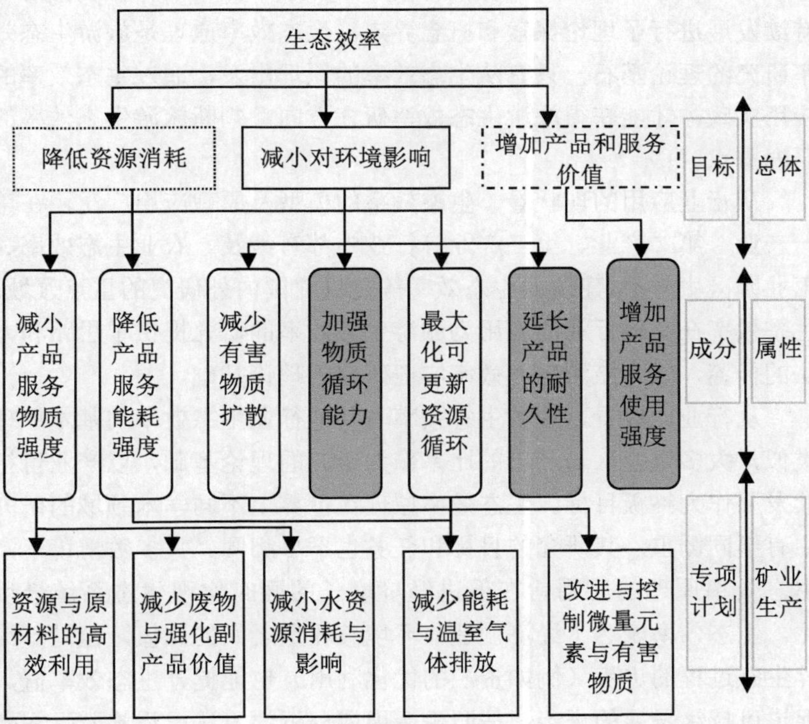

图 8-5　矿业生产过程资源生产效率相关计划目标

8.4　研究启示与小结

生态效率原本是生态学的基本概念，指生态系统中各营养级之间的能量转换效率。20 世纪 90 年代之后，生态效率的概念逐渐应用于经济社会学领域。生态效率是人类生存发展依赖的自然环境与财富创造之间的投入产出对应关系，是一个经济社会可持续发展的研究工具，也是研究诸多行业环境绩效的理论方法，重点用以分析经济活动环境成本与环境影响的关系。生态效率的核心思想是在获取行业最大收益的同时最小化资源消耗。自从《我们共同的未来》（*Our Common Future*）这份报告发布后，学术界在诸多领域都对可持续发展进行了理论探索和概念界定。生态效率原理是旅游生态效率研究的理论基石，只有从生态效率的原理出发，通过生态效率的应用实践，才能获得旅游生态效率研究方向，判断旅游生态效率的研究重点。

从行业应用的现状看，生态效率的模型及原理应用广泛，在第一产业、第二产业、第三产业等行业中都有涉及。农业生态效率、工业园区生效率、建筑业生态效率等是目前国内外研究的重点领域。生态效率在其他行业的应用为旅游生态效率的研究提供了思路和方法的借鉴，成为旅游生态效率实证研究的理论基础。

从行业比较看，旅游生态效率与其他行业生态效率的基本原理类似，大多以投入与产出的比率作为研究的理论基础，以产业可持续发展作为终极目标。生态效率原理在世界上不同学术领域的研究中有不同侧重，其研究的目标和任务也不尽相同。大多数情境下，生态效率原理的应用旨在促进经济增长的同时实现生态系统最优化。生态效率表达了经济创造与环境破坏量之间的比值，但是，纯粹生态过程的进步（例如资源的优化利用）也能提升生态效率值，促进可持续发展的进步。按照生命周期分析的方法，将旅游生态效率进行部门化分解，形成了旅游生态效率的部门结构原理。

旅游生态效率是生态效率概念在旅游业中的延伸，强调在旅游经济效应最大化的同时实现环境影响最小化的目标。西方发达国家将生态效率概念、模型、方法广泛应用于畜牧业、住房建筑业、区域经济分析、农业、矿业的研究之中，旅游生态效率研究也相应发展迅速，对探索旅游生态效率的时空分异规律提供了理论支撑，有利于旅游生态效率基本规律、实践应用等方面的深入探索。

第九章　研究结论与展望

9.1　研究结论

新时期国家将旅游业定位为战略性支柱产业和人民群众更加满意的现代服务业，旅游产业在扩大内需、调整经济结构、满足人民需求等方面发挥越来越重要的作用。气候变化日益受到人们的关注，甚至成为国际政治、经济格局中的焦点问题。旅游过程需要消费一定的自然资源和能源，产生的温室气体对环境具有显著的负面影响。在国家对产业节能减排做出强制性约束的背景下，旅游业需要积极响应，走低碳、生态、环保、可持续的路径，促进旅游节能减排，实现旅游可持续发展成为必然选择。

低碳旅游和旅游消费增长的反向运行可能形成一个理论和现实中的“两难困境”。一方面，节能减排约束下的低碳旅游方式，强调旅游碳排放总量与强度的降低，减少旅游能源消耗和环境影响；另一方面，旅游消费拉动经济的内在需求，可能带来旅游碳排放总量与能源消耗的上升，付出较大环境代价，甚至造成不可逆的生态破坏。因此，解决低碳旅游与旅游消费之间的“两难困境”需要从理论上确定一个合理化的减排区间，在这个合理化的范围内，既能达到国家约束性的指标要求，又能推动旅游经济的有序增长，避免旅游发展步入“低碳陷阱”和“增长过剩”的非理性状态。也即旅游节能减排需要权衡和处理理论与实际的差距问题。减排指标过高，形成“低碳陷阱”，钳制了旅游发展的活力；减排指标过低，促成消费“增长过剩”，环境影响难以控制，均非理想的发展状态。

本书从低碳旅游和生态效率两个核心概念出发，将旅游过程节能减排作为研究目标，以海南省为例，通过旅游碳足迹模型、旅游能源消耗模型、旅游生态效率模型的定量化计算，系统分析了不同属性条件下旅游碳足迹、能源消耗、旅游生态效率等指标变量的差异、特征及其影响机制，探讨了旅游者、经营者的感知和态度对生态效率的影响，并结合国内外低碳旅游相关政策、法规的现状，提出了适合我国实际的低碳旅游政策与对策体系，保障旅游生态效率的提升规划能够落到实处，促进区域旅游实现可持续发展的目标。

生态效率作为平衡旅游活动经济效益和环境代价的研究工具，从单位环境影响的经济产出的视角出发，以可持续性生态效率值作为评价旅游发展的绳尺，确立了一个全新的理论分析框架，为旅游可持续发展寻找了新的路径。

因此，围绕生态效率的理论和应用，本书在梳理国内外低碳旅游、旅游消费、旅游生态效率相关研究基础上，运用模型分析、生命周期评价、数理统计、定量分析、实证研究等方法，定量化计算了 2012 年海南省旅游碳足迹、旅游能源消耗、旅游生态效率的总量、均值及其区域比较特征，提出了可持续旅游生态效率临界阈值的确定标准。本书着重研究了旅游者、经营者的感知、态度、行为对旅游生态效率的影响，提出了系列提升旅游生态效率水准的政策措施。

综合而言，本书的主要结论有以下几点：

（1）在气候变化、低碳旅游、旅游生态效率逐渐成为学术热点的背景下，国外定量化的模型研究方法、深入调查的案例研究实践、多学科渗透的研究理论对国内低碳旅游研究具有重要启示意义。

（2）低碳旅游的本质内涵在于旅游温室气体（GHG）排放减量化、旅游能源消耗节约化、旅游经济收益增值化、旅游生态效率最优化，形成旅游发展低排放、低污染、低能源消耗、高效率的“三低一高”格局。

（3）旅游生态效率理论根植于生态效率概念，其核心特征在于取得经济效益最大化的同时，实现旅游环境影响最小化目标。旅游生态效率有效整合了旅游环境影响与旅游经济收益两大变量，是解决低碳旅游发展“两难困境”的一个有效工具。

（4）海南省属于长距离客源主导型市场结构，旅游者的平均出行距离较大，旅游者外部交通乘坐飞机比例较高，旅游交通碳足迹、旅游交通能源消耗占据最大比例，旅游住宿、旅游活动所占比例则较小，而且海南省旅游者均平停留时间较短，人均消费水平不高，致使海南省旅游生态效率水平相比较而言略次于部分旅游目的地。

（5）提高旅游目的地生态效率水平的主要方向在于减排、节能、增收，具体措施包括：实施生态效率规划战略、优化旅游交通结构、改变旅游消费习惯、提高低碳意识、创新低碳技术、扩大旅游消费能力、加强旅游活动管理、完善低碳旅游政策体系等。

（6）旅游“能源消耗账单”与旅游碳足迹是一个多重选择和决策的结果，相关利益主体对生态效率、低碳旅游的感知、态度和行为深刻影响了目的地生态效率的结果。总体来看，海南省旅游者和企业主对低碳旅游、旅游生态效率的感知度、支持度较高，旅游者愿意为旅游节能减排支持一定的额外费用，经营者也愿意对节能设施进行一定的投资，但是不同人口统计学特征的人群显示出一定的感知和态度差异。

（7）旅游生态效率的研究根植于生态效率基本原理，国内外畜牧业、采矿业、建筑业、生态农业等领域均广泛应用生态效率理念进行效率分析，其他领域的研究方法、路径、模型对旅游生态效率研究具有较大启示意义。

（8）旅游生态效率时空差异及成因机制是又一个学术焦点，对于我国旅游可持续发展的理论探索具有很强的科学价值。采用超效率 DEA、生命周期评价、地理加权回归等方法可以对我国省际旅游生态效率的时空差异进行全貌性分析，探究旅游生态效率时空差异的变化趋势及其产生的原因，进而通过旅游生态效率优化和区域均衡政策，促进区域旅游可持续发展的进一步深化。

地方性的问题可以成为全球性思考的一面镜子。总体来看，本书的主要创新之处体现在以下四个方面：

（1）基于旅游节能减排与旅游经济增长“两难困境”的理论分析框架。本书首次通过旅游生态效率模型，整合分析了旅游经济效益增长和旅游节能减排的路径冲突，为有效化解低碳旅游发展模式下“两难困境”提出了一个理想的理论分析框架。通过旅游经济效益与环境增长的均衡演化，避免了非理性减排约束对旅游市场的强制扭曲。

（2）基于消费者选择决策的模型设计及实证研究。旅游碳足迹、旅游能源消耗、旅游生态效率的研究有两种思路：一是基于投入产出分析（Input-Output Analysis，IOA）理论的“自上而下”方法（Top-Down Method），主要应用于隐含温室气体排放计算；二是基于生命周期评价（Life Cycle Assessment，LCA）理论的“自下而上”方法（Buttom-Up Method），主要应用于以产品、服务为导向的温室气体排放核算。本书将旅游者放在一个更为自由主动的范畴之内，认为消费者的多重决策直接影响了旅游碳足迹与能源消耗强度，在此理念下，构建了适合“自下而上”分析路径的碳足迹模型、旅游能源消耗模型和旅游生态效率模型，通过市场调研与数理统计的方法，进行了深入的实证研究，得出系列有价值的结论。

（3）基于感知与态度的生态效率影响机制研究。本书认为，旅游者能源消耗和碳排放不仅取决于旅游的外部技术环境，更取决于旅游者、经营者对待生态效率、低碳的感知和态度，因为旅游者决策和选择的结果深刻受到个性化的价值观、理念、文化等因素的影响。因此，本书着重研究了旅游者和企业主对于旅游生态效率规划、低碳旅游的感知度、支持度的特征、差异及其形成机制。

（4）基于生态效率的低碳旅游模式及其政策研究。国内外关于低碳旅游的专项规划并不多见，但是在全球气候变化的背景下，低碳旅游相关的节能减排政策和措施复杂多样。本书提出，基于旅游生态效率原理的低碳旅游政策与对策主要包含：提高低碳行动意识，完善低碳旅游政策体系，推进旅游节能减排措施，实施生态效率规划战略，刺激旅游消费有序增长等。

9.2　研究不足

鉴于研究条件的限制、研究者水平的有限，本书以海南省为例，探索低碳旅游生态效率规律的过程中，还存在一些不足。

（1）旅游过程是一个复杂的系统过程，其环境影响既有直接作用，也有间接作用，涉及的影响因素很多。由于研究数据的获取、调查研究的条件限制，需要对部分环节和影响因子进行简化处理，例如旅游餐饮和食品生产、旅游产生的垃圾、旅游过程中的间接能源消耗、旅游经济乘数效应等问题，难以在有限的篇幅之内得到完全解决。因此，关于旅游碳足迹、旅游能源消耗、旅游生态效率等模型的定量化计算，简化处理后的研究结果存在一定误差。

（2）科学研究的结论总是力图得到普适性的规律，但是旅游过程的碳足迹、能源消耗、旅游消费的经济效益等既是客观存在的社会经济现象，也受各种行为、文化、制度、政策、心理等外在变量的影响。虽然海南省作为我国旅游战略新兴区，旅游生态效率方面的规律对其他地区具有典型的示范意义和参考价值，但是，基于个案分析的实证研究，结论具有严格的区域特征。客观上，不同目的地在旅游市场结构、旅游空间距离、旅游产品特色、旅游供给能力等方面的区域差异，必然影响研究结论的一般适用性。

（3）旅游碳足迹模型和旅游能源消耗模型是构建旅游生态效率模型的基础，而旅游碳足迹模型和旅游能源消耗模型都是围绕碳足迹系数与能源消耗系数建立的。很明显，旅游交通、旅游住宿、旅游活动的碳足迹系数和能源消耗系数的精度直接决定了研究结果的准确性，但这两个系数的获取需要海量的数据才能得到。本书引用的碳足迹系数与能源消耗系数主要参考国际上公认的数值，在略作调整之后应用于案例地，国际、区域差异可能使得结果隐含一定的不稳定性。

（4）本书以海南省为例，对旅游碳足迹、旅游能源消耗、旅游生态效率等指标 2012 年的总量、均值、结构等特征进行了分析，特别是与国内外相关研究结论进行了区域对比分析，并总结其差异产生的成因机制，但是由于已有成果的研究时间与本文的研究时间存在一定间距，因此研究结论剔除了时间变化的因素，理论结果与实际值之间必然存在一定的变异。

9.3 研究展望

绿色经济、循环经济、低碳经济，都是因为生态自然界提供的环境容量、资源能源是有限的，而人类的经济发展需求是不断增长的，为解决这样一个矛盾而提出来的发展道路。低碳旅游、旅游生态效率的研究范畴很广，在现有研究成果的基础上，本书在以下几个方面具有继续深入挖掘的潜力：

（1）最深刻的绿色经济概念，强调在生态规模受限的情况下，经济增长要关注公平，要保证地球上每个人，特别是穷人具有公平享受自然资本的权利。旅游的本质在于旅游者和旅游要素的空间流动性，与此相连的是旅游碳足迹的空间转移问题。碳足迹的增量与存量处于不断变化之中，不同空间尺度下的旅游碳足迹空间转移不仅是最新的研究热点，也引出了旅游过程碳排放的环境伦理课题，也即旅游发展涉及的温室气体排放权和社会公平正义问题。

（2）基于“知识—态度—行为”模型的理论说明旅游者与经营者对低碳旅游感知、态度与行为差异显著，采用聚类分析、因子分析、回归分析等多元统计方法，深层次分析相关利益主体感知态度差异及其原因，对于制定有针对性的措施，具有很强的实践意义。

（3）案例地海南省的国际旅游者占有一定的比例，系统分析国际旅游者的行为规律，并且与国内旅游者进行对比，有利于整个海南省旅游生态效率的提升，也有利于旅游客源市场的拓展和管理。海南省的旅游定位是建设成为国际旅游岛，国际旅游者数量、国际旅游市场、国际旅游标准将成为海南省旅游发展的重要内容，因此要以海南省国际旅游者生态效率作为研究对象，分析海南省旅游市场中国际旅游者行为规律及其对旅游生态效率的影响。

（4）旅游生态效率是一个复合型变量系统，旅游环境影响和经济效益的变量很多，本书主要利用了碳足迹、能源消耗、经济收入等。引入更多相关指标，构建不同生态效率模式，有利于丰富生态效率研究的指标体系，提高旅游生态效率研究结论的广度、深度和精度。特别是，对于不同的旅游目的地而言，影响旅游生态效率、旅游环境因子的权重不同，部分因子在某一特定目的地的影响作用较强，提炼旅游区域旅游因子的影响权重，分析不同旅游生态效率变量的使用条件，对旅游生态效率的理论分析有一定的作用。

（5）本书实证研究部分主要对海南省 2012 年的情况进行了分析。基于多年平均数据，对案例地旅游碳足迹、旅游能源消耗、旅游生态效率值进行历时性分析，可以获取低碳生态效率的纵向变化趋势和规律。另外，分析旅游业碳足迹与能源消耗在省域或者国家层面碳排放与能源消耗总量中的比例，有利于进行行业间横向比较。

（6）基于生态效率的低碳旅游模式有赖于制度顶层设计和管理创新，需要利用经济杠杆和政策约束，将内生的旅游者心理需求与外在的制度管理紧密结合，分析提升旅游目的地生态效率的战略规划管理，有利于实现旅游经济增长和节能减排的双向目标。

（7）旅游生态效率区域差异收敛性实证分析。旅游生态效率区域差异收敛性分析主要研究的问题包括：各区域旅游生态效率差异随时间的变化是增大还是减小？生态效率水平较低的区域其生态效率增长速度是否比水平较高的区域快？研究这些问题对于考虑我国旅游生态效率区域差异、制定科学合理的区域旅游发展政策、实现旅游可持续发展有一定的价值。

参考文献

[1] Andrew Hares, Janet Dickinson, Keith Wilkes. Climate change and the air travel decisions of UK tourists [J]. *Journal of Transport Geography*, 2010, 18(3): 466-473.

[2] Angela Druckman, Tim Jackson. The carbon footprint of UK households 1990-2004: A socio-economically disaggregated, quasi-multi-regional input-output model [J]. *Ecological Economics*, 2009, (68): 2066-2077.

[3] Apostolakis A., Jaffry S. A choice modeling application for Greek heritage attractions [J]. *Journal of Travel Research*, 2005, (43): 309-318.

[4] Ayres R. U. Towards a zero-emissions economy [J]. *Environmental Science and Technology*, 1998, 32(15): 366-367.

[5] Bahaj A. S., Myers L., James P. A. B. Urban energy generation: influence of micro-wind turbine output on electricity consumption in buildings [J]. *Energy and Buildings*, 2007, 39(2): 154-165.

[6] Baranzini A., Goldemberg J., Speck S. A Future for Carbon Taxes [J]. *Ecological Economic*, 2000, (32): 395-412.

[7] Barr S. Are we all environmentalists now? Rhetoric and reality in environmental action [J]. *Geoforum*, 2004, (35): 231-249.

[8] Becken S. Analysing international tourist flows to estimate energy use associated with air travel [J]. *Journal of Sustainable Tourism*, 2002, (10): 114-131.

[9] Becken S., Framptom C., Simmons D. Energy consumption patterns in the accommodation sector: the New Zealand case [J].

Ecological Economics, 2001, 39(3): 371-386.

[10] Becken S., Patterson M. Measuring national carbon dioxide emissions from tourism as a key step towards achieving sustainable tourism [J]. *Journal of Sustainable Tourism*, 2006, 14(4): 323-338.

[11] Becken S. Tourists' perception of international air travel's impact on the global climate and potential climate change policies [J]. *Journal of Sustainable Tourism*, 2007, (15): 351-368.

[12] Becken S. Vergleich der Energieintensit ǎ ne zweier verschiedener Reisestile [J]. *Tourismus Journal*, 2001, (1): 227-246.

[13] Ben-Akiva M., Lerman S. R. *Discrete choice analysis: Theory and application to travel demand* [M]. Cambridge, MA: MIT Press, 1985.

[14] Bergh G. Rocky Mountain towns resort to recycling [J]. *Resource Recycling*, 1994, 13(12): 41-43.

[15] Bhatt B., Sachan M. Fire wood consumption pattern of different tribal communities in northeast India [J]. *Energy Policy*, 2004, (32): 1-6.

[16] Biesiot W., Noorman K. J. Energy requirements of household consumption: a case study of The Netherlands [J]. Ecological Economics, 1999, (28): 367-383.

[17] Bjm Stigson. *A road to sustainable industry: how to promote resource efficiency in companies* [M]. Dusseldorf: WBCSD, 2001.

[18] Bode S., Hapke J., Zisler S. Need and options for a regenerative energy supply in holiday facilities [J]. *Tourism Management*, 2003, (24): 257-266.

[19] Bolund P., Hunhammar S. Ecosystem services in urban areas [J]. *Ecological Economics*, 1999, (29): 293-301.

[20] Boniface P. *Tasting tourism: Travelling for food and drink* [M]. Burlington: Ashgate, 2003.

[21] Bows A., Anderson K., Peeters P. Air transport, climate

change and tourism [J]. *Tourism and Hospitality Planning & Development*, 2009, 6(1): 7-20.

[22] B. Sudhakara Reddy, Gaudenz B. Assenza. The great climate debate [J]. *Energy Policy*, 2009, (37): 2997-3008.

[23] Burton I., Huq S., Lim B., Pilifosova O., Schipper E. L. From impacts assessment to adaptation priorities: the shaping of adaptation policy [J]. *Climate Policy*, 2002, (2): 145-159.

[24] Casey J. W., Holden N. M. The relationship between greenhouse gas emissions and the intensity of milk production in Ireland [J]. *Environ Qual*, 2005, (34): 429-436.

[25] Cevat Tosun. Host perceptions of impacts: a comparative tourism study [J]. *Annals of Tourism Research*, 2002, 29(1): 231-253.

[26] Chan W. W., Lam J. C. Energy-saving supporting tourism sustainability: A case study of hotel swimming pool heat pump [J]. *Journal of Sustainable Tourism*, 2003, 11(1): 74-83.

[27] Chen Z., Li H., Wong C. T. C. Environmental planning: analytic network process model for environmentally conscious construction planning [J]. *Journal of Construction Engineering & Management*, 2005, 131 (1): 92-101.

[28] Claudine Basset-Mens, Stewart Ledgard, Mark Boyes. Eco-efficiency of intensification scenarios for milk production in New Zealand [J]. *Ecologic Economics*, 2009, (68): 1615-1625.

[29] Cohen E., Avieli N. Food in tourism: attraction and impediment [J]. *Annals of Tourism Research*, 2004, 31(4): 755-778.

[30] Cunningham M. Weather, Mood and Helping Behavior: Quasi Experiments with the Sunshine Samaritan [J]. *Journal of Personality and Social Psychology*, 1979, (37): 1947-1956.

[31] Cunliffe S. Forecasting risks in the tourism industry using the Delphi Technique [J]. *Tourism*, 2002, 50(1): 31-41.

[32] Dalton G. J., Lockington D. A., Baldock T. E. A survey of

tourist attitudes to renewable energy supply in Australian hotel accommodation [J]. *Renewable Energy*, 2008, (33): 2174-2185.

[33] Dixon R. K., Brown S., Houghton R. A. et al. Carbon Pools and Flux of Global Forest Ecosystems [J]. *Science*, 1994, (263): 185-190.

[34] Dober P., Wolff R. Eco-efficiency and dematerialization: scenarios for new industrial logics in recycling industries, automobile and household appliances [J]. *Business Strategy and the Environment*, 1999, (8): 31-45.

[35] Dubois G., Ceron J. Tourism and Climate Change: Proposals for a Research Agenda [J]. *Journal of Sustainable Tourism*, 2006, 14(4): 399-415.

[36] Dubois G. Le changement climatique. Un enjeu emergent pour le tourisme francais [J]. *L'observation du Tourisme*, 2003, (72): 7-10.

[37] D. Z. Li., Eddie C. M. Hui., Barbara Y. P. Leung., Q. M. Li., X. Xu. A methodology for eco-efficiency evaluation of residential development at city level [J]. *Building and Environment*, 2010, (45): 566-573.

[38] El-Fadel M., Bou-Zeid E. *Transportation GHG emissions in developing countries: the case of Lebanon* [R]. Transportation Research Part D—Transport and Environment, 1999, (4): 251-264.

[39] Elsasser H., Buerki R. Climate change as a threat to tourism in the Alps [J]. *Climate Research*, 2002, (20): 253-257.

[40] Ester Blanco, Javier Rey-Maquieira, Javier Lozano. Economic incentives for tourism firms to undertake voluntary environmental management [J]. *Tourism Management*, 2009, (30): 112-122.

[41] Gable F. J. Climate change impacts on Caribbean coastal areas and tourism [J]. *Journal of Coastal Research*, 1997, (27): 49-70.

[42] Gangolells M., Casals M., Gasso S., Forcada N., Roca X., Fuertes A. A methodology for predicting the severity of environmental

impacts related to the construction process of residential buildings [J]. *Building & Environment*, 2009, 44(3): 558-571.

[43] Garnett T. Livestock-related greenhouse gas emissions: impacts and options for policymakers [J]. *Environmental Science and Policy*, 2009, 12(4): 491-503.

[44] Gill A., Williams P. Managing growth in mountain tourism communities [J]. *Tourism Management*, 1994, 15(3): 212-220.

[45] G. J. Dalton, D. A. Lockington, T. E. Baldock. Case study feasibility analysis of renewable energy supply options for small to medium-sized tourist accommodations [J]. *Renewable Energy*, 2009, (34): 1134-1144.

[46] Gössling S. Sustainable tourism development in developing countries: Some aspects of energy use [J]. *Journal of Sustainable Tourism*, 2000, 8(5): 410-425.

[47] Gössling S., Hall C. M. Uncertainties in predicting tourist flows under scenarios of climate change [J]. *Climatic Change*, 2006, 79(3): 163-173.

[48] Greene W. H. LIMDEP Version 8.0 Reference Guide. New York: Econometric Software, 2002.

[49] Haas G., Wetterich F., Köpke U. Comparing intensive, extensified and organic grassland farming in southern Germany by process life cycle assessment [J]. *Agriculture Ecosystems & Environment*, 2001, (83): 43-53.

[50] Hall C. M., Sharples L., Mitchell R., Macionis N., Cambourne B. *Food tourism around the world: Development, management and markets* [M]. Oxford: Butterworth-Heinemann, 2003.

[51] Hall C. M., Sharples L. *Food and wine festivals and events around the world* [M]. Oxford: Butterworth-Heinemann, 2008.

[52] Hall M. Introduction: Culinary tourism and regional development: from low food to slow tourism [J]. *Tourism Review*

International, 2006, (9): 1-4.

[53] Hamilton J., Maddison D., Tol R. The effects of climate change on international tourism [J]. *Global Environmental Change*, 2005, 15(3): 253-266.

[54] Harrison S. J., Winterbottom S. J., Shephard C. The potential effects of climate change on the Scottish tourism industry [J]. *Tourism Management*, 1999, (20): 203-211.

[55] Hasselmann K., Latif M., Hooss G., Azar C., Edenhofer O., Jaeger C. C., Johannessen O. M., Kemfert C., Welp M., Wokaun A. The challenge of long-term climate change [J]. *Science*, 2003, (302): 1923-1925.

[56] Haywood K. M. Responsible and responsive tourism planning in the community [J]. *Tourism Management*, 1998, 9(2): 105-118.

[57] Holding D. M. The Sanfte Mobilitaet project: Achieving reduced car-dependence in European resort areas [J]. *Tourism Management*, 2001, (22): 411-417.

[58] Hospido A., Moreira M. T., Feijoo G. Simplified life cycle assessment of Galician milk production [J]. *Life Cycle Assess*, 2003, (13): 783-796.

[59] Høyer K. G. Sustainable tourism or sustainable mobility? The Norwegian case [J]. *Journal of Sustainable Tourism,* 2000, 8(2): 147-160.

[60] H. R. Seddinghi, A. L. Theocharous. A model of tourism destination choice: a theoretical and empirical analysis [J]. *Tourism Management*, 2002, (23): 475-487.

[61] Hu Y., Ritchie J. R. B. Measuring destination attractiveness: a contextual approach [J]. *Journal of Travel Research*, 1993, 32(2): 25-34.

[62] Inskeep E. Environmental planning for tourism [J]. *Annals of Tourism Research,* 1987, 14(1): 118-135.

[63] IPCC. *Summary for Policymakers. Intergovernmental Panel on Climate Change: Fourth assessment report: Climate change 2007: Synthesis report* [R]. Cambridge: Cambridge University Press, 2007.

[64] Jacqueline M. Hamilton, David J. Maddison, Richard S. J. Tol. Climate change and international tourism: A simulation study [J]. *Global Environmental Change*, 2005, (15): 253-266.

[65] James E. S Higham, Scott A. Cohen. Canary in the coalmine: Norwegian attitudes towards climate change and extreme long-haul air travel to Aotearoa/NewZealand [J]. *Tourism Management*, 2011, (32): 98-105.

[66] Janet E. Dickinson. Tourism and climate change: An introduction [J]. *Journal of Transport Geography*, 2010, (18): 445-446.

[67] Jennifer Reilly, Peter Williams, Wolfgang Haider. Moving towards more eco-efficient tourist transportation to a resort destination: The case of Whistler, British Columbia [J]. *Research in Transportation Economics*, 2010, (26): 66-67.

[68] Joe Kelly, Wolfgang Haider, Peter W. Williams, Krista Englund. Stated preferences of tourists for eco-efficient destination planning options [J]. *Tourism Management*, 2007, (28): 377-390.

[69] Kharel G. P., Charmondusit K. Eco-efficiency evaluation of iron rod industry in Nepal [J]. *Journal of Cleaner Production*, 2008, 16(13): 1379-1387.

[70] Kian Foh Lee. Sustainable tourism destinations: the importance of cleaner production [J]. *Journal of Cleaner Production*, 2001, (9): 313-323.

[71] Klenosky D. B. The "pull" of tourism destinations: a means-end investigation [J]. *Journal of Travel Research*, 2002, 40(4): 385-395.

[72] Koenig U., Abegg B. Impacts of climate change on winter tourism in the Swiss Alps [J]. *Journal of Sustainable Tourism*, 1997,

5(1): 46-57.

[73] Konstantinos P. Tsagarakis, Fanouria Bounialetou, Konstantinos Gillas, Maroulitsa Profylienou, Antrianna Pollaki, NikolaosZografakis. Tourists' attitudes for selecting accommodation with investments in renewable energy and energy saving systems [J]. *Renewable and Sustainable Energy Reviews*, 2011, (15): 1335-1342.

[74] Landscheidt T. New little ice age instead of global warming? [J]. *Energy & Environment*, 2003, 14(2-3): 327-350.

[75] Lee-Ross D. Australia and the small to medium-sized hotel sector [J]. *International Journal of Contemporary Hospitality Management*, 1998, 10(5): 177-179.

[76] Lohmann M., Kaim E. Weather and holiday destination preferences, image attitude and experience [J]. *The Tourist Review*, 1999, (2): 54-64.

[77] Lorenzoni I., Pidgeon N. F. Public views on climate change: European and USA perspectives [J]. *Climate Change*, 2006, (77): 73-95.

[78] Lumsdon L. Transport and tourism: Cycle tourism—A model for sustainable development? [J]. *Journal of Sustainable Tourism*, 2000, 8(5): 361-377.

[79] Maddison D. In Search of Warmer Climates? The Impact of Climate Change on Flows of British Tourists [J]. *Climatic Change*, 2001, (49): 193-208.

[80] Nae-Wen Kuo, Pei-Hun Chen. Quantifying energy use, carbon dioxide emission, and other environmental loads from island tourism based on a life cycle assessment approach [J]. *Journal of Cleaner Production*, 2009, (17): 1324-1330.

[81] Maria Berrittella, Andrea Bigano, Roberto Roson, Richard S. J. Tol. A general equilibrium analysis of climate change on tourism [J]. *Tourism Management*, 2006, (27): 913-924.

[82] M. Belen, Gomez Martin. Weather, Climate And Tourism: a Geographical Perspective [J]. *Annals of Tourism Research*, 2005, 32(3): 571-591.

[83] Mensah I. Environmental Management Practices Among Hotels in the Greater Accra Region [J]. *International Journal Hospitality Management*, 2006, 25(3): 414-431.

[84] Meul M., Nevens F., Reheul D., Hofman G. Energy use efficiency of specialised dairy, arable and pig farms in Flanders [J]. *Agriculture Ecosystems & Environment*, 2007, (119): 135-144.

[85] Nicholls R. J., Hoozemans F. M. J. The Mediterranean: vulnerability to coastal implications of climate change [J]. *Ocean and Coastal Management*, 1996, (31): 105-132.

[86] Nicholls R. J., Lowe J. A. Benefits of mitigation of climate for coastal areas [J]. *Global Environmental Change*, 2004, 14(3): 229-244.

[87] Nigel J., Jonathan L., Murray P. Aggregate eco-efficiency indices for New Zealand—a principal components analysis [J]. *Journal of Environmental Management*, 2004, 73(4): 293-305.

[88] Olsthoorn X. CO_2 emission from international aviation: 1950-2050 [J]. *Journal of Air Transport Management*, 2001, (7): 87-93.

[89] Parker p. *Physioeconomics: The Basis for Long-run Economic Growth* [M]. Cambridge: The MIT Press, 2000.

[90] Peeters P., Schouten F. Reducing the ecological footprint of inbound tourism and transport to Amsterdam [J]. *Journal of Sustainable Tourism*, 2007, 14(2): 157-171.

[91] Pike S. Destination image analysis—a review of 142 papers from 1973 to 2000 [J]. *Tourism Management*, 2002, (23): 541-549.

[92] Pinol J. J., Terradas F. Lloret. Climate Warming, Wildfire Hazard and Wildfire Occurrence in Coastal Eastern Spain [J]. *Climatic Change*, 1998, (38): 345-357.

[93] Quilici A. A tourist resort on the island of Porto Santo, Portugal: Attempting a natural development [J]. *Urban Design International*, 1998, 3(1): 53-64.

[94] Raymond Côté, Aaron Booth, Bertha Louis. Eco-efficiency and SMEs in Nova Scotia, Canada [J]. *Journal of Cleaner Production*, 2006, (14): 542-550.

[95] Rene Van Berkel. Eco-efficiency in the Australian minerals processing sector [J]. *Journal of Cleaner Production*, 2007, (15): 772-781.

[96] Roger St George March, Arch G. Woodside. *Tourism Behaviour: Travellers, Decisions and Actions* [M]. London, UK: CABI Publishing, 2005.

[97] Rowntree R. A., Nowak D. Quantifying the role of urban forests in removing atmospheric carbon dioxide [J]. *Journal of Arboriculture*, 1991, 17(17): 269-275.

[98] Sanjay K. Nepal. Tourism-induced rural energy consumption in the Annapurna region of Nepal [J]. *Tourism Management*, 2008, (29): 89-100.

[99] Scott D., McBoyle G., Mills B. Climate change and the skiing industry in Southern Ontario (Canada): exploring the importance of snowmaking as a technical adaptation [J]. *Climate Research*, 2003, (23): 171-181.

[100] Sheehan K. Colorado composting [J]. *Waste Age*, 1994, 25(8): 75-78.

[101] Smith P., Martino D., Cai Z., Gwary D., Janzen H., Kumar P. Agriculture. In B. Metz, O. R. Davidson, P. R. Bosch, R. Dave, L. A. Meyer. *Climate change 2007: Mitigation. Contribution of Working Group III to the fourth assessment report of the Intergovernmental Panel on Climate Change* [M]. Cambridge and New York: Cambridge University Press, 2009.

[102] Shoemaker S. Segmenting the US travel market according to benefits realized [J]. *Journal of Travel Research*, 1994, 32(3): 8-21.

[103] Spaargaren G., Van Vliet B. J. M. Lifestyles, consumption and the environment: the ecological modernization of domestic consumption [J]. *Environmental Politics*, 2000, 9(1): 50-77.

[104] Stefan Gössling, Brian Garrod, Carlo Aall, John Hille, Paul Peeters. Food management in tourism: Reducing tourism's carbon "foodprint" [J]. *Tourism Management*, 2010, (11): 1-10.

[105] Stefan Gössling. Global Environmental Consequences Of Tourism [J]. *Global Environmental Change*, 2002, (12): 283-302.

[106] Stefan Gössling, Daniel Scott, C. Michael Hall, Jean-Paul Ceron, Ghislain Dubois. Consumer behaviour and demand responses of tourists to climate change [J]. *Annals of Tourism Research*, 2012, 39(1): 36-58.

[107] Stefan Gössling, Paul Peeters, C. Michael Hall, Jean-Paul Ceron, Ghislain Dubois. Tourism and water use: Supply, demand, and security. An international review [J]. *Tourism Management*, 2012, (33): 1-15.

[108] Stefan Gössling, Paul Peeters, Jean-Paul Ceron, Ghislain Dubois, Trista Patterson, Robert B. Richardson. The eco-efficiency of tourism [J]. *Ecological Economics*, 2005, (54): 417-434.

[109] Stern N. *The economics of climate change: The Stern review* [M]. Cambridge: Cambridge University Press, 2006.

[110] Sussane Becken. Harmonising climate change adaptation and mitigation: The case of tourist resorts in Fiji [J]. *Global Environmental Change*, 2005, (15): 381-393.

[111] Sussane Becken, David G. Simmons, Chris Frampton. Energy use with different travel choices [J]. *Tourism Management*, 2003, (24): 267-277.

[112] Sussane Becken, David G. Simmons. Understanding energy

consumption patterns of tourist attractions and activities in New Zealand [J]. *Tourism Management*, 2002, (23): 343-354.

[113] Suh S., Lee K. M., Ha S. Eco-efficiency for pollution prevention in small to medium-sized enterprises: a case from South Korea [J]. *Journal of Industrial Ecology*, 2005, 9(4): 223-240.

[114] Susan Sunila Sharma. Determinants of carbon dioxide emissions: Empirical evidence from 69 countries [J]. *Applied Energy*, 2011, (88): 376-382.

[115] Susanne Becken. Developing indicators for managing tourism in the face of peak oil [J]. *Tourism Management*, 2008, (29): 695-705.

[116] Susanne Kytzia, ArianeWalz, Mattia Wegmann. How can tourism use land more efficiently? A model-based approach to land-use efficiency for tourist destinations [J]. *Tourism Management*, 2011, (32): 629-640.

[117] Teresa Palmer, Antouni Riera. Tourism and environmental taxes: With special reference to the "Balearic ecotax" [J]. *Tourism Management*, 2003, (24): 665-674.

[118] Thomassen M., Van Calker K. J., Smits M. C. J., Iepema G. J., de Boer I. J. M. Life cycle assessment of milk production systems in the Netherlands [J]. *Agricultural Systems*, 2008, 96(1-3): 95-107.

[119] Thrasher S. A., Hickey T. R., Hudome R. J. Enhancing transit circulation in resort areas: Operational and design strategies [J]. *Transportation Research Record*, 2000, (1735): 79-83.

[120] Tzu-Ping Lin. Carbon dioxide emissions from transport in Taiwan's national park [J]. *Tourism Management*, 2010, (31): 285-290.

[121] Van Berkel R. Cleaner production in Australia: Revolutionary strategy or incremental tool? [J]. *Australian Journal of Environmental Management*, 2000, 7(3): 132-146.

[122] Van Berkel R., Narayanaswamy V. Sustainability as a

framework for innovation in minerals processing [Z]. The AusIMM Bulletin: Journal of the Australasian Institute of Mining and Metallurgy, 2004; August/September: 80-86.

[123] Van der Werf, H. M. G., Petit J. Evaluation of the environmental impact of agriculture at the farm level: a comparison and analysis of 12 indicator-based methods [J]. *Agriculture Ecosystems & Environment*, 2002, 93 (1): 131-145.

[124] Vernon Jon, Stephen Essex, David Pinder, Kaja Curry. The greening of tourism micro-business: Outcomes of focus group investigations in South East Cornwall [J]. *Business Strategy and the Environment*, 2003, (12): 49-69.

[125] Viner D., Agnew M. Climate change and its impacts on tourism [R]. Report prepared for WWF-UK, Godalming, 1999.

[126] Wall G. Implication of global climate change for tourism and recreation in wetland areas [J]. *Climatic Change*, 1998, (40): 371-389.

[127] WBCSD. Eco-efficiency: creating more value with less impact. Geneva, Switzerland: World Business Council for Sustainable Development, 2000.

[128] Weidema B. P., Thrane M., Christensen P., Schmidt J., Lokke S. Carbon footprint: a catalyst for life cycle assessment? [J]. *Journal of Industrial Ecology*, 2008, 12(1): 3-6.

[129] WiedmannT., Minx J. *A definition of carbon footprint.* In Pertsova, C. C. (ed.) *Ecological Economics Research Trends* [M]. Hauppauge, NY: Nova Science Publishers, 2007.

[130] Williams P., K. Dossa, J. Hunt. The Influence of Weather Context on Winter Resort Evaluations by Visitors [J]. *Journal of Travel Research*, 1997, 36(1): 29-36.

[131] Woodside A., King R. An updated model of travel and tourism purchase-consumption systems [J]. *Journal of Travel & Tourism Marketing*, 2001, 10(1): 3-26.

[132] Woodside A. G., Dubelaar C. A general theory of tourism consumption systems: A conceptual framework and an empirical exploration [J]. *Journal of Travel Research*, 2002, (41): 120-132.

[133] Woodside A. G., Lysonski S. A general model of traveler destination choice [J]. *Journal of Travel Research*, 1989, 27(4): 8-14.

[134] World Business Council for Sustainable Development (WBCSD). *Measuring eco-efficiency: a guide to reporting company performance* [M]. Geneva: WBCSD, 2000.

[135] Weissman, A. Greener marketplace means cleaner world [J]. *Forum for Applied Research and Public Policy*, 1997, (12): 116-120.

[136] 鲍建强、苗阳、陈锋. 低碳经济：人类经济发展方式的新变革 [J]. 中国工业经济，2008，241（4）：153-160.

[137] 蔡萌、汪宇明. 低碳旅游城市：旅游城市转型发展的新标杆 [J]. 旅游论坛，2010，3（3）：253-257.

[138] 蔡萌、汪宇明. 低碳旅游：一种新的旅游发展方式 [J]. 旅游学刊，2010，25（1）：13-16.

[139] 潮伦. 各国大力发展绿色经济 [J]. 生态经济，2011，(1)：12-17.

[140] 陈德敏、谭志雄. 重庆市碳交易市场构建研究 [J]. 中国人口·资源与环境，2012，22（6）：40-44.

[141] 陈健鹏. 温室气体减排：国际经验及其对中国的启示——基于政策工具演进的视角[J]. 中国人口·资源与环境，2012，22（9）：26-32.

[142] 程翠云、任景明、王如松. 我国农业生态效率的时空差异 [J]. 生态学报，2014，34（1）：142-147.

[143] 成金华、孙琼、郭明晶、徐文赟. 中国生态效率的区域差异及动态演化研究 [J]. 中国人口资源与环境，2014，24（1）：47-54.

[144] 诸大建. 从“里约+20”看绿色经济新理念和新趋势 [J]. 中国人口·资源与环境，2012，22（9）：1-7.

[145] 冯相昭、蔡博峰. 中国道路交通系统的碳减排政策综述

[J]. 中国人口・资源与环境，2012，22（8）：10-15.

[146] 冯之浚. 生态文明与生态自觉 [J]. 中国软科学，2013，（2）：1-7.

[147] 冯之浚、金涌、牛文元等. 关于推行低碳经济促进科学发展的若干思考 [N]. 光明日报：理论版，2009-04-21.

[148] 冯之浚、牛文元. 低碳经济与科学发展 [J]. 中国软科学，2009，（8）：13-19.

[149] 付加锋、庄贵阳、高庆先. 低碳经济的概念辨识及评价指标体系构建 [J]. 中国人口・资源与环境，2010，20（8）：38-43.

[150] 付允、马永欢、刘怡君等. 低碳经济的发展模式研究 [J]. 中国人口・资源与环境，2008，18（3）：14-19.

[151] 高兴、张殿光、袁杰等. 我国酒店餐饮业餐饮服务全过程能耗现状分析 [J]. 建筑科学，2007，23（4）：40-44.

[152] 葛全胜、曲建升、曾静静等. 国际气候变化适应战略与态势分析 [J]. 气候变化研究进展，2009，5（6）：369-375.

[153] 国家发展和改革委员会能源研究所课题组. 中国 2050 年低碳发展之路： 能源需求暨碳排放情景分析 [M]. 北京：科学出版社，2010.

[154] 顾洪梅、何彬. 中国省域金融发展与碳排放研究 [J]. 中国人口・资源与环境，2012，22（8）：22-27.

[155] 侯志强、郑向敏. 科学旅游消费观念的培育模式研究 [J]. 旅游学刊，2006，21（2）：26-29.

[156] 洪开荣、陈诚、丰超、黄健柏. 农业生态效率时空差异及影响因素 [J]. 华南农业大学学报（社会科学版），2016，15（2）：31-41.

[157] 胡雪萍、周润. 国外发展低碳经济经验及对我国的启示 [J]. 中南财经政法大学学报，2011，（1）：16-20.

[158] 金乐琴、刘瑞. 低碳经济与中国经济发展模式转型 [J]. 经济问题探索，2009，318（1）：84-87.

[159] 鞠丽萍、陈彬、杨瑾. 城市产业部门 CO_2 排放三层次核

算研究 [J]. 中国人口·资源与环境，2012，22（1）：28-34.

[160] 郎春雷. 全球气候变化背景下中国产业的低碳发展研究 [J]. 社会科学，2009，（6）：39-49.

[161] 李健、周慧. 中国碳排放强度与产业结构的关联分析[J]. 中国人口·资源与环境，2012，22（1）：7-14.

[162] 李庆文等. 哥本哈根一路走来 [M]. 北京：中国环境科学出版社，2010.

[163] 李玉娥、马欣、高青竹等. 适应气候变化谈判的焦点问题与趋势分析 [J]. 气候变化研究进展，2010，6（4）：296-300.

[164] 梁慧刚、汪华方. 全球绿色经济发展现状和启示 [J]. 新材料产业，2010，（12）：27-31.

[165] 刘朝、赵涛. 中国低碳经济影响因素分析与情景预测 [J]. 资源科学，2011，33（5）：845-850.

[166] 刘健、王润、孙艳伟等. 中国低碳试点省份发展路径研究 [J]. 中国人口·资源与环境，2012，22（3）：56-62.

[167] 刘珉、胡鞍钢. 中国绿色生态空间研究 [J]. 中国人口·资源与环境，2012，22（7）：53-59.

[168] 刘竹、耿涌、薛冰等. 中国低碳试点省份经济增长与碳排放关系研究 [J]. 资源科学，2011，33（4）：620-625.

[169] 刘助仁. 全球新的经济社会发展模式："绿色新政"[J].国际资料信息，2010，（10）：13-21.

[170] 陆新之、汪冬青、凌云等. 关于我国生态环境补偿收费政策的构想 [J]. 环境科学研究，1994，7（1）：61-63.

[171] 陆铮岚、陆均良. 景区饭店环境影响及其管理 [M]. 杭州：浙江大学出版社，2011.

[172] 罗芬、钟永德、王怀採. 碳足迹研究进展及其对低碳旅游研究的启示 [J]. 世界地理研究，2010，19（3）：105-113.

[173] 马晓钰、李强谊、郭莹莹. 我国人口因素对二氧化碳排放的影响——基于 STIRPAT 模型的分析 [J]. 人口与经济，2013，（1）：44-51.

[174] 马辉. 促进低碳经济发展的激励政策研究. 哈尔滨：哈尔滨商业大学硕士学位论文，2011：35-36.

[175] 马欣、李玉娥、仲平等. 联合国气候变化框架公约适应委员会职能谈判焦点解析 [J].气候变化研究进展，2012，8（2）：144-149.

[176] 明庆忠、陈英、李庆雷. 低碳旅游：旅游产业生态化的战略选择 [J]. 人文地理，2010，25（5）：22-26.

[177] 倪外、曾刚. 国外低碳经济动态分析 [J]. 经济地理，2010，30（8）：1240-1247.

[178] 牛文元. 中国新型城市化报告 2010 [M]. 北京：科学出版社，2010.

[179] 潘辉. 碳关税对中国出口贸易的影响及其应对策略 [J]. 中国人口・资源与环境，2012，22（2）：41-46.

[180] 潘家华、庄贵阳、郑艳等. 低碳经济的概念辨识及核心要素分析 [J]. 国际经济评论，2010，（4）：88-101.

[181] 潘兴侠、何宜庆、胡晓峰. 区域生态效率评价及空间计量分析 [J]. 长江流域资源与环境，2013，22（5）：640-647.

[182] 彭新沙. 旅游消费生态效应：概念、类型及特征初探——兼论旅游生态效应研究范式建设问题 [J]. 旅游论坛，2010，3（2）：135-139.

[183] 秦耀辰、张丽君、鲁丰先等. 国外低碳城市研究进展 [J]. 地理科学进展，2010，29（12）：1459-1469.

[184] 秦奕莹. 低碳旅游公共政策支持研究.长沙：湖南大学硕士学位论文，2009：33-36.

[185] 任小波、曲建升、张志强. 气候变化影响及其适应的经济学评估：英国"斯特恩报告"关键内容解读 [J]. 地球科学进展，2007，22（7）：754-759.

[186] 石龙宇、崔胜辉. 气候变化对城市生态系统的影响研究进展 [J]. 环境科学与技术，2010，33（6）：193-197.

[187] 石培华、吴普. 中国旅游业能源消耗与 CO_2 排放量的初步估算 [J]. 地理学报，2011，66（2）：235-243.

[188] 孙根年、侯芳芳. 旅游消费增长对拉动国民消费的贡献：以浙江省为例 [J]. 旅游学刊，2010，25（10）：31-36.

[189] 孙新章. 联合国可持续发展行动的回顾与展望 [J]. 中国人口·资源与环境，2012，22（4）：1-6.

[190] 陶良虎. 中国低碳经济：面向未来的绿色产业革命 [M]. 北京：研究出版社，2010.

[191] 托夫勒. 第四次浪潮 [M]. 北京：华龄出版社，1996.

[192] 王恩旭、武春友. 基于超效率 DEA 模型的中国省际生态效率时空差异研究 [J]. 管理学报，2011，8（3）：443-450.

[193] 王怀採、罗芬、钟永德. 张家界旅游者碳足迹 [M]. 北京：中国林业出版社，2011.

[194] 王珲. 国际碳税方案比较分析 [J]. 中国人口·资源与环境，2012，22（3）：82-86.

[195] 王微、林剑艺、崔胜辉等. 碳足迹研究方法综述 [J]. 环境科学与技术，2010，33（7）：71-78.

[196] 汪玉林、姜克隽. 中国城市交通节能政策研究 [M]. 北京：人民交通出版社，2009.

[197] 汪宇明. 倡导低碳旅游，推进发展方式转型 [J]. 旅游学刊，2010，25（2）：11-12.

[198] 王铮、薛俊波、朱永彬等. 经济发展政策模拟分析的 CGE 技术 [M]. 北京：科学出版社，2010.

[199] 吴文化. 我国交通运输行业能源消费和排放与典型国家的比较 [J]. 中国能源，2007，（10）：19-22.

[200] 席建超、甘萌雨、吴普等. 中国入境游客旅游消费变动的实证分析 [J]. 旅游学刊，2008，23（5）：18-22.

[201] 席建超、甘萌雨、吴普等. 中国入境游客旅游消费总体趋势与区域差异：1996-2005 年 [J]. 地理研究，2010，29（4）：737-747.

[202] 肖建红、于爱芬、王敏. 旅游过程碳足迹评估——以舟山群岛为例 [J]. 旅游科学，2011，25（4）：58-66.

[203] 肖文燕. 国外低碳经济的发展历程、策略选择及对中国的

启示 [J]. 江西财经大学学报，2011，（6）：108-114.

[204] 谢园方、赵媛. 国内外低碳旅游研究进展及启示 [J]. 人文地理，2010，27（5）：27-30.

[205] 徐光远、李贤、杨伟. 当代西方经济学十大理论热点——近年来诺贝尔经济学奖获得者主要理论研究 [M]. 北京：中国经济出版社，2008.

[206] 徐健. 低碳生态型道路建设技术 [M]. 北京：人民交通出版社，2012.

[207] 杨斌. 2000-2006 年中国区域生态效率研究——基于 DEA 方法的实证分析 [J]. 经济地理，2009，29（7）：1197-1202.

[208] 杨万东. 低碳经济与经济结构的再调整 [J]. 理论视野，2010，（2）：35-36.

[209] 杨颖. 四川省低碳经济发展效率评价 [J]. 中国人口・资源与环境，2012，22（6）：52-56.

[210] 姚丽芬、龙如银、李庆辰. 中国居民收入与旅游消费关系的协整分析 [J]. 地理与地理信息科学，2010，26（6）：92-95.

[211] 姚治国、陈田. 国外旅游生态效率研究综述 [J]. 自然资源学报，2015，30（7）：1222-1231.

[212] 姚治国、陈田. 基于碳足迹模型的旅游碳排放实证研究——以海南省为案例 [J]. 经济管理，2016，（2）：151-159.

[213] 姚治国、陈田. 旅游生态效率模型及其实证研究 [J]. 中国人口・资源与环境，2015，（11）：113-120.

[214] 姚治国、陈田. 旅游生态效率研究进展 [J]. 旅游科学，2016，30（6）：74-91.

[215] 姚治国. 旅游能源消耗模型及海南省实证研究 [J]. 干旱区资源与环境，2017，（2）：191-196.

[216] 姚治国、赵黎明. 区域旅游形象塑造中的人文要素分析——以黟县为例 [J]. 地理科学，2011，31（5）：634-640.

[217] 尹希果、霍婷. 国外低碳经济研究综述 [J]. 中国人口・资源与环境，2010，20（9）：18-23.

[218] 张奔、戴铁军. 协同学视角下的生态工业园结构研究 [J]. 再生资源与循环经济，2011，4（4）：11-15.

[219] 张帆、李佐军. 中国碳交易管理体制的总体框架设计 [J]. 中国人口资源与环境，2012，22（9）：20-25.

[220] 张焕波. 中国、美国和欧盟的气候政策分析 [M]. 北京：社会科学文献出版社，2010.

[221] 章锦河. 旅游废弃物生态影响评价——以九寨沟、黄山风景区为例 [J]. 生态学报，2008，（6）：2764-2773.

[222] 张坤民、潘家华、崔大鹏. 低碳经济论 [M]. 北京：中国环境科学出版社，2008.

[223] 张雷. 经济发展对碳排放的影响 [J]. 地理学报，2003，58（4）：629-637.

[224] 张丽峰、柳彬德. 我国居民旅游消费对经济增长的影响分析 [J]. 技术经济，2009，28（5）：82-85.

[225] 张立平. 奥巴马的气候外交 [J]. 世界知识，2009，（20）：42-43.

[226] 张清、陶小马、杨鹏. 特大型城市客运交通碳排放与减排对策研究 [J]. 中国人口·资源与环境，2012，22（1）：35-42.

[227] 张陶新. 中国城市化进程中的城市道路交通碳排放研究 [J]. 中国人口·资源与环境，2012，22（8）：3-9.

[228] 张陶新、周跃云、赵先超. 中国城市低碳交通建设的现状与途径分析 [J]. 城市发展研究，2011，（1）：68-73.

[229] 张子龙、鹿晨昱、陈兴鹏、薛冰. 陇东黄土高原农业生态效率的时空演变分析——以庆阳市为例 [J]. 地理科学，2014，34（4）：472-478.

[230] 张志强、曲建升、曾静静. 温室气体排放科学评价与减排政策 [M]. 北京：科学出版社, 2009.

[231] 赵东喜、刘永涓. 农村居民旅游消费影响因素研究 [J]. 旅游论坛，2010，3（1）：23-27.

[232] 赵玉焕、范静文. 碳税对能源密集型产业国际竞争力影响

研究 [J]. 中国人口·资源与环境，2012，22（6）：45-51.

[233] 郑志国. 低碳经济概念的科学性质疑 [J]. 理论月刊，2009，（11）：103-105.

[234] 中国人民大学气候变化与低碳经济研究所. 低碳经济：中国用行动告诉哥本哈根 [M].北京：石油工业出版社，2010.

[235] 周景博、冯相昭. 适应气候变化的认知与政策评价 [J]. 中国人口·资源与环境，2011，21（7）：57-61.

[236] 周文丽、李世平. 基于 ELES 模型的城乡居民国内旅游消费结构实证分析 [J]. 旅游科学，2010，24（3）：29-38.

[237] 周文丽、李世平. 基于凯恩斯消费理论的旅游消费与收入关系实证研究 [J]. 旅游学刊，2010，25（5）：33-38.

[238] 朱婧、孙新章、刘学敏、宋敏. 中国绿色经济战略研究 [J]. 中国人口·资源与环境，2012，22（4）：7-12.

[239] 朱勤、彭希哲、陆志明等. 中国能源消费碳排放变化的因素分解及实证分析 [J]. 资源科学，2009，19（3）：2072-2079.

[240] 庄贵阳. 中国经济低碳发展的途径与潜力分析 [J]. 国际技术经济研究，2005，8（3）：79-87.

后 记

一晃博士毕业已经三年了，因为工作的原因，毕业后一直希望能在某一个旅游研究方向上有所突破，形成一个系统化的研究框架，但是苦于题材和研究条件的不足，很难在短期内找到合适的研究对象，思虑之后还是将博士阶段的研究成果进行重新整合深化，以期为之后的继续研究奠定一个基础。同时，本次“求索”文库的资助也为博士论文的继续深化和提升创造了一个条件。在论文的整理过程中对原来一些关键问题进行了重新思考，增加了诸如低碳旅游态度—行为鸿沟等题目的内容，开阔了旅游生态效率研究的视野。

旅游生态效率的研究选题源自一次观看纪录片的启发。草原上速度最快的猎豹高速奔跑时不能长时间冲刺，为了及时散热，每隔一段距离就要停下做短暂休息。虽然在大自然的生存法则中，肉食动物停下前进的脚步就意味着捕猎的失败，但是在更为重要的生命维持规律面前，再凶猛的捕食者也需要放缓狂奔的雄心。旅游的发展就如同奔驰的猎豹一样，总是一往无前，旅游过程产生的碳足迹、能源消耗等环境影响就好比猎豹身体积累的热量，具有一定的阈限值，超过这个阈限值，旅游产业就难以实现可持续发展，旅游生态效率值就低于特定水平，需要降低单位收益的能耗和碳排放量。这也是气候变化背景下旅游发展的基本规律，也即以旅游生态效率度量的旅游发展速度和强度需要维持在科学的区间之内，否则旅游发展得不偿失。

在旅游生态效率概念的指标体系中，旅游环境影响指标具有多样化的特征，不同的研究对象和研究目的可以选取适合的研究变量，例如旅游碳足迹、旅游能源消耗、旅游用水量、旅游用电、旅游土地利用、其他温室气体排放量等。这些旅游环境影响的指标相互关联，可以统一在旅游低碳化的理念之下，用旅游低碳化模式能够概括旅游生态效率研究的终极目标。实现旅游低碳化的目标有赖于旅游者、政府管理部门、行业协会、企业经营者、学术界、新闻媒体等利益相关者的共同努力。技术进步、低碳意识、旅游者决策等社会变量越来越成为旅游低碳化实施的推动力。正是基于旅游者消费过程中具有主观能动性的选择，构建了旅游生态效率的模型，奠定了旅游生态效率研究的理论基石。

旅游生态效率的时空分布具有差异性特征，目的地的市场结构、消费者行为规律、旅游产品类型、旅游者感知态度等因素决定了旅游生态效率的时空分异必然存在。为了将旅游生态效率原理和应用转化成为一个具有指导意义的操作手册，能够适应不同旅游目的地的实际情况，要求对旅游生态效率的行业差异和区域差异进行成因机理的研究，使得旅游规划者、旅游政策制定者、旅游管理运营商等提出有针对性的措施和方法，为旅游行业绿色发展提供科学可行的方法和依据。

国家层面的节能减排需要各行各业积极响应，旅游行业也不能例外。基于生态效率评价的低碳旅游模式在实施过程中，不仅需要考虑利益相关者的博弈，也需要考虑政策的支持和市场的变化趋势。区域旅游发展过程中，制定“绿色旅游”的发展计划很有必要。为低碳旅游模式的实施制定生态效率优化的路线图和时间表也很关键，只有通过旅游生态效率规划的制定，才能显示基于旅游生态效率的旅游低碳化切实可行，具有管理运行上的可操作性。

因为作者水平有限，书中必然存在很多缺陷和不足，恳请朋友们不吝指教，以促进旅游生态效率相关研究不断进步，为旅游业可持续发展提供一定的智力支持。

姚治国
2017 年 3 月 1 日